国家社科基金
后期资助项目
GUOJIA SHEKE JIJIN HOUQI ZIZHU XIANGMU

U0456570

"丝绸之路经济带"
贸易网络及增长潜力研究

Trade Network and Growth Potential Study
of the Silk Road Economic Belt

王 瑞 李春艳 著

四川大学出版社
SICHUAN UNIVERSITY PRESS

图书在版编目（CIP）数据

"丝绸之路经济带"贸易网络及增长潜力研究 / 王瑞等著 . 一 成都 ： 四川大学出版社，2023.5
ISBN 978-7-5690-6104-8

Ⅰ. ①丝… Ⅱ. ①王… Ⅲ. ①丝绸之路－经济带－国际贸易－贸易增长－研究 Ⅳ. ①F74

中国国家版本馆 CIP 数据核字 (2023) 第 077334 号

书　　名：“丝绸之路经济带”贸易网络及增长潜力研究
　　　　　"Sichouzhilu Jingjidai" Maoyi Wangluo ji Zengzhang Qianli Yanjiu
著　　者：王　瑞　李春艳

出 版 人：侯宏虹
总 策 划：张宏辉
选题策划：段悟吾　宋彦博
责任编辑：宋彦博
责任校对：张艺凡
装帧设计：墨创文化
责任印制：王　炜

出版发行：四川大学出版社有限责任公司
　　　　　地址：成都市一环路南一段 24 号（610065）
　　　　　电话：（028）85408311（发行部）、85400276（总编室）
　　　　　电子邮箱：scupress@vip.163.com
　　　　　网址：https://press.scu.edu.cn
印前制作：四川胜翔数码印务设计有限公司
印刷装订：成都市新都华兴印务有限公司

成品尺寸：165 mm×238 mm
印　　张：17.5
字　　数：311 千字

版　　次：2023 年 11 月 第 1 版
印　　次：2023 年 11 月 第 1 次印刷
定　　价：78.00 元

扫码获取数字资源

四川大学出版社
微信公众号

国家社科基金后期资助项目
出版说明

  后期资助项目是国家社科基金设立的一类重要项目，旨在鼓励广大社科研究者潜心治学，支持基础研究多出优秀成果。它是经过严格评审，从接近完成的科研成果中遴选立项的。为扩大后期资助项目的影响，更好地推动学术发展，促进成果转化，全国哲学社会科学工作办公室按照"统一设计、统一标识、统一版式、形成系列"的总体要求，组织出版国家社科基金后期资助项目成果。

全国哲学社会科学工作办公室

前　言

　　"一带一路"倡议是以习近平同志为核心的党中央主动应对全球形势深刻变化、统筹国内国际两个大局作出的重大战略决策。2018 年以来,中美经贸摩擦加剧,美国对中国等国肆意加征关税,并将所谓国家安全等理由凌驾于国际法和国际规则之上,悍然挑起贸易争端。2020 年,一场突如其来的新冠肺炎疫情又彻底打乱了全球经济。随着疫情的全球蔓延,逾 60 个国家宣布进入紧急状态,特别是欧盟、美国等市场不断升级贸易管控措施,国际物流陆海空运力停摆,全球经济基本陷入停滞状态,国际局势复杂多变,贸易充满不确定性。由于疫情给全球经济与国际贸易带来持续冲击,世界银行等国际机构多次下调世界经济和贸易增长预期。国际货币基金组织(IMF)2022 年 7 月公布的《世界经济展望报告》,将 2022 年全球经济增长预期下调至 3.2%。世界贸易组织(WTO)在 2022 年 4 月预测 2022 年全球商品贸易量将增长 3.0%,低于之前预测的 4.7%。"一带一路"沿线国家是中国对外贸易的主要伙伴,相关合作取得了巨大成就。从 2013 年到 2021 年,中国与"一带一路"沿线国家的贸易比重从 25% 上升至 29.7%。当前的国际国内形势,更加凸显了"一带一路"倡议的前瞻性和党中央决策的英明。

　　基于对"丝绸之路经济带"贸易的持续关注,笔者首先注意到中国与"丝绸之路经济带"沿线国家在农产品贸易上的巨大互补性。在攻读博士学位期间,笔者应用引力模型和随机前沿方法首先完成了中国与"丝绸之路经济带"沿线国家农产品贸易潜力的研究,得到一系列令人振奋的结论,相应的研究成果也陆续发表在《国际贸易问题》《经济学家》《农业技术经济》等期刊上。基于此,笔者做了持续不断的思考:在"一带一路"倡议下,"丝绸之路经济带"其实是一个复杂贸易网络,不仅反映了一个国家和另一个国家的关系,而且反映了一组国家间的贸易关系。中国在"丝绸之路经济带"沿线国家中最具优势的产品是工业品,是不是应该考虑全部门贸易、工业品贸易、矿产品贸易及农产品贸易四种贸易网络有什么不同?"丝绸之路经济带"的贸易网络有何特征？沿线国家之间的贸易流量和网络结构如何演化？在贸易网络中，中国与"丝绸之路经济带"沿线国家的贸易潜力又如何？考虑到空间异质性的贸易潜力在贸易网络中该如何可视化？要最终兑现"真实"贸易潜力，需要怎样的政策？在笔者看来，这些均是重要的学术问题。

带着对"丝绸之路经济带"贸易网络以及贸易潜力的疑惑，笔者与课题组成员进行了大量文献研究，经过充分的数据分析与论证，终于在 2018 年上半年基本完成对中国与"丝绸之路经济带"沿线国家贸易网络及增长潜力的理论和实证研究。我们将研究报告提交到全国哲学社会科学工作办公室，申请国家社科基金后期资助项目。非常荣幸的是，我们的工作得到匿名评审专家的肯定，也收到十分中肯的修改建议。

2019 年至今，笔者及课题组成员综合运用国际贸易学、经济地理学、集聚经济学等多学科理论和复杂网络、社会网络、经济计量等多种方法，对"丝绸之路经济带"沿线国家贸易流量的空间差异，贸易网络的核心－边缘结构、网络密度、集聚度、凝聚子群等特征进行研究，并对原随机前沿引力模型进行重大修正，实现贸易潜力在网络上的可视化，进而寻求提升贸易潜力的对策。相较于最初的研究报告，课题组主要进行了以下修订工作：(1)按照匿名评审专家的建议，删减和增补了部分内容，并对贸易分工与网络分析内容、贸易潜力影响因素、研究方法、公式、参考文献等进行了系统修改。(2)增大了研究的时间跨度，由原来的 2000—2016 年更新为 2000—2018 年。同时，增强了研究的时效性，对书稿中所有分析、结论和对策都做了更新。(3)重新修订了参考文献。为了深化研究，课题组参考了最新的文献，并将相应内容增补到最终成果中，合计 300 余篇。数据和文献更新耗费了课题组相当大的精力。(4)改进了研究方法。原报告中应用的是随机前沿方法"二步法"，新文稿中基于随机前沿引力模型应用了更先进的"一步法"，将技术非效率影响因素在随机前沿引力模型中同时回归，克服了"二步法"中的诸多缺陷，对中国与"丝绸之路经济带"沿线国家贸易效率、贸易潜力、贸易非效率、贸易影响因素等进行了细致分析，并用拓扑网络可视化工具对全部门、农产品、矿产品和工业品贸易进行进出口潜力 GIS 可视化分析。(5)调整了研究内容细节。在贸易网络分析基础上，增加了整体贸易互补竞争网络密度以及三大商品的互补竞争网络研究。同时发现"丝绸之路经济带"沿线国家之间的贸易关系日趋紧密，整体贸易互补竞争网络密度以及三大商品的互补竞争网络密度波动较大，但总体来说呈上升趋势，并且贸易互补性大于贸易竞争性。

　　笔者及课题组成员通过对"丝绸之路经济带"沿线 25 个国家全部门、矿产品、工业品和农产品 4 大类、26 小类双边贸易流近 20 年面板数据进行研究,全面分析了各类商品的贸易格局及其演化,并且通过对"丝绸之路经济带"沿线国家贸易潜力的测度分析,研究了影响贸易潜力的内、外空间异质性因素及其他传统经典变量。在此基础上,通过异质性嵌入的随机前沿引力模型考察制度质量、贸易协定等非自然影响因素,以加权时间距离修正传统距离变量,同考虑空间异质性的随机前沿引力模型测度的真实贸易潜力进行对比分析,从而判断贸易潜力提升策略的优劣。

　　《"丝绸之路经济带"贸易网络及增长潜力研究》是笔者研究"一带一路"经贸问题的一个阶段性成果,也是一个新阶段的开始。服务贸易网络、数字贸易网络、投资网络将是笔者下一个阶段重点研究的主题,且仍会在"一带一路"或"丝绸之路经济带"倡议这一特定区域价值链下开展研究。我相信,顺着"一带一路"和贸易网络的视角,以上预期研究在中国的对外开放,特别是在"一带一路"区域价值链的学术研究中会产生更多的研究成果。本书旨在为社会各界认知"丝绸之路经济带"贸易网络及贸易增长提供一个全新视角,适合高校、社科界、实业界和对"一带一路"经贸感兴趣的读者阅读,对读者开展"一带一路"国家贸易与投资的理论与实践研究,具有一定参考价值。

　　最后,衷心感谢国家社科基金后期资助项目(项目编号:18FJY012)对本书出版的支持;感谢匿名评审专家给出宝贵的评审意见,使笔者及课题组成员能够对书稿内容进行进一步修正及完善;感谢四川大学出版社编辑团队对书稿的编校,他们对书稿的精细化要求和孜孜不倦的工作精神,令课题组十分钦佩;感谢合作者江西财经大学李春艳对书稿的卓越贡献,在此课题的论证和书稿撰写过程中,笔者深深感受到她探求真理的热情,对科研工作的精益求精;感谢我的家人一直以来对我工作的理解和支持,你们的无私支持和爱是我开展科学研究的动力。笔者也希望自己在未来的学术道路中,敬畏知识,追寻真理,亦能为经世济民贡献一份虽微薄却坚定的力量。

　　书中不足之处在所难免,恳请读者批评指正。

王瑞

2022 年 7 月

于宁波财经学院国际经济贸易学院南教 2 号楼

目　录

1 绪论

1.1 研究背景与意义

1.1.1 研究背景

从古到今，"丝绸之路"首先是一条贸易之路。2013 年 9 月 7 日，习近平主席在哈萨克斯坦纳扎尔巴耶夫大学首次提出共同建设"丝绸之路经济带"的倡议。这是以跨国交通通道（主要是新亚欧大陆桥）为展开空间，以沿线中心城市和交通基础设施为依托，以生产要素自由流动和区域内贸易为动力，以地缘政治与能源合作为现实基础，以建立区域经济一体化组织为战略目标的特定区域空间结构。从地理纬度来看，"丝绸之路经济带"是贯通亚欧两大洲的经济大陆桥，东端连着充满活力的亚太地区和中国东部，中间串联着资源丰富的中亚地区和发展潜力巨大的中国西部地区，西边通往欧洲发达经济体。"丝绸之路经济带"涉及人口众多，市场规模独一无二。共建"丝绸之路经济带"倡议的提出对于拓展沿线国家贸易潜力，形成横贯东中西、联结南北方的贸易走廊可谓是一个极佳的战略机遇。经济带是一个经济地理学范畴，广袤的"丝绸之路经济带"给沿线各国带来了空间可达性的距离差异，也带来了产品多样性和互补性。

世界经济进入后金融危机时代以来，欧美挑起的贸易保护主义，特别是美国第 45 任总统特朗普推行的"美国优先"贸易保护主义政策和制造业回归政策，给全球经济恢复带来不确定性。而中国与"丝绸之路经济带"沿线国家的商品和服务贸易将开辟一条新的贸易通道。因此，开展与沿线国家的贸易网络及增长潜力研究对中国构建国内国际相互促进的双循环格局及"一带一路"高质量发展具有重要理论价值和现实意义。以贸易

1

的持续稳定确保中国能源和资源安全，减轻环境压力，促进产能贸易、服务贸易、跨境电商贸易和新兴产业贸易在贸易新常态下稳定占据市场份额，形成互利共赢的稳定经贸关系，是摆在研究者和实践者面前的重要任务。

如何正确看待和扭转不利贸易局面？需求侧传统的比较优势理论和汇率理论等部分解释了贸易竞争力，从供给侧改革特别是提高生产要素质量和增加制度供给等层面降低贸易成本、提高产品服务质量、加快商品流通、增大品种供应和增加值、优化进口布局和扩大优势出口等则提供了贸易潜力实现和持续发展的一条新途径。2016 年 2 月，商务部提出外贸供给侧改革，培育外贸竞争新优势。2019 年 11 月 19 日，中共中央、国务院《关于推进贸易高质量发展的指导意见》中明确提出以供给侧结构性改革为主线，以共建"一带一路"为重点，大力优化贸易结构，实现贸易高质量发展。2020 年 10 月，国务院办公厅《关于推进对外贸易创新发展的实施意见》中指出，要落实好已签署的共建"一带一路"合作文件，大力推动与重点市场国家特别是共建"一带一路"国家商建贸易畅通工作组、电子商务合作机制、贸易救济合作机制，推动解决双边贸易领域突出问题。

那么，中国与"丝绸之路经济带"沿线国家的贸易潜力如何？"丝绸之路经济带"贸易网络有何特征？网络结构如何演化？考虑到空间异质性的贸易潜力在贸易网络中该如何可视化？要兑现"丝绸之路经济带"的"真实"贸易潜力，需要提出怎样的政策？这些都是本书所要研究的问题。

1.1.2　研究意义

1. 理论意义

本研究从理论角度分析了在贸易网络空间视角下贸易潜力的实现机制，将国际贸易学与经济地理学融合在一起，应用社会网络分析、复杂网络分析等方法，结合随机前沿引力等模型进行理论创新，为"丝绸之路经济带"贸易潜力实现提供了理论框架。主要体现在三个方面：一是深化了贸易网络与经济地理的结合。本研究从社会网络、复杂网络视角出发，以贸易流量、贸易潜力的贸易网络空间可视化为分析对象，运用空间计量模型、GIS 地理可视化、QAP 分析等方法，研究"丝绸之路经济带"贸易网络的密度、集聚性、核心—边缘结构、影响因素和空间格局演化，并进一步分析了沿线的竞争性和互补性贸易网络，拓展了贸易网络的地理学研究。二是针对目前国内外贸易潜力研究较少关注空间异质性的情况，深入剖析影响贸易潜力的异质性因素，从多产品维度和空间异质性出发，分析了贸易潜力的时空格局演化。三是丰富了贸易潜力研究的理论内容。本研究考察了影响贸易潜力的制度质量因素，将经济制度质量、政治制度质量、法律制度质量、自由贸易协定等制度质量与经典变量相结合，扩展了随机前沿引力模型。

2. 现实意义

在当前背景下，研究"丝绸之路经济带"贸易网络及潜力增长具有非常重要的现实意义。一方面，建设"丝绸之路经济带"是全球倡议，贸易畅通是其他"四通"（政策沟通、设施联通、资金融通、民心相通）的基础。开辟和发展"丝绸之路经济带"是中国外贸发展新战略的重要内容，这一有别于传统发达国家贸易路线的经济区域的重新开辟，对中国的和平崛起具有超越经济利益的政治意义，在当前更具有重要现实意义。另一方面，由于沿线各国发展水平差异较大，空间异质性显著，故各国的贸易互补性大于竞争性，贸易潜力巨大。而研究贸易潜力在贸易网络空间视角下的实现较为少见，本书尝试利用网络分析方法，有效解释"丝绸之路经济带"沿线国家如何在有限的空间贸易走廊中促进贸易潜力的实现，具有重要现实意义。此外，本书对商品贸易进行分类研究，不仅研究整体贸易，也研究农产品、矿产品和工业品贸易，不仅研究出口贸易，也研究进口贸易，不仅研究当前贸易，也研究贸易潜力，为全面研究"丝绸之路经济带"贸易提供了新建议，弥补了过往研究的不足。

1.2 研究目标、内容与方法

1.2.1 研究目标

第一，全面分析中国与"丝绸之路经济带"沿线国家的贸易网络特征及其演化。先应用社会网络方法测度"丝绸之路经济带"的贸易联系紧密度、集聚效应、核心－边缘结构、核心度等指标，并制作基于 GIS 的贸易网络视图。在此基础上，从地理空间视角运用探索性空间数据分析、GIS空间分析和 CrimeStats 3.3 等方法和工具对"丝绸之路经济带"贸易格局分布和集聚特征测量进行可视化表达。

第二，系统分析"丝绸之路经济带"贸易竞争互补关系网络。在贸易网络特征刻画的基础上，应用社会网络分析理论以及竞争互补关系网络，测度"丝绸之路经济带"贸易竞争互补程度，并通过各板块国家竞争互补关系分析等，对"丝绸之路经济带"贸易竞争互补关系网络板块间与板块内竞争互补关系进行全面测度。

第三，探索基于贸易网络空间因素的修正随机前沿引力模型创新。考虑以加权平均时间距离修正真实地理空间距离，以制度质量等反映真实贸易非效率因素，对随机前沿引力模型进行优化。

第四，用优化后的随机前沿引力模型测度"丝绸之路经济带"的"真实"贸易潜力。在贸易网络上应用 GIS 可视化工具，系统分析贸易潜力和贸易效率。同时，与真实贸易规模进行对比分析，结合国内外区域贸易发展经验，对经济地理和制度质量因素对贸易潜力的影响进行系统梳理，最后提出提升贸易潜力的若干建议。

1.2.2 研究内容

1. "丝绸之路经济带"贸易网络特征及其演化分析

本研究运用社会网络、复杂网络分析方法，分析"丝绸之路经济带"沿线国家全部门贸易、农产品贸易、矿产品贸易、工业品贸易网络特征；通过分析贸易网络密度，分析该贸易网络经济联系紧密度；通过测度节点的中心度和网络的中心势，分析中国在"丝绸之路经济带"贸易网络中的中心地位变化，以及整个贸易网络是否具有集中性，哪个节点国家在网络中处于关键地位；研究贸易网络中的集聚效应，通过凝聚子群分析"丝绸之路经济带"贸易网络中的组团现象，并以集聚系数分析区域间的贸易伙伴存在贸易关系的平均概率；以核心−边缘方法定量计算网络各节点的核心度，通过经验判断设定核心度的范围，从而划分"丝绸之路经济带"贸易网络中的核心−边缘结构。在此基础上，通过研究贸易网络空间格局以及内部联系的变化，深入剖析"丝绸之路经济带"贸易网络中不同国家间的贸易联系以及贸易潜力。

2. "丝绸之路经济带"贸易网络互补竞争关系分析

本研究引入相对贸易竞争指数以及贸易互补指数两个概念，对"丝绸之路经济带"互补竞争贸易网络进行研究。首先，通过指标的选取，构建出"丝绸之路经济带"互补竞争网络；其次，通过分析互补竞争网络的网络密度、网络中心性以及块矩阵模型来判断"丝绸之路经济带"沿线各国之间的互补竞争情况；最后，研究在互补竞争网络特征下，中国与沿线国家开展贸易的策略。

3. 考虑多产品维度和制度质量结合的随机前沿引力模型

本研究通过比较随机前沿引力模型、扩展引力模型等不同测度贸易潜力的模型，选择能够测度前沿面最优贸易的随机前沿引力方程来计算"丝绸之路经济带"贸易潜力；按照随机前沿理论，设计无贸易阻力的贸易潜力函数。对有贸易阻力下的真实贸易量测度方程，分自然因素、人为因素两部分测度，侧重根据经济制度质量、法律制度质量、政治制度质量、自由贸易协定等制度性因素分析贸易非效率因素，应用"一步法"时变随机前沿引力模型进行潜力分析和贸易效率分析。

4. 基于加权时间距离修正的贸易潜力随机前沿引力模型

伊顿和科图姆（Eaton&Kortum，2002）曾经判断，如果没有地理上的贸易壁垒，即所谓的"零引力"，那么世界贸易将增长 5 倍之多。因此，贸易潜力在拓扑网络结构中的实现必须考虑到空间异质性，只有考虑到空间异质性的贸易潜力才是可提升的"真实"贸易潜力。有关产品空间的研究告诉研究者必须注意产品本身的空间核心－边缘结构，而贸易国间地理可达性差异则反映了外部的空间异质性。

由于存在距离衰减规律，两国之间的实际贸易流量也受距离影响。传统的引力模型和随机前沿引力模型均以同质化空间为出发点，只单纯考虑物理距离，多数研究选择以两国首都间的距离为变量，衡量国家间贸易的空间阻力，并没有考虑到两国实际的交通运输能力。本研究采用加权平均时间距离替代传统距离变量，来表征中国到"丝绸之路经济带"沿线国家的综合交通可达性。可达性是各类活动运用交通系统达到特定区位的能力，节点间的运输距离和运输方式是衡量可达性的重要指标。考虑到目前承担区际长途运输功能的主要是铁路、水运和航空运输，本研究选择这三种交通方式来计算综合交通可达性。最后，构建设定加权平均时间距离改进的随机前沿引力方程。

5. 贸易格局与优化后贸易潜力的差异及提升对策

本研究根据修正后的贸易潜力模型再造可视化的贸易网络，并与现实数据进行对比分析，得出差异及其原因，进而得出提升"丝绸之路经济带"贸易潜力的政策建议。

1.2.3　研究方法

本研究运用了经济地理学、国际贸易学、集聚经济学等多学科理论和方法。具体而言，本研究采用实证分析与理论研究相结合、定量分析与定性分析相结合的研究方法，在研究过程中运用的模型和工具包括：社会网络分析、复杂网络分析、随机前沿方法、空间计量分析、计算机仿真模型等，以及 ARCGIS、MATLAB、STATA、EVIEWS、Frontier 4.1、CrimeStats 3.3、Cytoscape 3.2.1、Gelphi 0.82 等计算机软件。

根据研究设计，本研究采取的方法主要包括：

第一，文献资料整理和分析。通过对与贸易潜力、经济地理学、空间集聚等相关的文献进行系统分析、整理，构建本书的框架。

第二，数学建模。本研究构建贸易潜力的理论模型，通过随机前沿引力模型考虑空间异质性、制度质量等自然或非自然因素，应用地理可视化工具研究实现。这些模型通过 MATLAB、STATA、ARCGIS 等软件完成。

第三，社会网络分析方法。运用网络分析的方法，探讨"丝绸之路经济带"贸易网络结构特征和贸易格局的时空演化规律。

1.2.4　技术路线

本研究的总体技术路线见图 1-1。

1.3　创新点

本研究的创新之处在于：

（1）研究视角创新。当前已有研究大多关注区域内国家的贸易潜力和效率，着重运用贸易引力模型、随机前沿模型以及贸易互补性、贸易强度指标等方法来测度贸易潜力及其影响因素，而贸易潜力的研究需要落地到具体国家间、区域间的测度，新经济地理学理论和方法、社会网络方法等提供了研究空间异质性的工具。将传统贸易潜力研究方法与新经济地理学、社会网络分析方法相结合，才能全面、准确地判别贸易流量在贸易网络中不同空间范畴的分布、贸易网络结构形成、驱动因素和演化机制。当前鲜有学者从贸易网络的空间视角来开展贸易最优水平的研究。本研究从

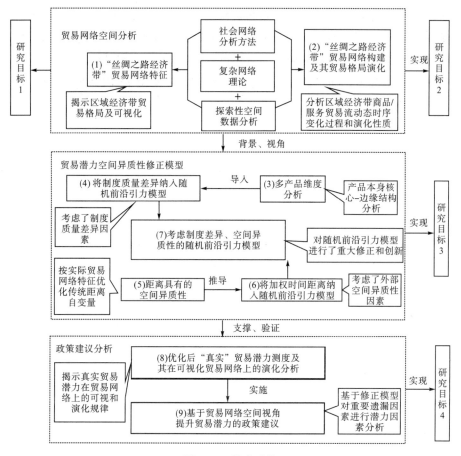

图 1-1 技术路线

贸易网络空间视角出发,对"丝绸之路经济带"沿线国家贸易流量的空间差异,贸易网络的核心-边缘结构、网络密度、集聚度、凝聚子群等特征进行研究,并将随机前沿引力模型进行重大修正后,实现贸易潜力在网络上的可视化,从而寻求提升潜力的对策。

(2)研究内容创新。第一,除传统经典变量外,增加了对影响贸易潜力的制度质量、空间地理因素的分析和估测,同时以加权时间距离修正传统距离变量。第二,当前鲜有学者考虑全方位的贸易种类水平,并多集中于出口贸易潜力研究。本研究通过对"丝绸之路经济带"沿线 25 个国家全部门、农产品、矿产品和工业品 4 大类 26 小类双边贸易流近 20 年面板数据进出口双向流量数据进行研究,全面分析了各类商品贸易格局及其演化,并同考虑空间异质性、制度质量因素的随机前沿引力模型测度的真实贸易潜力进行对比分析，从而判断贸易潜力提升策略的优劣。第三，本研究分别对"丝绸之路经济带"全部门、农产品、矿产品和工业品贸易网络进行了网络特征和演化分析，同时还进行了不同商品贸易网络的竞争网络和互补网络分析，通过块模型分析对传统网络中凝聚子群等贸易网络特征进行深化研究。

2　国内外相关理论研究综述

2.1　社会网络理论

社会网络分析最早是由社会学家提出的,随着社会网络的发展,现已逐渐应用到经济学、管理学、地理学等领域。运用社会网络分析方法可对网络(尤其是网络节点)的特征进行度量,以进一步揭示网络中各节点间的紧密程度、不同节点在网络中的地位等。例如,以点、边、权分别代表国家、贸易联系和贸易强度,组成的网络拓扑结构可以反映各个国家在贸易网络中的地位和贸易格局整体特征。假设贸易网络有 N 个节点,每个节点代表一个国家,有标准邻接矩阵:

$$A = (\alpha_{ij})_{N \times N}, \alpha_{ij} \in \{0,1\} \qquad (2-1)$$

式中, $\alpha_{ij} = 1$ 表示 i 、 j 两国存在贸易关系。 i 国贸易关系总和 $\sum_{j=1}^{N} \alpha_{ij}$ 称为 i 度,表示 i 国贸易伙伴数量。

有加权的邻接矩阵 $W = (w_{ij})_{N \times N}$ 。 w_{ij} 表示 i 国与 j 国的贸易流量。

对加权邻接矩阵 W 进行标准化,得矩阵 $W' = (w'_{ij})_{N \times N}$ 。 $w'_{ij} = \frac{w_{ij}}{gw_{ij}}$, gw_{ij} 为 i 国对全球贸易量, w'_{ij} 是 i 国对 j 国的贸易依赖度。

2.2　复杂网络理论

复杂网络(complex network)是指具有自组织、自相似、吸引子、小世界、无标度等性质中的部分或全部性质的网络。复杂网络一般具有以下特性：

第一，小世界。这表示运用简单的措辞就能够描述出大多数网络，因为即使有些网络规模大，但任意两节（顶）点间有且仅有一条相当短的路径。例如，在社会网络中，人与人相互认识的关系很少，却可以通过特定途径找到很远的无关系的其他人，这就构成了一个小世界。

第二，有集群的概念。例如，社会网络中总是存在熟人圈或朋友圈，其中每个成员都认识其他成员。集聚系数反映的是网络集团化的程度，即网络的内聚倾向。而连通集团反映的是一个大网络中各集聚的小网络的分布和相互联系的状况。例如，它可以反映这个朋友圈与另一个朋友圈的关系。

第三，幂律（power law）的度分布。度指的是网络中某个顶（节）点（相当于一个个体）与其他顶点的关系（用网络中的边表达）的数量。度的相关性指顶点之间关系的联系紧密性。

2.3　社会网络指标综述

2.3.1　网络密度

网络密度是社会网络分析中的常用指标，它表示网络中各个节点间联系的紧密程度。在贸易网络中，其计算方法是"实际存在的贸易联系数"除以"理论上可能存在的贸易联系总数"。网络密度越大，表示整个网络中各国之间的贸易联系越紧密，合作行为越多，整个网络的资源获取能力越强。其计算公式为

$$D = \frac{L}{N(N-1)} \tag{2-2}$$

式中，L 是该贸易网络中各国实际贸易联系数，$N(N-1)$ 为最大可能贸易联系总数。

2.3.2　网络中心性

中心性是社会网络分析的重点研究对象之一，其量化指标包括节点的中心度和网络的中心势。

中心度用来描述节点在网络中的核心性，即局部中心性。中心度一般

包括度数中心度、接近中心度和中间中心度等。本研究选取度数中心度来表征节点的中心度。如果一个节点与其他许多节点直接相连，则该节点拥有相对较高的度数中心度。这一指标反映了一个国家与其他国家的贸易交往能力。

对于有向加权网络，度数中心度分为点出度和点入度，计算公式如下：

$$C_i^{\text{out}}(t) = \sum_{j=1}^{N(t)} w_{ij}(t) \tag{2-3}$$

$$C_i^{\text{in}}(t) = \sum_{j=1}^{N(t)} w_{ij}(t) \tag{2-4}$$

式（2-3）中，$C_i^{\text{out}}(t)$ 代表节点 i 在 t 年度向其他节点的输出量，$w_{ij}(t)$ 指 i 国向 j 国出口商品的贸易额。式（2-4）中，$C_i^{\text{in}}(t)$ 则代表其他节点在 t 年度向节点 i 的输出量，$w_{ij}(t)$ 指 i 国从 j 国进口商品的贸易额。

中心势用来刻画整个网络的中心性，主要包括点度中心势和中间中心势。本研究选用点度中心势来进行量化分析。

点度中心势可以描述网络节点集中性的变化趋势。通过分析网络的中心势，可以判断节点间联系的不对称和不均衡程度。该值越接近 100%，说明网络集中性越强。

$$C = \frac{\sum_{i=1}^{n}(C_{\max} - C_i)}{\max\left[\sum_{i=1}^{n}(C_{\max} - C_i)\right]} \tag{2-5}$$

其中，$C_{\max}$ 为网络中节点的最大中心度，C_i 为网络中节点 i 的中心度。

2.3.3 凝聚子群

凝聚子群分析是为了揭示网络内部的子结构，也就是对网络中的小群体进行研究。在贸易网络中，对凝聚子群主要可以从四个角度进行度量：贸易联系的互惠性、子群成员间的可达性、子群成员间的联系频次、子群成员与非子群成员之间的相对联系频次。本研究中的凝聚子群是指"丝绸之路经济带"贸易网络中那些具有更为紧密的贸易联系的国家，反映了网络中的组团现象。

本研究采用强调关系相关性的 CONCOR 聚类分析方法来分析贸易网络中的组团现象。其具体步骤如下：①计算矩阵的各行（或各列）之间的相关系数，得到一个相关系数矩阵（C_1）；②把 C_1 作为输入矩阵，继续计算此矩阵的各行（或各列）之间的相关系数，得到矩阵 C_2；③继续迭代，得到"相关系数的相关系数的相关系数的矩阵"。这种迭代过程似乎可以无限进行下去，但实际上，经过许多次迭代之后，矩阵中的相关系数值不是1就是−1。

2.3.4 核心−边缘结构

核心−边缘理论是经济地理学中的重要理论。利用社会网络分析软件UCINET中的Core&Periphery分析模块，可定量计算出网络中各节点的核心度，进而根据经验设定核心度的范围，划分贸易网络中的核心−边缘结构。核心度较高的国家在贸易网络中地位更高，与网络中其他成员的联系更为密切。本研究利用连续的核心−边缘模型：

$$\max(q) = \sum a_{ij}\delta_{ij}$$
$$\delta_{ij} = c_i c_j \tag{2-6}$$

其中，a_{ij} 表示"丝绸之路经济带"贸易网络的原始邻接矩阵中的关系，而 δ_{ij} 则表示理想状态下的矩阵是否真的存在，c_i 表示 i 国的核心度。当 a_{ij} 与 δ_{ij} 相等时，q 值最大，表明此时原始矩阵构成了核心−边缘结构。

借鉴陈银飞（2011）的划分方式，可以将贸易网络中的国家分为三个等级，第一等级是 c_i 大于 0.1 的核心国家，第二等级是 c_i 在 0.01 和 0.1 之间的半边缘国家，第三等级则是 c_i 小于 0.01 的边缘国家。

2.4 贸易潜力测度理论

2.4.1 潜力与贸易潜力的定义

心理学认为，潜力就是潜在的能力或力量。广义的潜力即内在的没有发挥出来的能力或力量。

经济学对于潜力的研究源于技术进步。生产潜力表示经济生产单元在给定技术和投入的情况下所能达到的最大产出。受非效率因素影响，最大产出在现实中经常无法达到，这就产生了实际产出与生产潜力之间的差距，它代表一定程度的效率损失，也表明生产潜力实现的程度。借助随机前沿方法，我们可以估计前沿生产函数，测算技术效率、技术进步、要素投入以及全要素生产率对经济增长的贡献。

阿姆斯特朗（Armstrong，2007）认为，贸易潜力是指在没有贸易阻力和自由贸易条件下贸易所能达到的最大流量。例如，出口贸易潜力表示给定贸易要素投入后出口贸易的最大值，或在贸易要素投入不变的情况下，出口贸易的增加程度。施炳展等（2009）认为，贸易潜力既取决于技术进步、制度变革，也取决于地区自身的特点。贸易潜力主要取决于技术进步和贸易环境的改善，是既定投入下的最优值。在其他条件不变的情况下，技术进步会扩大产量，降低生产成本，从而提高贸易利润。同时，贸易潜力也取决于贸易伙伴之间的制度安排，如果双边贸易环境的变化有利于减少贸易壁垒，那么出口会增加，从而提升贸易潜力。此外，贸易潜力还与出口国区域特征有关系，比如技术进步偏向资本要素，那么资本丰富的地区出口潜力上升会高过全国平均水平。

2.4.2 贸易潜力测度与引力模型

用于测度贸易潜力的最经典的模型是引力模型（gravity equation）。盛斌（2004）提出在估计引力模型的基础上得到双边贸易的理论拟合值，并将理论拟合值作为双边贸易潜力，如果实际值低于估算值就称之为"贸易不足"，反之则称之为"贸易过度"。丁伯根（Tinbergen，1962）和波伊霍宁（Poyhonen，1963）最早将引力模型运用到国际贸易研究领域，提出贸易国双边贸易流量与双边经济规模成正比，并与两国之间的空间距离成反比。在此之后，有关贸易流量的研究，大多会采用贸易引力模型进行分析说明。引力模型的应用主要涉及四个方面：分析影响双边贸易的主要因素，分析贸易壁垒的影响，测算一国或某一集团的贸易潜力，分析加入某一贸易集团或组织的效果。国内外已有大量学术成果是利用引力模型测量贸易流量及潜力的，如赵雨霖等（2008）、张海森等（2008）、孙林（2005）、帅传敏（2009）。其中，较有代表性的是盛斌等（2004）利用引力模型测算了中国对 40 个主要贸易伙伴的出口贸易潜力，发现中国的出口总体上表现为贸易过度。

1. 标准引力模型

国际贸易中的引力模型最早是由丁伯根（Tinbergen，1962）引入的，他借用物理学中的万有引力定律来描述两国间的贸易流量及潜力，指出两国间的贸易流量和星体间的引力一样，和它们的经济规模（质量）成正比，和它们的距离成反比。也就是说，贸易伙伴的双边贸易量由各自的经济规模和彼此的空间距离两大因素决定，而引力模型的回归系数表现出惊人的稳定性。大量实证分析显示，国际贸易中的引力方程不会因时因地发

生重大变化,除非解释变量发生重大变化。因此,麦卡勒姆(McCallum)计量模型由以下等式推出:

$$X_{AB} = \lambda \frac{GDP_A^\alpha \times GDP_B^\beta}{DIST_{AB}^\gamma} \qquad (2-7)$$

$$\ln X_{AB} = \ln\lambda + \alpha\ln GDP_A + \beta\ln GDP_B - \gamma\ln DIST_{AB} \qquad (2-8)$$

式中,X_{AB} 代表两个贸易伙伴之间的贸易流量,λ 是给定的常数;通常设定 α、β、$\gamma \approx 1$。两国之间的距离通常被换算成克服此距离所需花费的成本,比如每公里需要花费 1 美元。

2. 扩展引力模型

20 世纪 60 年代,在贸易引力模型被引入衡量双边贸易流量及潜力的研究后,因其具有较强的解释现实的能力,大量学者应用引力模型对国际贸易现实问题进行了实证研究。例如,索洛加和温特斯(Soloaga&Winters,1999),利茂和维纳布尔斯(Limao&Venables,1999)等人对原有解释变量进行了精简并提出了一些新的变量,取得了较好的研究成果。在扩展引力模型的方程中,添加的变量通常有两类:一类是虚拟变量(哑变量),如语言、国界、种族、民族、宗教等是否相同,是否加入同一国际组织等。早期对贸易引力模型的扩展以添加这一类变量为主。另一类是制度质量指标变量,如经济自由化、贸易管制、政府治理质量、合约实施保障等方面的指标。随着新制度经济学的蓬勃发展和转轨制国家的研究兴起,制度质量因素被广泛引入贸易引力模型,各种具体的量化指标被用来衡量制度因素对双边贸易的影响,国外权威机构也开始发布制度质量的相关指数。例如《华尔街日报》和美国传统基金会发布的经济自由度指数年度报告,涵盖全球 155 个国家和地区,在全球范围内具有较高权威性。该报告中,指标的得分越高,则经济自由度越低。

典型的贸易扩展引力模型如下:

$$\ln F_{ij} = \alpha\ln Y_i Y_j + \beta\ln P_i P_j + \gamma\ln D_{ij} + \lambda\ln DG_{ij} + \delta\ln WTO + \eta\ln APEC +$$
$$\theta I_i + \sigma LOGISTIC_i + \varepsilon_{ij} \qquad (2-9)$$

式中,F_{ij} 表示从出口国 i 国流入进口国 j 国的贸易流量;Y_i、Y_j 是两个国家的经济总量;D_{ij} 是两个国家的首都或主要港口之间的地理距离;P_i 是出口国人口规模,P_j 是进口国人口规模;DG_{ij} 是两国人均 GDP 的差距;WTO、$APEC$ 代表两国是否同时为世界贸易组织、亚太经合组织成员;I_i 为出口国制度质量;$LOGISTIC_i$ 是出口国的物流绩效;α、β、γ、λ、δ、η、θ、σ 是待估计参数,ε_{ij} 为随机扰动项。

3. 嵌入 CES 效用函数的引力模型

伯格斯特兰德（Bergstrand，1985）承认，尽管贸易引力模型在统计上有较强的经济解释力，但理论基础较为欠缺。安德森（Anderson，1979）最早在引力模型中引入 CES 效用函数，极大地推动了贸易引力模型的微观基础理论研究。安德森在研究中忽略了价格系统，伯格斯特兰德虽然考虑了价格效应对贸易流量的影响，但由于缺乏产品部门贸易价格指数而无法进行基于截面数据的实证分析。为了解决以上模型的理论缺陷，安德森和范温库普（Anderson&Van Wincoop，2003）重新推导贸易引力模型，并将价格作为关键内生变量之一。他们假定消费者行为满足 CES 效用函数，生产者在垄断竞争的市场结构下进行生产，并考虑了贸易成本。安德森和范温库普的引力模型的结论为：

$$X_{ij} = \frac{Y_i Y_j}{Y_w} \left(\frac{t_{ij}}{P_i P_j} \right)^{1-\sigma} \qquad (2-10)$$

$$P_i = \left[\sum\nolimits_{i=1}^{N} \left(\frac{t_{ij}}{P_j} \right)^{1-\sigma} \theta_j \right]^{\frac{1}{1-\sigma}} \qquad (2-11)$$

$$P_j = \left[\sum\nolimits_{j=1}^{N} \left(\frac{t_{ij}}{P_i} \right)^{1-\sigma} \theta_i \right]^{\frac{1}{1-\sigma}} \qquad (2-12)$$

式（2−10）为贸易流量方程，式（2−11）、（2−12）分别被称为"内向型"多边阻力和"外向型"多边阻力。其中，X_{ij} 为 i 国出口到其贸易伙伴 j 国的贸易量，Y_i、Y_j、Y_w 分别为 i 国、j 国以及世界名义收入，P_i、P_j 分别为 i 国、j 国的消费者价格指数，$\theta_i = Y_i/Y_w$ 为收入份额，t_{ij} 为两国之间的贸易成本变量，σ 为所有商品之间的替代弹性。

安德森和范温库普对贸易引力模型的理论贡献在于强调了贸易成本变量的"多边阻力"概念，揭示了贸易成本对双边贸易流量的影响。例如，传统的引力模型仅强调贸易流量与双边距离成比例关系，而安德森和范温库普指出，两国贸易流量不仅受双边绝对距离的影响，也和它们与其他国家之间的距离有关，即与相对距离有直接关系。若两国均与其他国家相距遥远，它们之间的贸易关系就会密切许多。最典型的例子是澳大利亚与新西兰，两国同属大洋洲且与其他重要国家相距甚远。除距离外，其他阻碍贸易流动的因素也多存在"多边阻力"，如关税、技术壁垒、绿色壁垒等存在相对第三国的程度比较。安德森和约托夫（Anderson&Yotov，2008）把式（2−11）和（2−12）作为"分解的"买卖双方贸易成本指数，研究表明，加拿大 1992—2003 年的卖方贸易成本指数 5 倍于买方贸易成本指数。

但两位学者的结论在实证研究方面也存在一些缺陷。例如,商品替代弹性 σ 无法通过估计得出,只能人为根据经验确定 $\sigma=5$、10 等数值,这使得实证结果的准确性和可信度受到质疑。针对安德森和范温库普的研究不足,伯格斯特兰德、埃格和拉尔克(Bergstrand,Egger,Larch,2013)等通过放松假设条件的方式对模型进行了补充,采用克鲁格曼垄断竞争和收益递增模型推导出贸易引力方程。该模型假定只有一种生产要素即劳动,一国的劳动要素总体规模 L_i 决定了公司的数目,工资水平 $w_i = \frac{Y_i}{L_i}$ 与生产者价格 P_i 成比例关系,得到:

$$\frac{X_{ij}Y_w}{Y_iY_j} = \frac{Y_w\left(\frac{Y_i}{L_i}\right)^{-\sigma}t_{ij}^{1-\sigma}}{\sum_{j=1}^{N}Y_k\left(\frac{Y_k}{L_k}\right)^{-\sigma}t_{kj}^{1-\sigma}} \in_{ij} \qquad (2-13)$$

$$Y_i = \sum_{j=1}^{N}X_{ij}, i = 1,2,\cdots,N \qquad (2-14)$$

式(2-13)为其引力模型结构方程,式(2-14)是需要满足的市场出清约束条件,通过式(2-13)、(2-14)可以估计出消费替代弹性 σ。

4. 嵌入超越对数需求函数的引力模型

嵌入 CES 效用函数的引力模型假定贸易流量对贸易成本的弹性为常数,即在其他条件一致的情况下,同一水平的关税减让会产生相同的冲击效应。诺维(Novy,2013)指出这种 CES 效用函数假定不符合贸易规模和关税水平千差万别的情况,因此他在引力模型中引入超越对数需求函数。利用超越对数需求函数进行贸易流量分析的学者有阿克洛基斯(Arkolakis,2007)、考斯提诺特和罗德里格斯-克莱尔(Costinot&Rodriguez-Clare,2013)等人,他们使用连续的超越对数需求函数对双边贸易流量进行了研究。假定有 N 个国家,一种连续商品,劳动是唯一生产要素,供给没有弹性且无法在国家间自由流动,同时假定企业生产率服从帕累托分布,得到贸易流量表达式为:

$$X_{ij} = \frac{N_ib_i\left(\omega_i\tau_{ij}\right)^{-\theta}Y_j}{\sum_{i=1}^{n}N_i'b_i'\left(\omega_i'\tau_{ij}\right)^{-\theta}} \qquad (2-15)$$

式中, ω_i 为一国工资水平; N_i 为一国潜在的公司数目; $\tau_{ij}\geqslant 1$,为双边贸易成本; θ 代表贸易成本,为常数。可见,阿克洛基斯等虽然使用了超越对数需求函数,但贸易成本的设定与嵌入 CES 效用函数的引力方程相似。

诺维（Novy，2013）也采用了超越对数需求函数，其理论模型假定世界上有 J 个国家，且每个国家至少生产一种产品，N 为所有国家生产的产品总数，各国生产的产品数量可能并不相同，则贸易流量公式为：

$$\frac{X_{ij}}{Y_j} = \frac{Y_i}{Y_w} - \gamma n_i \ln t_{ij} + \gamma n_i \ln T_j + \gamma n_i \sum_{s=1}^{J} \frac{Y_s}{Y_w} \ln(\frac{t_{is}}{T_s})$$

$$(2-16)$$

式中，n_i 为 i 国产品数目，T_j 为贸易成本变量。

诺维使用的引力模型中，贸易成本弹性是个内生变量，随着贸易对象的改变而变化。在引力模型中使用超越对数需求函数的优点在于可以从理论上推导贸易流量对贸易成本的弹性成为内生变量，从而得出：一国与其贸易伙伴的贸易规模越小，贸易流量对贸易成本变化的敏感度就越高，即面对不同的贸易伙伴，贸易成本对本国产生了不同的影响。超越对数需求函数也有助于解释零贸易量问题。如果贸易成本达到足够高的水平，在嵌入超越对数需求函数的引力模型中相应的进口规模就为零。

5. 嵌入异质性企业贸易理论的引力模型

钱尼（Chaney，2008）将梅里兹（Melitz，2008）的异质性企业贸易模型引入引力模型，借以分析贸易成本变化对异质性企业做出进入或退出市场决策的影响，以及这种变化的贸易流量效应，进而分析市场力量对贸易边际的影响。其模型假设：不同国家的贸易成本不同，由于存在固定成本和可变成本，那些贸易成本更低和有更高需求的国家的出口有利可图。企业异质性存在一个门槛，只有高过门槛的企业才能从出口中获益，否则将出现零贸易的现象。部门 h 从 i 国到 j 国的总出口函数为：

$$X_{ij}^h = \mu_h \times \frac{Y_i \times Y_j}{Y} \times (\frac{\omega_i \tau_{ij}^h}{\theta_j^h})^{-\gamma_h} \times (f_{ij}^h)^{-[\frac{\gamma_h}{(\sigma_h-1)}-1]} \quad (2-17)$$

部门 h 的出口受到多个因素影响：进口国和出口国的国家产出规模 Y_i、Y_j；世界总收入 Y；工人生产率水平 ω_i；双边贸易成本，即可变成本 τ_{ij}^h、固定成本 f_{ij}^h 之和；j 国相对其他国家的偏远程度 θ_j^h。

引力模型假设的情景仅是众多情景中的一种，稍作改变就有可能实现对模型的拓展。钱尼（Chaney，2013）基于贸易网络假设拓展了引力模型。他考虑到在业已形成的贸易网络中，企业只能出口到一些已有联系的市场，对那些尚未建立联系的市场，需要一个建立联系网络的过程，因而存在企业间匹配的问题。因此，钱尼在原有引力模型基础上提出一个新模型,即"考虑匹配摩擦约束下的贸易模型"。其在 2013 年发表的"The Gravity Equation in International Trade:An Explanation"一文中指出,对于对称且拥有有限变量的初始关系的任意分布 g_0,两国之间的总贸易流量大致与两国的经济规模(GDP_i 和 GDP_j)成正比,与两国间的距离($DIST_{ij}$)成反比,即

$$T_{ij} \propto \frac{GDP_i \times GDP_j}{DIST_{ij}^{1+\varepsilon}}, \varepsilon \equiv 2\min\left(\frac{\gamma - (\beta - \delta)}{\beta}, 1\right) \quad (2-18)$$

在初始条件下,业务联系以速度 β 增长,以比率 δ 损耗,新企业人员以不变的速度 γ 增长。距离在现有贸易模型中代表的是每个区域内关系的分布是不同的,且服从幂次法则。拥有 K 个关系的企业在区间 $\left[-2\sqrt{\Delta(K)}, +2\sqrt{\Delta(K)}\right]$ 内,关系的密度是 $\frac{K}{4\sqrt{\Delta(K)}}$。只有关系的分布标准差大于 $x/2$ 的企业才会在距离 x 内出口。用 $\varphi(x)$ 表示在距离 x 之内出口的企业的比例,则

$$\varphi\left[x = 2\sqrt{\Delta(K)}\right] \propto \int_k^{+\infty} \frac{K}{4\sqrt{\Delta(K)}} \mathrm{d}F(K) \propto \frac{1}{x^{1+2\times\frac{\gamma-(\beta-\delta)}{\beta}}}$$

$$(2-19)$$

这表明新建企业的关系相较于老企业来说分散度小。人员增长越快(γ 越大),新建企业相对于老企业越多,总贸易量随距离的增加下降得越快。企业获得新关系的频率越低(β 越小),企业向远距离拓展自己关系网的机会越低,总贸易量随距离增加下降得越快。

可见,钱尼在一般的国际贸易模型中引入了企业的异质性以及商品出口的固定成本,且异质性企业的生产力分布为帕累托分布,那么当运输成本发生变化时,变化的不仅仅是每一个出口商出口的商品数目,还有出口商自身数目,前者称为集约边际(intensive margin),后者称为扩展边际(extensive margin)。可以发现,替代弹性对于以上两种边际的影响效应是相反的,更高的替代弹性会使集约边际对贸易阻力的变化更敏感,但会使扩展边际对贸易阻力的变化变得不太敏感。

6. 嵌入 HMR 模型的引力模型

HMR 模型由埃尔普曼、梅里兹和鲁宾斯坦(Helpman,Melitz,Rubinstein,2008)提出,旨在从供给方面刻画贸易边际和贸易增长的互动关系。该模型基于企业的异质性,构建了一个简单模型,用来分析和测度多国贸易框架下贸易伙伴间的贸易流量,并认为贸易摩擦对贸易流量的

影响可以分解为集约边际和扩展边际。该模型旨在引出一个考虑企业自主选择出口国目的地的广义引力模型（generalized gravity equation），利用该模型可以分析企业自主选择出口市场及其贸易流量效应。

该模型假设有 J 个国家和一个连续封闭的商品集合，每个国家的消费者通过消费连续封闭的商品获得效用。效用函数是

$$u_j = \left[\int_{l \in B_j} x_j\ (l)^\alpha \mathrm{d}l \right]^{\frac{1}{\alpha}}, 0 < \alpha < 1$$

式中，$x_j\ (l)$ 为 j 国对商品 l 的消费量，B_j 是 j 国可以消费的商品集，α 是商品间的替代弹性，且 $\varepsilon = \dfrac{1}{(1-\alpha)}$。每个国家的商品的替代弹性相同。

令 Y_j 为 j 国的收入，且等于支出，则 j 国对商品 l 的需求量可以表示为：

$$x_j(l) = \frac{p_j\ (l)^{-\varepsilon} Y_j}{P_j^{1-\varepsilon}}; P_j = \left[\int_{l \in B_j} p_j\ (l)^{1-\varepsilon} \mathrm{d}l \right]^{\frac{1}{1-\varepsilon}}$$

式中，$p_j\ (l)$ 是商品 l 在 j 国的价格，P_j 是 j 国的理想价格指数。

j 国企业生产一单位产品，将按成本最小化原则进行要素投入组合。设成本为 $c_j a$，其中 a 代表一单位产品所需要的要素投入集，c_j 代表这个要素投入的成本。j 国出口产品到 i 国，不仅要支付一笔固定成本 $c_j f_{ij}$，而且有运输成本。后者按"冰山消融"的办法处理。为保障一单位产品运到 i 国，需要运送 τ_{ij} 单位商品。最终产品市场为垄断竞争市场，企业面临出口到 i 国的利润最大化问题。利润函数为：

$$\pi_{ij}(a) = (1-\alpha) \left(\frac{\tau_{ij} c_j a}{\alpha P_i} \right)^{1-\varepsilon} Y_i - c_j f_{ij} \tag{2-20}$$

若 j 国出口到 i 国的企业生产率水平 a_{ij}<生产率最低企业的生产率水平 a_L，则 j 国没有企业愿意出口产品到 i 国；反之，若 $a_{ij} \geqslant a_L$，则所有 j 国企业都将出口产品至 i 国。进而贸易量可以这样描述：

$$V_{ij} = \begin{cases} \int_{a_L}^{a_{ij}} a^{1-\varepsilon} \mathrm{d}G(a), a_{ij} \geqslant a_L \\ 0, a_{ij} < a_L \end{cases} \tag{2-21}$$

因此，i 国自 j 国的进口量 $M_{ij} = \left(\dfrac{\tau_{ij} c_j}{\alpha P_i} \right)^{1-\varepsilon} Y_i N_j V_{ij}$，$N_j$ 为企业数量。

2.4.3 贸易潜力测度与随机前沿引力模型

1. 随机前沿方法的模型设定

经济学研究中，技术效率的概念由来已久。科普曼斯（Koopmans）首先提出了技术效率的概念，他认为在一定的技术条件下，如果不减少其他产出就不能增加任何产出，或者不增加其他投入就不可能减少任何投入，则称该投入产出是技术有效的。法雷尔（Farrell，1985）首次提出了技术效率的前沿测定方法。该方法得到了理论界的广泛认同，成为技术效率测度的基础。

在实际应用中，技术前沿面是需要确定的。其确定方法一般有两种：第一种是通过经济计量模型对前沿生产函数的参数进行估计，该方法被称为技术效率评价的"统计方法"或"参数方法"；第二种是通过求解线性规划问题来确定生产前沿面，从而进行技术效率的测定，这种方法被称为"数学规划方法"或"非参数方法"。

生产函数的选择对参数方法至关重要，常见的生产函数有柯布—道格拉斯（Cobb—Douglas）生产函数、超越对数生产函数等。参数方法的发展经历了两个阶段：确定型前沿模型和随机型前沿模型。

确定型前沿模型把所有可能产生影响的随机因素都作为技术无效率来进行测定，这使得技术效率测算结果与实际技术效率水平有一定偏差。为了消除该类前沿模型的此项缺陷，梅森和范登布勒克（Meeusen&Van den Broeck，1977）、艾格纳、洛弗尔和施密特（Aigner，Lovell，Schmidt，1977）、贝泰斯和科拉（Battese&Corra，1977）提出了随机前沿模型，对模型中的误差项进行了区分，提高了技术效率测定的精确性。他们认为，生产单位的实际产出与其生产前沿的偏离不完全被生产单位控制。在确定型生产前沿的分析框架下，诸如生产设备失误甚至恶劣天气等一些外部事件均可能归于技术无效率项。任何确定型前沿模型设定偏误或相关变量的测量误差也会提高所测算的技术无效性，这是任何确定型前沿设定的缺陷。正如福桑德和詹森（Forsund&Jansen，1991）关于平均和最优前沿函数的讨论，随机前沿模型分析框架下，特定的生产单位面临自身特定的生产前沿，并纳入一个随机项，可以捕捉生产单位难以控制的随机因素。

（1）随机前沿模型。

随机前沿模型如下：

$$Y_i = f(x_i,\beta)\exp(v_i)\exp(-u_i), i = 1,\cdots,N \qquad (2-22)$$

式中，Y_i 是产出，x_i 是投入，β 是模型参数。在他们提出的模型中，随机扰动 ε_i 分为两部分：用 v_i 来表示统计误差，又称为随机误差项；用 u_i 表示技术无效率，也称为非负误差项。

当生产函数选择柯布-道格拉斯生产函数时，式（2-22）可写成下面的线性形式：

$$\ln Y_i = \beta_0 + \sum_j \beta_j \ln x_{ij} + v_i - u_i, i = 1,\cdots,N \qquad (2-23)$$

模型假设如下：

①随机误差项 $v_i \sim \text{iidN}$ $(0，\sigma_v^2)$，主要是由不可控因素引起的，如自然灾害、天气因素等。

②非负误差项 $u_i \sim \text{iidN}^+$ $(0，\sigma_u^2)$，取截断正态分布（截去小于 0 的部分），且 u_i、v_i 相互独立。

③u_i、v_i 与解释变量 x_i 相互独立。

贝泰斯和科埃利（Battese&Coelli，1992）在前人研究的时不变模型基础上进行改进，引入了时间的概念，使随机前沿模型可以对面板数据进行技术效率评价。模型如下：

$$Y_{it} = f(x_{it},\beta)\exp(v_{it})\exp(-u_{it}); i = 1,\cdots,N; t = 1,\cdots,T$$

$$(2-24)$$

式中，Y_{it} 是第 i 个决策单元 t 时期的产出，x_{it} 是第 i 个决策单元 t 时期的全部投入，β 为模型参数，v_{it} 为随机误差项，$u_{it} = u_i \exp[-\eta(t-T)]$ 为非负误差项，η 为被估计的参数。

图 2-1 以柯布-道格拉斯生产函数为例，显示了随机前沿模型技术效率测度的优点。图中生产前沿面方程为 $\ln q_i = \beta_0 + \beta_1 \ln x_i$，而这个确定生产前沿面的随机前沿模型为 $\ln q_i = \beta_0 + \beta_1 \ln x_i + v_i - u_i$，或表达为 $q_i = \exp(\beta_0 + \beta_1 \ln x_i + v_i - u_i)$。

图中的 A、B 两点分别表示随机影响为正和为负的情况：A 点表示随机影响为正，则随机误差项 v_A 为正数，生产前沿面上移到 $q_A^* = \exp(\beta_0 + \beta_1 \ln x_A + v_A)$，样本的技术效率为 $TE_A = \dfrac{q_A}{q_A^*} = \dfrac{\exp(\beta_0 + \beta_1 \ln x_A + v_A - u_A)}{\exp(\beta_0 + \beta_1 \ln x_A + v_A)}$；$B$ 点表示随机影响为负，则随机误差项 v_B 为负数，生产前沿面下移到 $q_B^* = \exp(\beta_0 + \beta_1 \ln x_B + v_B)$，样本的技术效率为 $TE_B = \dfrac{q_B}{q_B^*} = \dfrac{\exp(\beta_0 + \beta_1 \ln x_B + v_B - u_B)}{\exp(\beta_0 + \beta_1 \ln x_B + v_B)}$。

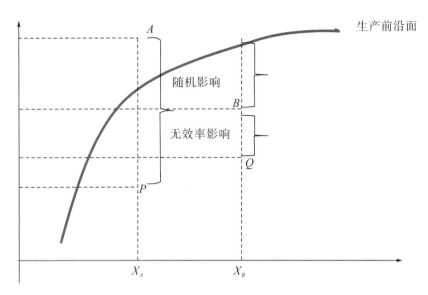

图 2—1 随机前沿模型的技术效率

(2) 随机前沿模型中技术效率的计算。

随机前沿模型中技术效率的定义如下：

$$TE_i = \exp(-U_i) = \frac{Y_i}{f(x_i,\beta)\exp(V_i)} \qquad (2-25)$$

所以，在 U_i 的分布已知的情况下，我们可以计算出技术效率的平均值 $TE = E\left[\exp(-U_i)\right]$，但各样本点的技术效率值计算却有些困难。因为我们能根据样本点的观测值测算模型中参数的估计值，并根据估计值求出残差 ε_i，但我们无法计算出每个 U_i 和 V_i 的估计值。

为保证能够计算出每个样本点的技术效率，乔德鲁（Jondrow，1982）将技术效率定义为 $TE_i = \exp\left[-E(U_i|\varepsilon_i)\right]$（JLMS 技术），并分别就半正态分布和指数分布推导了 $E(U_i|\varepsilon_i)$ 的表达式，算出技术效率值，解决了技术效率如何计算的问题。

随机前沿方法通过极大似然法估计各个参数值，然后用技术无效率项的条件期望作为技术效率值。在随机前沿方法中，每个样本的信息都被考虑到，且计算结果稳定，受特殊点影响较小，因而可靠性高。

2. 随机前沿方法对贸易潜力测度的改进

2.4.2 节论述了传统贸易引力模型及其扩展形式以及新贸易理论对其的改进模型能对贸易潜力进行很好的测度，并在实践运行中对现实数据有较好的拟合度，但是传统引力模型对于贸易潜力及其影响因素的实证分析存在着很大缺陷。

第一，传统贸易引力模型的估计结果是多种贸易影响因素作用下的平均值（Armstrong，2007），因此对于贸易潜力的估计并非"潜力"字面上所能代表的"可能达到的最优值"。

第二，传统引力模型只将众多阻碍贸易发展的客观因素中的一小部分（如贸易壁垒）引入模型中，而大部分难以被计量的阻碍因素——被德赖斯代尔和加诺特（Drysdale&Garnaut，1982）称为"客观贸易阻力"的因素，则被归纳到随机干扰因素里，这必然使贸易潜力估计出现不可避免的偏差（Kang 和 Fratianni，2006）。除此之外，一些随时间变化的主观影响因素在传统引力模型中也被无视。

随机前沿函数常用于测算生产者在一定的有效投入向量下的生产潜力，而对外贸易潜力为一定的经济环境、政策制度、自然环境等因素作用下的最优贸易水平，因此可以用随机前沿模型来分析国家间贸易潜力（孙艺萌，2014）。

随机前沿方法对传统引力模型的改进体现在：

第一，传统引力模型中假设不可控因素对贸易量的影响作用的均值为0，与此类似的是，在随机前沿引力模型中也存在一个均值为0的随机干扰项，用来衡量不可观测的自然影响因素。但不同的是，随机前沿引力模型认为这些不可控因素对贸易潜力具有负面影响，这是两者的根本区别之一。

第二，随机前沿引力模型能在给定的贸易环境因素下估计出每一个国家的最优贸易水平，即在只受自然影响因素的影响时，国家之间的自由贸易量在前沿面上可以取得的最大估计值，这也符合潜力的自身解释和经济学以效率为手段的表述。该模型也可用来观察贸易效率及其变化，进而用于评估现有政策的效果和改善贸易效率。由于那些阻碍双边贸易的可观测人为因素被集中到贸易无效率项中，以非负的不对称的形式存在，从而使得贸易规模无法达到理论上的前沿值，因此在随机前沿方法下，现实的贸易值将不会突破贸易潜力，不会出现以传统引力模型测算潜力时得出"贸易过度"结论的情况。

2.4.4 常用指标

通常采用的产品贸易的流量和潜力指数分为以下几种：产业内贸易指数（Intra – Industry Trade，IIT），显示性比较优势指数（Revealed

Comparative Advantage Index，RCA），贸易强度指数（Trade Intensity Index，TII），贸易互补性指数（Trade Complementarity Index，TCI）等。许多学者为了更好地研究分析农产品的贸易竞争力或贸易潜力，通常会综合运用多种分析方法，例如冯贞柏（2007）、孙致陆等（2013）、朱晶（2006）、孙林（2005）、汤碧（2012）、毕燕茹（2010）等。

1. 显示性比较优势指数（RCA）

巴拉萨（Balassa，1965）最先提出显示性比较优势指数。该指数用公式可以表示为

$$RCA = (\frac{X_{iw}^{k}}{X_{iw}^{t}})/(\frac{X_{ww}^{k}}{X_{ww}^{t}})$$

其中，X_{iw}^{k}表示 i 国 k 产品出口额，X_{iw}^{t}表示 i 国所有产品出口总额，X_{ww}^{k}表示全世界 k 产品出口额，X_{ww}^{t}表示全世界所有产品出口总额。

一般认为，如果 $RCA \geqslant 2.5$，表明 i 国 k 产品具有很强的竞争优势；如果 $1.25 \leqslant RCA < 2.5$，表明 i 国 k 产品具有较强的竞争优势；如果 $0.8 \leqslant RCA < 1.25$，表明 i 国 k 产品具有一定的竞争优势；如果 $RCA < 0.8$，表明 i 国 k 产品不具有竞争优势。

2. 产业内贸易指数（IIT）

产业内贸易指数是衡量贸易伙伴之间贸易结构的重要指标。被用得较多的是格鲁贝尔-劳埃德（Grubel&Lloyd，1975）指数，该指数用比率的形式反映进出口是否平衡。其计算公式如下：

$$IIT_{ij} = 1 - \frac{|x_{ij} - m_{ij}|}{x_{ij} + m_{ij}} \qquad (2-26)$$

式中，IIT_{ij} 为 i 国在商品 j 上的产业内贸易指数，x_{ij} 表示 i 国的 j 商品的出口值，m_{ij} 表示 i 国的 j 商品的进口值。当该产品的贸易以产业间贸易为主时，IIT_{ij} 一般为 $0 \sim 0.5$；当该产品以产业内贸易为主时，IIT_{ij} 一般为 $0.5 \sim 1$。

3. 贸易强度指数（TII）

其计算公式如下：

$$TII_{ij}^{k} = \frac{X_{ij}^{k}/X_{iw}^{k}}{M_{jw}^{k}/(M_{ww}^{k} - M_{iw}^{k})} \qquad (2-27)$$

式中，TII_{ij}^{k} 表示 i 国与 j 国的 k 产品贸易强度指数，X_{ij}^{k} 表示 i 国对 j 国的 k 产品出口额，X_{iw}^{k} 表示 i 国 k 产品出口总额，M_{jw}^{k} 表示 j 国 k 产品进

口总额，M_{ww}^k 表示全世界 k 产品进口总额，M_{iw}^k 表示 i 国 k 产品进口总额。当 $TII_{ij}^k > 1$ 时，表示 i 国对 j 国的 k 产品出口水平高于同期 j 国进口 k 产品在世界进口市场中所占份额，说明两国围绕 k 产品的贸易联系紧密度较高，反之则较低。一般来说，TII_{ij}^k 越大，说明 i 国和 j 国在 k 产品上的贸易互补性越强，贸易潜力越大。

4. 贸易互补性指数（TCI）

贸易互补性指数在贸易产品的层面把一个国家的出口专业化模式和另一个国家的进口专业化模式联系起来了。它是用贸易加权的方法衡量一个国家某个部门所有产品的相对出口份额（RXS_i^k）和另一个国家的相对进口份额（RMS_j^k）在多大程度上相匹配。用公式表示为：

$$TCI_{ij}^s \equiv \sum_{k \in s} \left[\theta^k \times RXS_i^k \times RMS_i^k \right] \qquad (2-28)$$

$$RXS_i^k \equiv \frac{X_{iw}^k / X_{iw}^s}{X_{ww}^k / X_{ww}^s} \equiv \frac{k \ 产品在 \ i \ 国 \ s \ 部门的出口份额}{k \ 产品在世界 \ s \ 部门的出口份额} \qquad (2-29)$$

$$RMS_j^k \equiv \frac{M_{jw}^k / M_{jw}^s}{M_{ww}^k / M_{ww}^s} \equiv \frac{k \ 产品在 \ j \ 国 \ s \ 部门的进口份额}{k \ 产品在世界 \ s \ 部门的进口份额} \qquad (2-30)$$

$$\theta^k \equiv \frac{X_{ww}^k}{X_{ww}^s} \equiv k \ 产品在世界 \ s \ 部门的出口份额 \qquad (2-31)$$

RXS_i^k 即巴拉萨的显示性比较优势，RMS_j^k 和它有同样的结构，只是采用的是进口而非出口数据。贸易互补性指数是用贸易加权的方式描述了一个出口国家的某个部门的"比较优势"和一个进口国家的该部门的"比较劣势"相匹配的程度。我们认为，只要在同一部门存在商品的进出口现象，则存在不同程度的双边贸易互补性。如果该指数的计算结果大于 1，就说明出口国家 i 与进口国家 j 之间的贸易互补性高于平均水平。若互补性指数呈增长趋势，一般认为正在发生的贸易结构的改变将提高资源配置效率，能大幅度增加社会福利。

2.5 "丝绸之路经济带"贸易格局和贸易潜力研究综述

2.5.1 国际贸易网络研究综述

国际贸易网络是经济网络中最具代表性的组成部分，它较好地体现了国家（地区）间相互连接、相互依赖的经济系统，因此，国际贸易网络研究已成为网络分析方法与复杂网络理论研究的前沿领域。从已有文献看，现有研究主要包括贸易网络的特征研究、贸易网络的构建过程和驱动因素研究、贸易网络的拓扑结构及其演化规律研究。其中，前两者侧重以社会网络分析方法和引力模型方法进行静态或动态分析，后者侧重以复杂网络方法和博弈论方法进行动态分析。

1. 贸易网络的特征研究

较早将网络分析方法运用于国际贸易网络分析的是斯奈德和基克（Snyder&Kick，1979）以及史密斯和怀特（Smith&White，1992）等人，他们利用国际贸易网络论证了世界经济体系存在"核心－半边缘－边缘"结构，并据此将国家划分为核心国家、半边缘国家和边缘国家，从而开辟了基于网络分析方法探讨国际贸易网络结构特征的先河。但是，这些关于世界经济体系结构的早期研究往往基于社会网络分析中的块模型方法展开，需要事先对国际贸易网络的整体结构有一个较为清晰的认识，其作用更多的是对已有的世界经济体系理论假设进行验证（De Nooy，2011）。塞拉诺（Serrano，2003）、李翔和陈关荣（2003）等对国际贸易网络的经验特征进行了研究，都发现国际贸易网络具有无标度和小世界等复杂网络的重要特征。加拉斯凯利和洛弗雷多（Garlaschelli&Loffredo，2005）应用了更完整的国际贸易数据，对国际贸易网络的顶点度分布进行了研究，发现国际贸易网络的度分布只在一个窄区域内服从幂律分布。

国内方面，马述忠等（2016）用社会网络分析方法研究了全球农产品贸易的整体格局，从网络中心性、网络联系强度和网络异质性三个维度对一国农产品贸易网络特征进行了刻画。李振福等（2017）利用结构洞理论的中介中心性指标对北极航线经济圈的贸易网络节点进行了静态比较分析。徐斌（2015）研究了国际铁矿石贸易网络的网络密度、中心性及聚集系数等指标。杨青龙等（2015）从贸易关系和贸易强度两个角度研究了煤炭和焦炭的贸易格局及其在样本期内的变化。孙天阳、许和连等（2015）采用2007—2011年231个国家和地区的文化产品双边贸易数据，运用社会网络分析方法对全球文化产品贸易格局进行了研究。宋周莺（2017）基于社区发现法、拓扑网络可视化等方法，对比分析了"一带一路"贸易网络与全球贸易网络的拓扑关系，明确了"一带一路"贸易网络在全球的地位。蒋小荣（2018）从社会网络视角出发，采用中心度、社团划分和结构熵等社会网络指标，探究了全球贸易网络的空间格局及演化特征，重点分析了中国在网络中的社团归属及其地缘战略启示。马佳卉、贺灿飞

（2019）运用中心性及中心度来研究中间产品（纺织业、运输业和电子产业）贸易网络，发现其网络结构有明显差异，电子产业贸易网络联系紧密，而运输业和纺织业的网络结构则相对松散。姚星、梅鹤轩等（2019）构建了国际服务贸易网络，并运用 WWZ 分解核算法和社会网络分析法，着重阐述了离岸服务外包网络与服务业全球价值链提升之间的关系。蒋小荣、杨永春等（2019）通过构建复杂有向加权全国贸易网络，并利用 Ucinet 计算各节点中心度、结构熵等指标，研究了 1985—2015 年（5 个截面）全球 227 个国家和地区贸易网络的空间格局及演化特征。

2. 贸易网络的构建过程和驱动因素研究

在分析贸易网络的无标度、小世界等特征的基础上，李翔和陈关荣（2003）提出了局域世界演化网络模型。之后，部分学者开始探讨网络外部驱动因素对国际贸易网络结构特征演变的影响。加拉斯凯利和洛弗雷多（Garlaschelli&Loffredo，2004，2005）认为 GDP 在较大程度上决定了国际贸易网络的拓扑结构，国际贸易网络存在"富者愈富"机制。法焦洛（Fagiolo，2010）研究发现地理距离、国家大小、边境效应、贸易协议等因素对国际贸易网络拓扑结构特征形成较为明显的影响。巴斯卡兰等（Baskaran，et al，2011）通过检验赫克歇尔－俄林（Heckscher－Ohlin）模型发现要素禀赋差异也在国际贸易网络的形成和发展中发挥着重要作用。而皮乔洛等（Picciolo，et al，2012）则认为地理距离在国际贸易网络的构建中并未发挥至关重要的作用，反而是具有互惠性的信息更能解释网络的结构模式。杜埃尼亚斯和法焦洛（Duenas&Fagiolo，2013）则专门就引力模型是否可以解释国际贸易网络的拓扑结构展开了系统论述，发现网络的二元特征可以完全复制，但引力模型不能复制如聚类等加权拓扑模式的高阶特征。此外，法焦诺等（2013）基于零模型（Null Model）对国际贸易网络的演进展开了研究，发现国际贸易二元网络中节点强度序列足以解释不对称性、聚类－度相关性等高阶网络特征，但在加权贸易网络中节点强度序列却并不足以预测国际贸易网络的高阶特征。

国内方面，戴卓（2012）扩展了传统的引力模型，分析了决定国际贸易二元网络结构的因素。赵国钦等（2016）尝试以无权网络和加权网络相结合的方法刻画 1995—2013 年世界贸易网络的演化过程，并运用网络分析方法和 QAP 方法，解析世界贸易网络的演化及影响因素。洪俊杰、商辉（2019）引入社会网络分析方法测度国家在国际贸易网络中的枢纽地位，同时从国家内部特征或比较优势角度，剖析国际贸易网络中国家枢纽地位演变的背后驱动因素。袁红林、辛娜（2019）利用经济合作与发展组织（OECD）认定的 25 个发达国家和中国组成局域贸易网络，通过测算整体网和个体网中心性指标，分析中国和发达国家的高端制造业网络格局的差异，同时利用 QAP 回归分析经济、政治、法律和文化距离对高端制造业贸易网络的影响。

3. 贸易网络的拓扑结构及其演化规律研究

塞拉诺和博古纳（Serrano&Boguna，2003），李翔和陈关荣（2003）除进行贸易网络特征分析外，还较早进行了贸易网络拓扑结构演化规律的研究，对国际贸易网络因其无标度特征而存在经济周期同步的现象进行了详细解释。加拉斯凯利和洛弗雷多（Garlaschelli&Loffredo，2005）基于有向加权的国际贸易网络分析了网络的互惠性以及其他拓扑结构随时间的演变。塞拉诺等（Serrano，et al，2007）则将有向加权的国际贸易网络转换为国际贸易不平衡网络来分析其结构演变。巴塔查亚等（Bhattacharya，er al，2007）也基于国际贸易加权网络进行研究，发现国际贸易网络像其他真实世界网络一样具有一些非常稳定的结构特征。而法焦洛等（Fagiolo，et al，2008）基于加权网络视角研究了国际贸易网络的拓扑性质及其演变，发现国际贸易加权网络表现出来的统计特征与传统的双边二元网络存在很大的差异，而且发现网络中的大多数连接是弱贸易关系，存在更强贸易关系的国家更为集群化。在此基础上，法焦洛等（Fagiolo，et al，2009）进一步分析了国际贸易加权网络的连通性、层级性、集聚性和中心性等许多重要的网络统计量，发现所有节点的静态分布及其相关结构在近 20 年来保持着惊人的稳定性。但是，连接强度分布却缓慢地从对数正态分布移向幂律分布。之后，这方面的研究变得更为系统或者更为细致，如斯夸尔蒂尼等（Squartini，et al，2011）基于网络的随机化方法系统地总结分析了二元贸易网络和加权贸易网络的结构特征及特征统计量之间的关系，并且他们所采用的是 96 种 HS1996 编码商品的双边贸易数据。同样，巴斯卡兰等（Baskaran，et al，2011）也开始用 28 个具体产品组的贸易数据来研究国际贸易网络的拓扑结构特征及其在 1980—2000 年的演化情况。

国内方面，刘宝全等（2007）、段文奇等（2008）对国际贸易加权网络的度分布、群聚性、度相关性和互惠性等拓扑结构特征的演化规律进行了研究。针对具体贸易品种，孙晓蕾等（2012）、郝晓晴等（2013）、董迪等（2016）则分别就全球原油贸易网络、铁矿石贸易复杂网络和铜矿石贸易复杂网络的拓扑结构及其演变规律进行了分析。成丽红等（2016）对国际工程机械类产品加权贸易网络的密度、点强度、聚集系数、异质性、核心－边缘结构等复杂网络特征及其演变规律进行了分析。许和连等（2016）构建了1992—2013年世界高端制造业贸易网络，利用布隆代尔（Blondel）算法对世界高端制造业贸易网络的社团划分及其演化规律进行了分析。范斐等（2015）综合考察了全球港口间集装箱运输贸易的时空演化格局，并从全球港口间集装箱运输贸易联系的角度揭示了全球港口间集装箱运输贸易网络的等级结构。何则、杨宇等（2019）运用复杂网络方法，整合石油、天然气和煤炭3个单品类能源，构建了全球化石能源贸易网络，从网络的连通性与中心性等角度解析网络的结构特性，并基于复杂网络的社团检测算法提取了关键时期世界能源贸易网络中的贸易集团，分析其演化过程与原因。由此可见，学者们不仅从国际贸易网络整体数据，也从矿产品、制造业以及集装箱贸易网络等多方面进行了贸易网络拓扑结构及其演化规律的研究。

2.5.2 "丝绸之路经济带"沿线国家贸易网络及其演化研究

自2013年共建"丝绸之路经济带"重大倡议提出以来，有关"丝绸之路经济带"贸易网络及其演化的研究迅速增长。主要研究方向有以下三个：

一是针对"丝绸之路经济带"单一的原油、煤炭等矿产品或制造业、农产品等贸易网络的分析。马远等（2016、2017）构建了"丝绸之路经济带"沿线国家石油和煤炭贸易网络，对网络密度分布、强度分布进行了分析，并在此基础上利用QAP相关分析和回归分析考察了国家间煤炭贸易网络的影响因素。徐俐俐等（2017）利用复杂网络分析方法对"一带一路"沿线国家天然气贸易网络的结构特征、微观模式及其影响因素进行了分析。许和连等（2015）构建了"一带一路"沿线65个国家的高端制造业贸易网络，运用网络中心性和模体分析，考察了各国在该贸易网络中的地位和贸易模式，并通过指数随机图模型探讨了"一带一路"上高端制造业贸易网络形成的主要影响因素。陈艺文、李二玲（2019）构建了"一带一路"国家间粮食贸易网络，建立了一个四维菱形分析框架，并将社会网络分析与空间计量分析相结合，分析了"一带一路"国家间粮食贸易网络的空间结构特征及其演化机制。王方、胡求光（2019）构建了"一带一路"沿线56国的机电产品贸易网络，利用社会网络方法研究了沿线国家机电产品贸易网络的网络密度、中心性以及核心-边缘结构等。

二是针对"丝绸之路经济带"的基础设施和城市可达性的网络结构分析。齐胜达等（2016）计算了区域物流的区位基尼系数、区位熵、引力强度等，剖析了"丝绸之路经济带"的区域物流演化过程和空间网络结构。曹小曙等（2015）基于GIS空间分析技术，研究了"丝绸之路经济带"栅格可达性空间格局，并依托陆路交通网络进行了城市空间联系状态模拟。

三是针对"丝绸之路经济带"贸易网络特征和演化规律的研究。潘竟虎等（2016）认为"丝绸之路经济带"经济发展格局呈现出"均衡—不均衡—逐步均衡"的演变特征；分别处于初级产品生产阶段、工业化阶段和发达经济阶段的国家数量分布由"金字塔"结构转变为"纺锤体"结构；区域经济呈现两端高、中间低的非均衡发展格局，极化效应不明显，空间关联效应不显著。邹嘉龄等（2015、2016）发现"一带一路"沿线国家贸易网络密度在逐步增强，中国在"一带一路"沿线国家贸易网络中的核心度在逐渐提高，对其他国家的贸易依赖度显著加深，且在中国与东南亚国家构成的子贸易网络中也成为最核心的国家。王娜等（2015）选择中国西部的9省区和18个相关国家，基于两个不同的空间尺度（省区尺度和国家尺度）构建了"丝绸之路经济带"贸易空间关联网络，绘制了可视化网络结构拓扑图，并对关联网络的拓扑学特征进行了定量分析。赵景瑞、孙慧（2019）利用社会网络方法对中国与"一带一路"沿线国家双边贸易互动关系进行研究，发现中国已经成为"一带一路"贸易网络中最为核心的国家。姚星等（2019）从社会网络视角出发，以"国际－产业"为节点，通过构建"一带一路"国际产业支撑网络来体现国际产业融合，通过分析网络的节点数、边数、平均路径长度、节点出入度来分析产业融合的结构，并测度中国在"一带一路"沿线国家中的产业融合广度、产业融合深度以及产业融合地位三个指标，系统分析了中国在"一带一路"沿线国家中的产业融合情况。

综合上述研究可以发现，中国与"一带一路"沿线各国的贸易联系逐渐加深，在贸易网络中发挥了更加核心的作用，但是空间关联效应仍然不足，在时空上还可以形成更加紧密的命运共同体，离习近平主席2017年在"一带一路"国际合作高峰论坛上提出的"繁荣之路、开放之路、文明之路"还有很长道路要走，贸易潜力巨大。

2.5.3 "丝绸之路经济带"贸易潜力研究

关于"丝绸之路经济带"贸易潜力的研究,主要是利用扩展引力方程和随机前沿引力模型等方法分析沿线国家分行业或整体的贸易潜力。代表性研究有:

王亮(2016)从"自然贸易伙伴"假说出发,建立了随机前沿引力模型,估计了"丝绸之路经济带"的贸易潜力、贸易非效率程度及其影响因素。黄涛等(2015)利用引力模型发现新疆与中亚五国的贸易潜力很大。张亚斌等(2015、2016)运用显示性比较优势指数、贸易强度指数、恒定市场份额模型、拓展引力模型等多种方法,实证分析了"丝绸之路经济带"沿线国家的贸易互补性、紧密程度、增长源泉、影响因素及其发展潜力,特别是对贸易便利性指标进行了重构,重点模拟估计了中国与各国的贸易潜力。左喜梅(2015)利用引力模型分析了"丝绸之路经济带"上11国贸易的影响因素,测算了双边贸易潜力。龚新蜀等(2014、2015)分别构建了引力模型和随机前沿引力模型,估计了"丝绸之路经济带"的贸易潜力、贸易非效率及其影响因素。张彤璞等(2017)运用引力模型,从GDP、人口、地理距离、人均GDP差额、制度安排等方面对中国与"丝绸之路经济带"沿线国家的贸易流量和潜力进行了分析预测。孔庆峰等(2015)通过拓展的引力模型,验证了贸易便利化对"一带一路"沿线国家之间贸易的促进作用大于区域经济组织、进出口国家GDP、关税减免等。孙金彦等(2016)利用时不变和时变衰减随机前沿引力模型分别估计了中国与"一带一路"沿线53个国家的出口贸易效率与总贸易效率。张燕等(2014)对共建"丝绸之路经济带"背景下我国新疆与周边四国的贸易潜力进行了实证分析。张会清(2017)基于真实效应的随机前沿引力模型,从进口和出口两方面实证分析了中国与"一带一路"沿线地区的贸易潜力及其影响因素。刁莉(2017)基于对我国与"丝绸之路经济带"沿线国家的贸易互补性和竞争性的分析,利用"丝绸之路经济带"上的19个国家11年的相关数据,构建了时变随机前沿引力模型和贸易非效率模型,研究了我国对"丝绸之路经济带"沿线国家的出口潜力和出口效率,并分析了导致贸易非效率的制度性影响因素。王瑞等(2016、2017)采用随机前沿引力模型对我国与"丝绸之路经济带"沿线国家的农产品进口、出口贸易潜力分别进行测度,发现贸易非效率因素是造成贸易规模与贸易潜力间的差距的主要原因,并发现在"丝绸之路经济带"双边贸易中,中国无论是在出口还是在进口方面都处于主导地位，由此得出中国内部发展是影响双边潜力的关键。

上述研究从自然因素到人为因素，从经典的引力模型变量到贸易便利性指标、制度安排、制度质量等指标，较全面地分析了影响"丝绸之路经济带"贸易潜力的因素，但在更加精细地考虑空间因素方面还有不足。

2.5.4 相关研究成果评述

上述研究从不同学科角度，运用不同方法对贸易网络的特征、贸易网络的构建过程和驱动因素、贸易网络的拓扑结构及其演化规律、贸易潜力测度等方面进行了理论研究，并就"丝绸之路经济带"贸易网络与贸易潜力得出了很多有价值的结论。但相对于贸易网络和贸易潜力的研究，把两者结合起来的有关贸易潜力的空间差异的研究还存在诸多不足。

第一，国内外学者还缺乏在考虑空间差异的情况下测度贸易网络的"真实"贸易潜力的专门理论模型。传统的贸易扩展引力模型测度的潜力是各种决定因素的平均效应，而随机前沿引力模型测度的是"前沿面"的最优贸易规模，对影响贸易潜力的空间地理因素考虑不足，以两国贸易中心或行政中心距离确定贸易距离抽象了贸易国之间实际的贸易网络可达性和有效性。区域地理特征显著影响了双边贸易规模和贸易效率，现有模型对区域地理特征往往忽略或办法不多，这种忽略和脱离"地域特征"的研究使得许多研究成果缺乏实际应用价值。

第二，现有的随机前沿引力模型较好地区分了人为因素和自然因素对贸易潜力的影响，但除了对贸易国地理特征的忽略，还忽略了产品空间自身的空间因素。伊达尔戈等（Hidalgo，et al，2007）通过国际贸易数据构建"产品空间"来刻画产品间技术关联网络，同时发现产品空间具有极高异质性，有联系紧密的产品组成的"核心区"，也有联系不紧密的产品组成的"边缘区"，呈现明显的核心－边缘结构。庞塞特（Poncet，2013）发现当前生产结构具有联系紧密的产品，其出口增长更快，从而验证了技术关联对中国出口产品多样化发展具有推动作用。佩基托等（Pequito，et al，2017）还发现控制理论提供了一种有效的工具，可以使复杂网络在有限节点和有限时间达到均衡状态，这为复杂网络的动态博弈平衡寻找到了理论基础。综合上述各项研究可以发现，影响自变量因素中的空间异质性因素被中外学者忽略了。

第三，贸易潜力研究考虑的最优贸易水平是理想化的，而贸易潜力本身的实现与贸易国的情况是直接联系的。学界对与贸易潜力相联系的贸易网络诸多特征考虑不足，如对贸易的连通性、层级性、集聚性、中心性及社团性考虑不足，特别是在空间可视化方面对贸易潜力实现性的研究极少。而贸易潜力的实现前提即必须在真实的贸易网络和空间结构中实现。

综上可见，中国与"丝绸之路经济带"沿线国家的贸易潜力的空间差异是什么？贸易网络的特征和演化机理是什么？贸易网络特征如何影响贸易潜力实现？对随机前沿引力模型应如何优化，才可以测度考虑空间因素的"真实"贸易潜力？"丝绸之路经济带"沿线国家应该采取哪些措施来优化产品空间和交通运输网络布局，形成有利于贸易潜力实现的空间网络格局？这些问题都需要进一步研究。因此，本书研究"丝绸之路经济带"贸易网络特征及贸易潜力的地理学实现，尝试从地理可视化、多产品差异、竞争互补网络等角度研究更"真实"的贸易潜力。

3 "丝绸之路经济带" 贸易网络特征及演化研究

3.1 "丝绸之路经济带"商品贸易网络构建

对于"丝绸之路经济带"沿线国家的界定，学术界尚未形成统一的标准。本研究以胡鞍钢（2014）的研究成果为基础，确定"丝绸之路经济带"的国家范围，即以中国作为"丝绸之路经济带"的东部起点，选取核心区中亚5国（哈萨克斯坦、吉尔吉斯斯坦、乌兹别克斯坦、塔吉克斯坦和土库曼斯坦），重点区11国（印度、巴基斯坦、阿富汗、俄罗斯、伊朗、阿塞拜疆、亚美尼亚、格鲁吉亚、土耳其、伊拉克、沙特），拓展区北非的3个阿拉伯国家（阿尔及利亚、利比亚和埃及），以及欧洲的5个国家（英国、法国、德国、意大利、乌克兰），共25国作为"丝绸之路经济带"国家代表。

在"丝绸之路经济带"商品贸易网络构建中，相比于无权网络，加权网络能够更好地体现贸易网络的真实性，也能更好地反映各个节点国家之间的关系。而在实际贸易中，各个国家之间的贸易具有方向性，X 国对 Y 国的出口与 Y 国对 X 国的出口意义大不相同。所以，本研究以选取的25个国家为节点，以各个国家之间的商品贸易联系为边，以国家之间的贸易流量为权重，以商品流动的方向为边的方向，构建"丝绸之路经济带"沿线国家的全贸易部门、农产品、矿产品以及工业品的加权有向贸易网络。

在本章中，商品贸易网络用邻接矩阵表示，若在 t 年 X 国向 Y 国出口商品，则相应邻接矩阵中 $K_{XY}(t)$ ＝出口额，否则 $K_{XY}(t)$ ＝0。

3.2 数据来源与数据处理

3.2.1 数据来源

本章所构建的商品贸易网络利用了"丝绸之路经济带"沿线国家之间 2000—2018 年三大类商品出口数据。这些数据来自联合国商品贸易统计数据库（UN Comtrade-SITC）。

3.2.2 数据处理

在现实贸易流量中，由于估计方式不同，X 国对 Y 国的出口额往往并不等于 Y 国从 X 国的进口额。本研究采用镜像方式处理数据，即假定 X 国对 Y 国的出口额等于 Y 国从 X 国的进口额。另外，在本章选取的 25 个国家中，由于伊拉克及阿富汗在大多数年份缺少数据，故排除这两个国家，实际仅对 23 个国家进行分析。

3.3 "丝绸之路经济带"整体贸易网络特征及演化

3.3.1 网络密度分析

由"丝绸之路经济带"整体贸易网络密度计算结果（见表 3-1 及图 3-1）可知：2000—2018 年"丝绸之路经济带"整体贸易网络密度虽在个别年份有所波动，但在整体上呈现出十分明显的增长趋势。其中，2007 年和 2009 年的网络密度有所下降，2018 年的网络密度达到最大值 0.0324。这一变化趋势表明"丝绸之路经济带"沿线国家间的贸易往来频繁，贸易联系日趋紧密。

表 3-1　2000—2018 年整体贸易网络密度与点度中心势计算值

年份	密度	标准差	点度中心势	异质性	标准化
2000	0.0198	0.0896	12.31%	15.54%	11.70%

续表3－1

年份	密度	标准差	点度中心势	异质性	标准化
2001	0.0202	0.0902	12.54%	15.51%	11.67%
2002	0.0207	0.0908	13.11%	15.23%	11.37%
2003	0.0208	0.0888	13.48%	14.96%	11.10%
2004	0.0217	0.0891	13.92%	14.39%	10.50%
2005	0.0232	0.0886	13.97%	13.35%	9.41%
2006	0.0253	0.0928	14.46%	12.75%	8.78%
2007	0.0247	0.0886	14.60%	12.42%	8.44%
2008	0.0267	0.0887	14.15%	11.43%	7.40%
2009	0.0251	0.0854	13.70%	11.70%	7.68%
2010	0.0277	0.093	14.63%	11.71%	7.70%
2011	0.0282	0.0938	14.96%	11.70%	7.68%
2012	0.0296	0.0948	14.90%	11.14%	7.10%
2013	0.0301	0.0961	15.09%	11.14%	7.10%
2014	0.0302	0.099	15.17%	11.41%	7.38%
2015	0.0298	0.1014	15.19%	11.84%	7.83%
2016	0.0296	0.103	15.73%	12.01%	8.01%
2017	0.0314	0.1039	15.77%	11.79%	7.78%
2018	0.0324	0.1081	15.99%	11.87%	7.86%

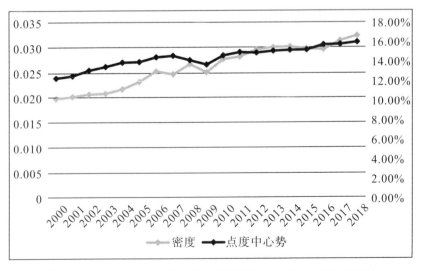

图3－1　2000—2018年整体贸易网络密度与点度中心势变化趋势

表3-1所示计算结果显示，2000—2018年整体贸易网络的点度中心势相对增加。其中，2000—2007年上升趋势明显，增加了2.29%；2008—2009年有所下降，贸易集中在少数国家的趋势有所减缓；2010—2018年保持在一个较稳定的水平，在2018年达到最大值15.99%。从整体上可看出，"丝绸之路经济带"贸易网络逐步形成了一个较为稳定的内在结构及格局。

3.3.2 网络中心性分析

1. 整体贸易点出度

从图3-2能够看出，2000—2018年，"丝绸之路经济带"沿线国家中整体贸易点出度排在前五位的国家为法国、意大利、德国、英国、中国，平均点出度分别为1.783、1.695、3.512、1.201、2.114；整体贸易点出度排在后六位的国家为吉尔吉斯斯坦、塔吉克斯坦、土库曼斯坦、乌兹别克斯坦、亚美尼亚、格鲁吉亚，平均点出度分别为0.006、0.0003、0.0018、0.008、0.005、0.009，与排名前五位的国家差距显著。尽管在

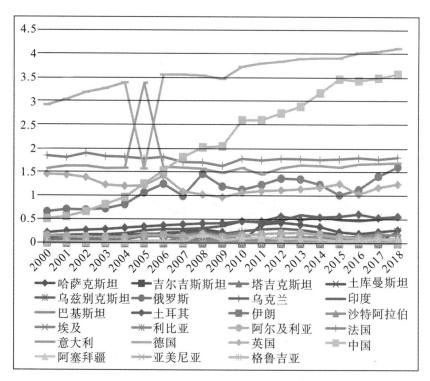

图3-2 "丝绸之路经济带"沿线国家整体贸易点出度变化趋势

个别年份排名前五位的国家位次略有变化，但在网络中这些国家与其他国家的贸易联系相对较弱，对其他国家的贸易影响较小。其中，中国的整体贸易点出度从 0.5 逐步提升到 3.5 以上，说明中国的出口贸易规模不断扩大，并在贸易网络中成长为核心节点。

2. 整体贸易点入度

从图 3—3 能够看出，点入度与点出度总体情况并无太大区别，点入度大的国家依旧是德国、法国等欧洲国家以及中国，且层级差异依旧存在。这也印证了潘峰华（2013）的研究结果，即点出度大的国家一般点入度也大，亦即出口多的国家通常进口也多。2000—2018 年，点入度排名前五位的国家为法国、意大利、德国、英国、中国，平均点入度分别为 2.16、1.836、2.37、1.86、1.21。俄罗斯并未进入前五行列。点入度排名靠后的国家仍然集中在吉尔吉斯斯坦、塔吉克斯坦、土库曼斯坦、乌兹别克斯坦、亚美尼亚、格鲁吉亚等国家，与点出度呈现较强的一致性。其

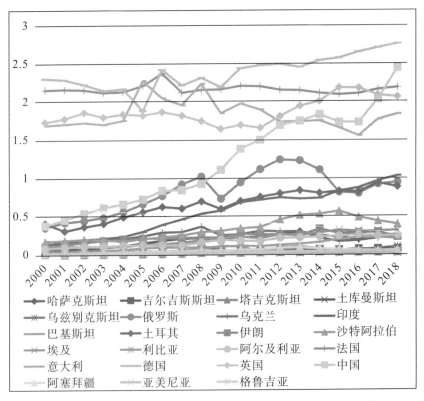

图 3—3 "丝绸之路经济带"沿线国家整体贸易点入度变化趋势

中，平均点入度最低的国家为亚美尼亚，其平均值为 0.011，与排名第一的德国差距很大。中国的整体贸易点入度从 0.4 左右提高到 2.4 左右，说明中国的进口规模不断扩大，并成为进口核心节点。

3.3.3　网络凝聚子群分析

本研究选取 5 个年份的整体贸易网络凝聚子群进行对比分析如下：

如表 3-2 所示，在 2000 年的整体贸易网络中，凝聚子群的分类基本和地缘政治联系紧密的区域重合。中亚五国（哈萨克斯坦、吉尔吉斯斯坦、乌兹别克斯坦、土库曼斯坦、塔吉克斯坦）和乌克兰属于同一子群；西亚国家格鲁吉亚、亚美尼亚属于同一子群，伊朗则和利比亚、埃及属于同一子群；中国和意大利、德国、英国、土耳其、俄罗斯等属于同一子群，其中欧洲国家占多数；阿富汗单独为一个子群。

表 3-2　2000 年整体贸易网络凝聚子群

序号	凝聚子群
1	哈萨克斯坦、吉尔吉斯斯坦、乌兹别克斯坦、土库曼斯坦、塔吉克斯坦、乌克兰
2	格鲁吉亚、亚美尼亚
3	阿富汗
4	意大利、德国、英国、土耳其、中国、俄罗斯、法国
5	印度、沙特、巴基斯坦
6	伊朗、利比亚、埃及
7	阿塞拜疆、阿尔及利亚、伊拉克

如表 3-3 所示，在 2005 年的整体贸易网络中，中亚国家哈萨克斯坦、吉尔吉斯斯坦、乌兹别克斯坦、塔吉克斯坦依然和乌克兰在同一子群，而土库曼斯坦和西亚国家格鲁吉亚、亚美尼亚、阿塞拜疆在同一子群中，说明中亚国家开始加深与其他国家的贸易往来。非洲国家利比亚、埃及、阿尔及利亚和德国、意大利、伊朗在同一子群。伊拉克也和阿富汗一样开始单独为一个子群。

表 3-3　2005 年整体贸易网络凝聚子群

序号	凝聚子群
1	哈萨克斯坦、吉尔吉斯斯坦、乌兹别克斯坦、塔吉克斯坦、乌克兰
2	格鲁吉亚、亚美尼亚、阿塞拜疆、土库曼斯坦
3	阿富汗
4	英国、土耳其、中国、俄罗斯、法国
5	印度、巴基斯坦、沙特阿拉伯
6	德国、意大利、伊朗、利比亚、埃及、阿尔及利亚、
7	伊拉克

从 2010 年的整体贸易网络凝聚子群（见表 3-4）来看，凝聚子群的分类已经摆脱了地域限制，各国间的贸易往来变得较为密切。其中变化较为明显的是中亚国家分布：哈萨克斯坦、乌兹别克斯坦和乌克兰、亚美尼亚在同一子群，塔吉克斯坦、吉尔吉斯斯坦和印度、伊朗、巴基斯坦在同一子群，土库曼斯坦则和格鲁吉亚、伊拉克在同一子群。与前几年一样的是，阿富汗仍单独为一个子群。

表 3-4　2010 年整体贸易网络凝聚子群

序号	凝聚子群
1	哈萨克斯坦、乌兹别克斯坦、乌克兰、亚美尼亚
2	塔吉克斯坦、吉尔吉斯斯坦、印度、伊朗、巴基斯坦
3	阿富汗
4	土库曼斯坦、格鲁吉亚、伊拉克
5	俄罗斯、沙特、埃及
6	德国、土耳其、意大利、法国、英国、中国
7	阿塞拜疆、利比亚
8	阿尔及利亚

如表 3-5 所示，2016 年的整体贸易网络凝聚子群分布呈四级阶梯状，其中吉尔吉斯斯坦、印度、伊朗、利比亚、塔吉克斯坦、伊拉克等组成了最大的子群，第 1 子群和第 6 子群为第二大的子群，第 2、5、7 子群为第三大的子群，而阿富汗仍单独为一个子群。由此可以看出，各国间的整体贸易联系不断变得密切，同时贸易结构变得相对稳定。

表 3—5　2016 年整体贸易网络凝聚子群

序号	凝聚子群
1	哈萨克斯坦、乌克兰、乌兹别克斯坦、俄罗斯、亚美尼亚
2	土库曼斯坦、格鲁吉亚
3	吉尔吉斯斯坦、印度、伊朗、利比亚、塔吉克斯坦、伊拉克、沙特、巴基斯坦
4	阿富汗
5	阿塞拜疆、埃及
6	土耳其、意大利、法国、英国、中国
7	德国、阿尔及利亚

从表 3—6 来看，2018 年"丝绸之路经济带"整体贸易网络的凝聚子群结构相较于 2016 年有部分变化。其中，变化最显著的为德国，从与阿尔及利亚组成凝聚子群，变回与意大利、英国、中国等组成凝聚子群。从选取的 5 年数据来看，德国在凝聚子群方面也存在较多变化。另外，中亚与西亚国家之间的贸易往来一直较为频繁，并且在逐渐加强，形成较为紧密的凝聚子群。其主要原因是这些国家区位较近，且有较为相通的语言。

表 3—6　2018 年整体贸易网络凝聚子群

序号	凝聚子群
1	哈萨克斯坦、乌克兰、亚美尼亚
2	土库曼斯坦、格鲁吉亚
3	塔吉克斯坦、巴基斯坦、吉尔吉斯斯坦、印度、伊朗、伊拉克、沙特、埃及
4	阿尔及利亚、利比亚
5	乌兹别克斯坦、俄罗斯、
6	土耳其、意大利、法国、英国、中国、德国
7	阿塞拜疆

由以上分析结果可以看出，"丝绸之路经济带"整体贸易网络中凝聚子群结构变化不大，但是具体国家所属的凝聚子群可能变化较大。尤其是中国，在本研究限定的"丝绸之路经济带"范围内，中国与各国的贸易往来产品分布较广泛，因此其所属的贸易网络凝聚子群发生了较大的变化，也反映出贸易联系紧密程度的转变。而俄罗斯作为"丝绸之路经济带"上

的大国，本身就是独立的地区中心，因此比较独立，大部分时间单独形成一个子群。但俄罗斯与中亚和西亚国家有着密切联系，并对这两个地区有着特殊影响力。因此，建设"丝绸之路经济带"必须考虑到俄罗斯因素，应与俄罗斯的"欧亚经济联盟"战略和中亚、西亚战略形成自然衔接。

3.3.4 网络核心－边缘结构分析

由表3－7、表3－8可看出，"丝绸之路经济带"整体贸易网络的核心－边缘结构较为合理，各层级国家数目分布合适，形成了稳定的贸易核心层。意大利、英国、法国、德国等国家始终占据着核心位置，而中国作为亚洲发展较快的经济体，从2003年开始活跃于该贸易网络，且从此在该贸易网络中长期占据核心位置。而俄罗斯2005年才开始出现在核心层中，且排名波动较大，在2015年及2017年掉出核心层，说明俄罗斯的经济发展不稳定。而在2018年，土耳其和印度两个国家进入核心层。

表3－7 2000—2018年整体贸易网络核心、半边缘、边缘国家数目

年份	2000	2001	2002	2003	2004	2005	2006	2007	2008	2009
核心国家数	4	4	4	5	5	6	6	6	6	6
半边缘国家数	5	8	8	7	7	7	7	8	8	9
边缘国家数	14	11	11	11	11	10	10	9	9	8
年份	2010	2011	2012	2013	2014	2015	2016	2017	2018	
核心国家数	6	6	6	6	6	5	6	4	8	
半边缘国家数	8	7	8	7	8	9	8	7	8	
边缘国家数	9	10	9	10	9	8	9	12	7	

表3－8 2000—2018年整体贸易网络核心国家列表

年份	核心国家
2000	意大利、英国、法国、德国
2001	意大利、英国、法国、德国
2002	意大利、英国、法国、德国
2003	中国、英国、意大利、法国、德国
2004	中国、英国、意大利、法国、德国

年份	核心国家
2005	中国、英国、意大利、法国、德国、俄罗斯
2006	中国、英国、意大利、法国、德国、俄罗斯
2007	中国、英国、意大利、法国、德国、俄罗斯
2008	中国、英国、意大利、法国、德国、俄罗斯
2009	英国、中国、意大利、法国、德国、俄罗斯
2010	英国、中国、意大利、法国、德国、俄罗斯
2011	英国、中国、意大利、法国、德国、俄罗斯
2012	英国、中国、意大利、法国、德国、俄罗斯
2013	英国、中国、意大利、法国、德国、俄罗斯
2014	英国、中国、意大利、法国、德国、俄罗斯
2015	英国、中国、意大利、法国、德国
2016	英国、中国、意大利、法国、德国、俄罗斯
2017	法国、意大利、德国、英国
2018	法国、意大利、德国、英国、中国、俄罗斯、印度、土耳其

3.3.5 整体贸易网络空间格局及其演化

1. 整体贸易网络空间特征及演化

从图3-4中可以看出，随着全球经济一体化的发展，"丝绸之路经济带"沿线国家近20年总体贸易联系日趋紧密。空间不均衡性在区域内表现显著，呈现出较为明显的核心-边缘结构。2000年，"丝绸之路经济带"整体贸易网络的核心节点是德国和法国，英国和意大利属于次级核心节点，中国和俄罗斯属于三级核心节点。自加入世界贸易组织（WTO）后，中国逐渐发挥了要素禀赋的比较优势，成为"世界工厂"，对外贸易开始井喷式发展，于2005年一跃成为与德国、法国、俄罗斯并列的次级核心节点国家。意大利为当年的核心节点国家。经历金融危机后，2010年中国、德国、法国成为并驾齐驱的核心节点国家。2016年，"丝绸之路经济带"整体贸易网络中只有中国和德国成为核心节点，意大利、法国、英国、俄罗斯属于次级核心节点，区域中还有土耳其、伊朗、印度等三级核心节点。从2018年来看，核心节点较2016年没有太大变化，同时英国在逐渐向核心节点发展。

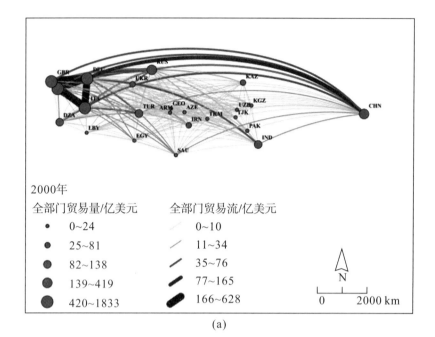

(a)

(b)

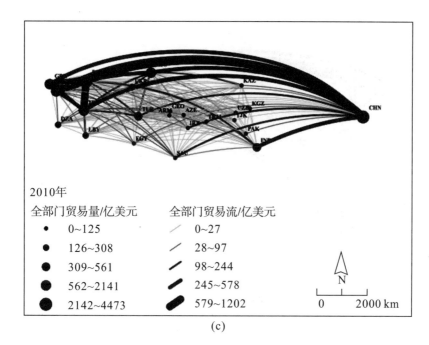

2010年

全部门贸易量/亿美元

- • 0~125
- • 126~308
- • 309~561
- ● 562~2141
- ● 2142~4473

全部门贸易流/亿美元

- ╱ 0~27
- ╱ 28~97
- ╱ 98~244
- ━ 245~578
- ━ 579~1202

N

0   2000 km

(c)

2016年

全部门贸易量/亿美元

- • 0~228
- • 229~681
- ● 682~1255
- ● 1256~1996
- ● 1997~4449

全部门贸易流/亿美元

- ╱ 0~26
- ╱ 27~94
- ╱ 95~213
- ━ 214~486
- ━ 487~1107

N

0   2000 km

(d)

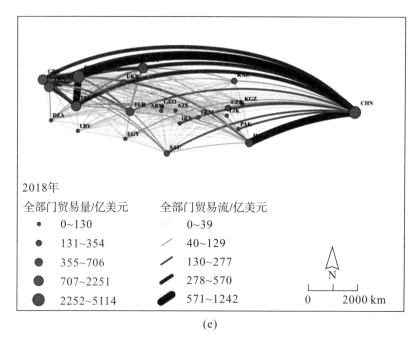

(e)

图 3－4　2000—2018 年"丝绸之路经济带"整体贸易网络贸易联系分布

注：以双边总体贸易额作为贸易联系权重。

　　从"丝绸之路经济带"整体贸易网络的时空演化来看，各核心节点国家间的贸易联系最为紧密。从贸易流的表现来看，中国不仅与核心节点国家有紧密的贸易联系，而且与网络中的其他国家也有较密切的联系，特别是中德、中英、中法、中俄、中印的贸易在各自的贸易伙伴关系中处于核心位置。从近 20 年的贸易变化来看，中国贸易大国地位的崛起是"丝绸之路经济带"最大的变化和惊喜，打破了欧洲国家在贸易网络中的主导地位。中国贸易大国地位的崛起使得"丝绸之路经济带"真正成为贸易畅通大通道变为可能，这也是中国重塑古丝绸之路，实现中华民族伟大复兴道路上的重要一环。

　　2. 整体贸易网络内部联系演化

　　弦图（Chord Diagram）是一种拓扑网络可视化方法，能够反映网络节点间的拓扑关系。弦图中的圆弧反映了网络节点的地位：圆弧对应的圆心角越大、弧长越长，对应的网络节点属性值越大，表示该国的贸易核心地位越高。圆弧间连线反映了不同节点间的拓扑关系：连线越粗，节点间的关联度越高，说明两国间的贸易联系越紧密。

从"丝绸之路经济带"出口贸易网络内部联系图（图3-5～图3-9）中我们可以清晰地看到，中国的贸易核心地位逐年提高，且兼容性最强，逐步发展成为"丝绸之路经济带"的贸易核心国。从整体来看，欧洲国家占据了"丝绸之路经济带"的一端，以中、俄、印为代表的东方国家占据了另一端，演绎了一场"丝绸之路经济带"贸易变迁的伟大变革。不过，若要在"丝绸之路经济带"中占据绝对核心节点地位，中国还有较长的路要走。

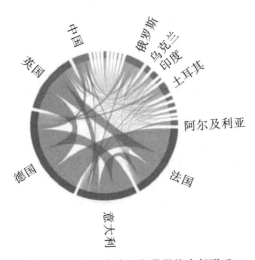

图3-5　2000年出口贸易网络内部联系

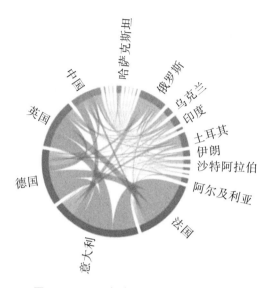

图 3-6　2005 年出口贸易网络内部联系

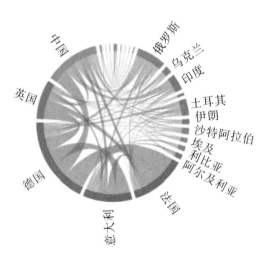

图 3-7　2010 年出口贸易网络内部联系

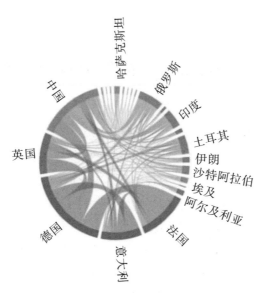

图3-8　2016年出口贸易网络内部联系

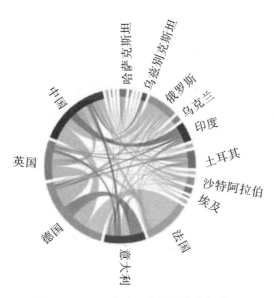

图3-9　2018年出口贸易网络内部联系

3.4 "丝绸之路经济带"农产品贸易网络特征及演化

3.4.1 网络密度分析

图 3-10 和表 3-9 显示，2000—2018 年"丝绸之路经济带"农产品贸易网络密度整体呈上升趋势，这说明各国之间的农产品贸易联系越来越紧密，合作行为越来越多。具体表现为，2011 年和 2016 年农产品贸易网络密度有所下降，2015 年达到最大值 0.0364。对比后文工业品贸易网络密度以及矿产品贸易网络密度可以发现，2009 年工业品贸易网络密度以及矿产品贸易网络密度有所下降，而农产品贸易网络密度依然上升，并且在 2010 年有大幅增加。这说明农产品作为生活必需品，与矿产品以及工业品不同，在遭遇金融危机时，各国之间的农产品贸易联系反而越来越紧密。

表 3-9 所示计算结果显示，2000—2018 年农产品贸易网络的点度中心势相对增加，但波动较大。其中，2000—2006 年上升趋势明显，2007—2012 年有所下降，2012 年之后继续上升，2015 年达到最大值 13.92%，随后三年又逐步降低。这说明近年来"丝绸之路经济带"农产品贸易网络的集中程度减弱。

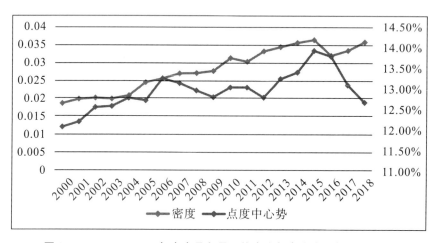

图 3-10 2000—2018 年农产品贸易网络密度与点度中心势变化趋势

表 3-9　2000—2018 年农产品贸易网络密度与点度中心势计算值

年份	密度	标准差	点度中心势	异质性	标准化
2000	0.0186	0.0904	12.05%	14.89%	11.02%
2001	0.0198	0.0966	12.18%	14.83%	10.95%
2002	0.0201	0.0967	12.53%	14.73%	10.86%
2003	0.0199	0.0952	12.56%	14.64%	10.76%
2004	0.0208	0.098	12.76%	14.34%	10.44%
2005	0.0245	0.1076	12.70%	12.71%	8.74%
2006	0.0256	0.1104	13.24%	12.56%	8.59%
2007	0.027	0.1115	13.12%	11.81%	7.80%
2008	0.0271	0.109	12.94%	11.24%	7.20%
2009	0.0277	0.1102	12.78%	10.93%	6.89%
2010	0.0313	0.1094	13.02%	10.03%	5.94%
2011	0.0303	0.1094	13.02%	10.14%	6.05%
2012	0.0332	0.1131	12.77%	9.28%	5.15%
2013	0.0344	0.1173	13.23%	9.24%	5.12%
2014	0.0356	0.1201	13.39%	9.15%	5.02%
2015	0.0364	0.1221	13.92%	9.23%	5.11%
2016	0.032	0.1177	13.78%	10.41%	6.34%
2017	0.0334	0.1146	13.08%	9.37%	5.25%
2018	0.0358	0.1219	12.65%	9.06%	4.92%

3.4.2　网络中心性分析

1. 农产品贸易点出度

从图 3-11 能够看出，2000—2018 年，"丝绸之路经济带"沿线大多数国家的农产品贸易点出度呈现上升趋势，同时 23 个国家的平均点出度逐年增加，从 0.409 增长至 0.788。这说明随着时间推移，各国之间的出口中心性在逐步增强。从农产品贸易的平均点出度来看，排名前五位的国家为法国（3.270）、德国（2.98）、意大利（2.015）、俄罗斯（1.279）与英国（0.946），而排名后五位的则为沙特阿拉伯（0.020）、阿尔及利亚（0.008）、土库曼斯坦（0.001）、塔吉克斯坦（0）与利比亚（0）。从图 3-11 可知，中国的农产品贸易点出度从 2000 年的 0.356 上升到 2018 年的 1.244，处于稳定上升过程中，但依然不是网络中的农产品出口强势国家。

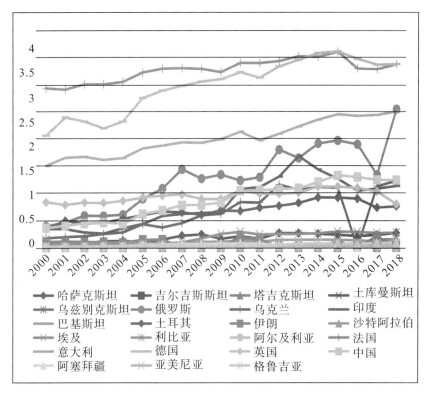

图 3－11　"丝绸之路经济带"沿线国家农产品贸易点出度变化趋势

　　下面选取 2000—2018 年点出度排名前六的国家，具体分析农产品贸易点出度的变化。如图 3－12 所示，2000—2018 年，法国的点出度在大多数年份排名第一，2009 年下降明显。紧随其后的是德国，其农产品贸

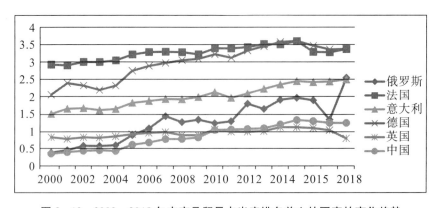

图 3－12　2000—2018 年农产品贸易点出度排名前六的国家的变化趋势

易点出度上升速度最快，在 2015 年后开始超越法国，这说明德国在"丝绸之路经济带"沿线国家中的出口中心性变得越来越显著。在前六国中，英国最为特殊，其点出度在 2000—2018 年最为平稳。与英国相比，中国的农产品贸易点出度则上升较为迅速，自 2010 年之后便高于英国的农产品贸易点出度。同时，意大利与中国的点出度变化趋势存在一定的相似性，而俄罗斯的农产品贸易点出度则表现得相对不稳定。

2. 农产品点入度

从图 3-13 能够看出，2000—2018 年"丝绸之路经济带"沿线国家的农产品贸易点入度呈现上升趋势，但这一趋势并不十分明显。从图中能直观地看出，点入度高的国家与点入度低的国家差距巨大，而且各国的点入度变化趋势存在高度一致性。从平均点入度来看，排名前五位的国家是德国（2.577）、意大利（2.211）、英国（2.019）、法国（2.005）及中国（1.114），排名后五位的国家没有发生改变，这与农产品贸易的点出度很相似。

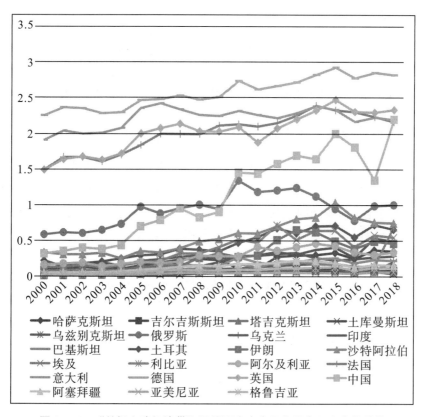

图 3-13 "丝绸之路经济带"沿线国家农产品贸易点入度变化趋势

同样，选取 2000—2018 年点入度排名前六的国家来观察其变化趋势（见图 3-14）。可以发现，这六个国家中，仅意大利在 2010 年以后的点入度呈现下降趋势，且下降明显，而中国自 2004 年以来点入度上升明显。除此以外，德国、意大利等前四国的点入度远远大于俄罗斯和中国，但中国的点入度上升趋势明显，表明中国在 23 个国家中的进口中心性越来越显著。

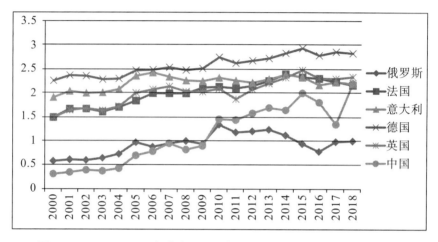

图 3-14　2000—2018 年农产品贸易点入度排名前六的国家的变化趋势

3.4.3　网络凝聚子群分析

从 2000 年的农产品贸易网络凝聚子群划分结果（见表 3-10）来看，欧洲国家英国、意大利、德国和非洲国家利比亚、阿尔及利亚在同一子群，而乌克兰与亚洲国家乌兹别克斯坦、吉尔吉斯斯坦、亚美尼亚同属一个子群，法国与中国、土耳其同属一个子群。格鲁吉亚单独为一个子群。

表 3-10　2000 年农产品贸易网络凝聚子群

序号	凝聚子群
1	哈萨克斯坦、塔吉克斯坦
2	土库曼斯坦、阿塞拜疆
3	吉尔吉斯斯坦、亚美尼亚、乌克兰、乌兹别克斯坦
4	格鲁吉亚

序号	凝聚子群
5	俄罗斯、沙特、埃及、伊朗
6	英国、利比亚、意大利、阿尔及利亚、德国
7	巴基斯坦、印度
8	法国、中国、土耳其

从2005年的农产品贸易网络凝聚子群划分结果（见表3－11）来看，这8个凝聚子群和地理位置有很大联系。具体来看，中亚五国中，吉尔吉斯斯坦、塔吉克斯坦、土库曼斯坦同属一个子群，而乌兹别克斯坦和俄罗斯属于一个子群，哈萨克斯坦则和中国、埃及以及部分西亚国家属于同一个子群；大部分欧洲国家在同一个子群；沙特和非洲国家利比亚、阿尔及利亚同属一个子群，而伊朗单独为一个子群。

表3－11　2005年农产品贸易网络凝聚子群

序号	凝聚子群
1	哈萨克斯坦、埃及、阿塞拜疆、中国、格鲁吉亚
2	吉尔吉斯斯坦、塔吉克斯坦、土库曼斯坦
3	俄罗斯、乌兹别克斯坦
4	亚美尼亚、乌克兰
5	印度、巴基斯坦
6	伊朗
7	英国、法国、德国、土耳其、意大利
8	利比亚、阿尔及利亚、沙特

从2010年的农产品贸易网络凝聚子群划分结果（见表3－12）来看，与2000年、2005年相比，英国、法国、意大利、德国四国的贸易联系更加紧密；非洲国家利比亚、阿尔及利亚同属一个子群；吉尔吉斯斯坦、塔吉克斯坦这两个中亚国家属于同一子群，土库曼斯坦、阿塞拜疆这两个中亚国家和西亚国家亚美尼亚、格鲁吉亚属于同一子群，而哈萨克斯坦单独为一个子群。

表 3—12　2010 年农产品贸易网络凝聚子群

序号	凝聚子群
1	哈萨克斯坦
2	吉尔吉斯斯坦、塔吉克斯坦
3	土库曼斯坦、阿塞拜疆、亚美尼亚、格鲁吉亚、埃及
4	中国、乌兹别克斯坦、土耳其、乌克兰、伊朗
5	俄罗斯、印度
6	沙特、巴基斯坦
7	利比亚、阿尔及利亚
8	英国、法国、意大利、德国

从 2016 年的农产品贸易网络凝聚子群划分结果（见表 3—13）可知，与中国同属一个凝聚子群的国家变多且地域分布广，欧洲、亚洲、非洲都有分布。英国、法国、意大利、德国再次被划入同一个子群。南亚国家均被划在同一个子群。中亚四国（吉尔吉斯斯坦、塔吉克斯坦、乌兹别克斯坦、哈萨克斯坦）属于同一子群，而土库曼斯坦、伊朗、俄罗斯都单独为一个子群。

表 3—13　2016 年农产品贸易网络凝聚子群

序号	凝聚子群
1	哈萨克斯坦、吉尔吉斯斯坦、塔吉克斯坦、乌兹别克斯坦
2	土库曼斯坦
3	中国、乌克兰、阿塞拜疆、亚美尼亚、格鲁吉亚、埃及、土耳其
4	伊朗
5	俄罗斯
6	巴基斯坦、印度
7	沙特、利比亚
8	英国、法国、意大利、德国、阿尔及利亚

与 2016 年相比，2018 年的凝聚子群（见表 3—14）中，仅巴基斯坦与印度所形成的子群未发生变化，其余均发生变化，特别是阿尔及利亚不

再与英国、法国、意大利、德国在同一子群。自 2000 年以来，英国、法国、意大利、德国这四个国家基本都在同一子群，说明这四个国家在农产品贸易中联系紧密。同时可以看到，2018 年各凝聚子群的国家数量相对平均并且分散，这在一定程度上证明了国家之间的农产品贸易越来越趋于在子群内进行。

表 3-14　2018 年农产品贸易网络凝聚子群

序号	凝聚子群
1	哈萨克斯坦、吉尔吉斯斯坦、乌兹别克斯坦
2	土库曼斯坦、塔吉克斯坦
3	伊朗、中国、利比亚、埃及、土耳其
4	格鲁吉亚、阿塞拜疆、亚美尼亚
5	乌克兰、俄罗斯
6	巴基斯坦、印度
7	沙特、阿尔及利亚
8	英国、法国、意大利、德国

由以上农产品贸易网络凝聚子群分析结果可以看出，基于地缘关系的区域划分与农产品贸易网络凝聚子群划分高度相关。这不仅与饮食结构、饮食习惯有很大关系，还与农产品的储存时间有关。虽然在科技的推动下农产品储存时间变长，但运输成本依然很高，因此距离仍然是阻碍农产品国际贸易的一个重要因素。

3.4.4 网络核心－边缘结构分析

根据表 3-15、表 3-16 计算结果可知：农产品贸易网络的核心－边缘结构较为合理，各层级国家数目分布合适，且各国核心度变动较小，形成稳定的贸易核心层。其中，英国、意大利、法国、德国四国，虽然历年的核心度排名有所波动，但始终占据核心位置。而中国作为亚洲农业大国和人口大国，其农产品进口需求也在与日俱增，贸易量增速明显。从 2011 年起，中国成为农产品贸易网络中的核心国家，直至核心度排名榜首，成为网络中最重要的核心国家。

表 3-15　2000—2018 年农产品贸易网络核心、半边缘、边缘国家数目

年份	2000	2001	2002	2003	2004	2005	2006	2007	2008	2009
核心国家数	4	4	4	4	4	4	4	4	4	4
半边缘国家数	6	6	6	6	5	5	6	7	7	8
边缘国家数	13	13	13	13	14	14	13	12	12	11
年份	2010	2011	2012	2013	2014	2015	2016	2017	2018	
核心国家数	4	5	5	5	5	5	5	5	6	
半边缘国家数	8	6	7	6	7	7	6	7	9	
边缘国家数	11	12	11	12	11	11	12	11	8	

表 3-16　2000—2018 年农产品贸易网络核心国家列表

年份	核心国家
2000	德国、法国、意大利、英国
2001	法国、德国、意大利、英国
2002	法国、德国、意大利、英国
2003	德国、法国、意大利、英国
2004	德国、法国、意大利、英国
2005	法国、德国、意大利、英国
2006	法国、德国、意大利、英国
2007	德国、法国、意大利、英国
2008	英国、意大利、法国、德国
2009	英国、意大利、法国、德国
2010	英国、意大利、法国、德国
2011	中国、英国、意大利、法国、德国
2012	中国、英国、意大利、法国、德国
2013	中国、英国、意大利、法国、德国
2014	中国、英国、意大利、法国、德国
2015	中国、英国、意大利、法国、德国
2016	中国、英国、意大利、法国、德国
2017	中国、英国、意大利、法国、德国
2018	俄罗斯、中国、英国、意大利、法国、德国

3.4.5 农产品贸易网络空间格局及其演化

1. 农产品贸易网络空间特征及演化

近 20 年来，"丝绸之路经济带"沿线各国的农产品贸易联系日趋紧密，网络密度明显提高。但是，空间不均衡性在区域内同样表现显著，呈现出较为明显的核心－边缘结构。中国经过 10 多年的发展，成长为区域性核心节点，但在"丝绸之路经济带"中还未占据主导地位。图 3-15 显示，2000 年"丝绸之路经济带"农产品贸易网络的核心节点是德国和法国，英国、俄罗斯和意大利属于次级核心节点，中国属于三级核心节点。中国加入世界贸易组织后，成为"世界工厂"，对外贸易开始井喷式发展，农产品贸易也随之兴起，于 2005 年一跃成为与英国、印度并列的次级核心节点国家。法国、德国、意大利为 2005 年的核心节点国家。经历金融危机后，2010 年意大利、德国、法国成为并驾齐驱的核心节点国家，中国依然为次级核心节点国家。2016 年，法国、德国、意大利和俄罗斯成为"丝绸之路经济带"农产品贸易网络的核心节点，中国、印度属于次级核心节点，"丝绸之路经济带"两端的农产品贸易力量没有发生改变。

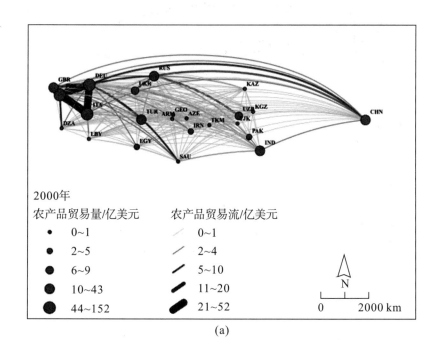

(a)

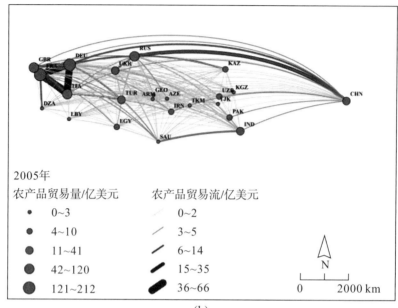

2005年

农产品贸易量/亿美元   农产品贸易流/亿美元

- · 0~3   / 0~2
- • 4~10   / 3~5
- ● 11~41   ╱ 6~14
- ● 42~120   ╱ 15~35
- ● 121~212   ╱ 36~66

N

0   2000 km

(b)

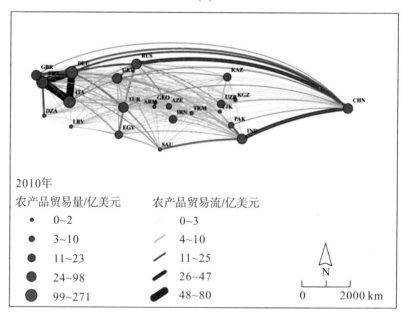

2010年

农产品贸易量/亿美元   农产品贸易流/亿美元

- · 0~2   / 0~3
- • 3~10   / 4~10
- ● 11~23   ╱ 11~25
- ● 24~98   ╱ 26~47
- ● 99~271   ╱ 48~80

N

0   2000 km

(c)

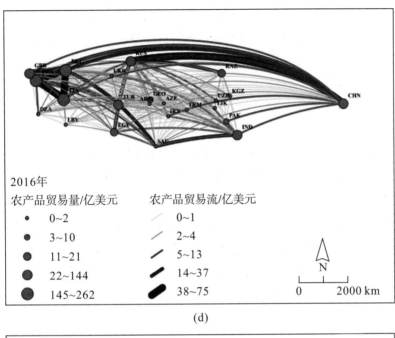

2016年

农产品贸易量/亿美元

- 0~2
- 3~10
- 11~21
- 22~144
- 145~262

农产品贸易流/亿美元

- 0~1
- 2~4
- 5~13
- 14~37
- 38~75

N

0   2000 km

(d)

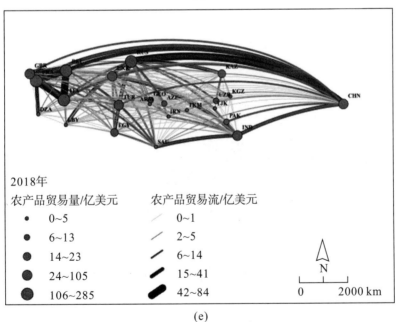

2018年

农产品贸易量/亿美元

- 0~5
- 6~13
- 14~23
- 24~105
- 106~285

农产品贸易流/亿美元

- 0~1
- 2~5
- 6~14
- 15~41
- 42~84

N

0   2000 km

(e)

图 3-15   2000—2018 年"丝绸之路经济带"农产品贸易网络贸易联系分布

从农产品贸易网络的时空演化来看，各核心节点国家间的贸易联系依然较为紧密。从贸易流的表现来看，中国不仅与核心节点国家有紧密的贸易联系，而且与网络中的其他国家也有较密切的联系，但以贸易逆差为主。从近20年的农产品贸易变化情况来看，中国不仅未能占据核心节点位置，而且以逆差为主要特征，距离农产品贸易大国还有较长一段路要走。当然，进口贸易也为中国节约了大量的土地资源和水资源，提供了多样化的消费选择，具有重要价值。从出口贸易角度来看，中国有必要在高价值和特色经济农作物上继续培育，提高出口竞争力。

2. 农产品贸易网络内部联系演化

从"丝绸之路经济带"农产品出口贸易网络内部联系图（图3-16～图3-20）来看，中国的核心地位逐年上升，但距离德国、法国、意大利、英国和俄罗斯都还有差距。虽然中国和多数国家都有贸易联系，但贸易强度不大。中国要真正成为农产品贸易强国，必须在核心大国的贸易份额中占据主导地位。

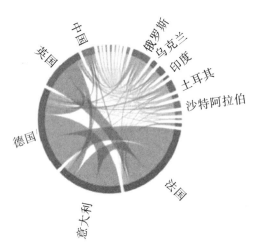

图3-16　2000年农产品出口贸易网络内部联系

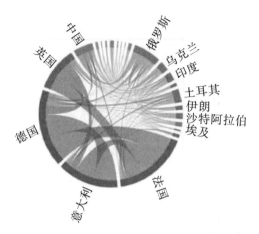

图 3—17　2005 年农产品出口贸易网络内部联系

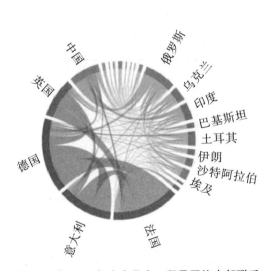

图 3—18　2010 年农产品出口贸易网络内部联系

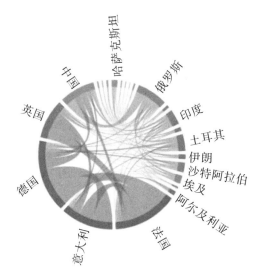

图 3—19   2016 年农产品出口贸易网络内部联系

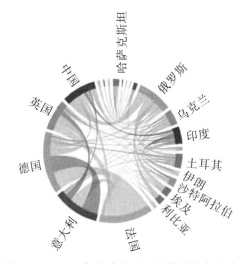

图 3—20   2018 年农产品出口贸易网络内部联系

3.5   "丝绸之路经济带"矿产品贸易网络特征及演化

3.5.1   网络密度分析

由图 3—21 和表 3—17 可知，2000—2018 年"丝绸之路经济带"矿产品贸易网络密度波动较大。由图 3—21 可得，2005—2010 年网络密

度保持相对稳定，2011 年之后网络密度与节点中心势持续下滑，说明
"丝绸之路经济带"沿线 23 个国家间的矿产品贸易联系日趋松散。这与
矿产品的特殊性相关，加之大多数矿产品出口国政局动荡，也使得相关
国家的矿产品贸易联系变化多端。由表 3−17 可知，矿产品贸易网络的
密度在 2003 年达到最高值 0.0229，2018 年下降至最低值 0.0079
（2000 年除外）。

　　由图 3−21 与表 3−17 可知，2000—2018 年矿产品贸易点度中心势
与后文中的工业品贸易点度中心势有相似变化趋势，都经历了明显的上
升和下降，并且同样增加了 2.82%，这说明矿产品贸易网络有越来越
集中的趋势。其中，2000 年点度中心势为最低，2011 年点度中心势达
到最高。

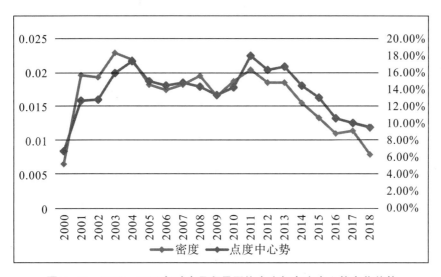

图 3−21　2000—2018 年矿产品贸易网络密度与点度中心势变化趋势

表 3−17　2000—2018 年矿产品贸易网络密度与点度中心势计算值

年份	密度	标准差	点度中心势	异质性	标准化
2000	0.0065	0.0495	6.72%	13.96%	10.05%
2001	0.0196	0.0986	12.67%	11.95%	7.95%
2002	0.0193	0.0928	12.79%	12.04%	8.04%
2003	0.0229	0.1052	15.94%	11.62%	7.61%

续表3—17

年份	密度	标准差	点度中心势	异质性	标准化
2004	0.0219	0.0968	17.33%	11.61%	7.59%
2005	0.0182	0.0837	14.97%	12.10%	8.11%
2006	0.0174	0.0788	14.45%	11.97%	7.97%
2007	0.0182	0.081	14.79%	11.36%	7.33%
2008	0.0195	0.0865	14.32%	11.28%	7.25%
2009	0.0165	0.0723	13.32%	11.34%	7.31%
2010	0.0187	0.0832	14.23%	11.20%	7.16%
2011	0.0204	0.0939	17.97%	11.56%	7.54%
2012	0.0185	0.0864	16.31%	11.55%	7.53%
2013	0.0185	0.0874	16.70%	11.56%	7.54%
2014	0.0155	0.079	14.43%	11.89%	7.88%
2015	0.0133	0.069	13.03%	12.43%	8.45%
2016	0.011	0.0598	10.60%	12.41%	8.43%
2017	0.0114	0.058	10.05%	12.07%	8.08%
2018	0.0079	0.0525	9.54%	15.22%	11.37%

3.5.2 网络中心性分析

1. 矿产品贸易点出度

从图3—22能够看出，2000—2018年"丝绸之路经济带"沿线国家的矿产品贸易点出度波动较大，有着和点度中心势一样的"上升—平稳—下降"的趋势。从矿产品贸易的平均点出度来看，排名前五位的国家为俄罗斯（3.385）、阿尔及利亚（1.097）、哈萨克斯坦（0.871）、英国（0.706）与法国（0.407），而排名后五位的国家为吉尔吉斯斯坦（0.005）、巴基斯坦（0.003）、格鲁吉亚（0.0015）、塔吉克斯坦（0.0005）、沙特阿拉伯（0.0001）。

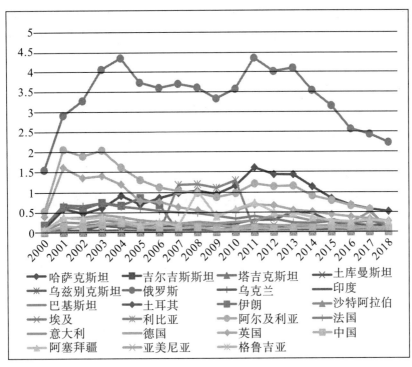

图 3-22 "丝绸之路经济带"沿线国家矿产品贸易点出度变化趋势

为了进一步研究矿产品贸易点出度变化趋势，选取 2000 年矿产品贸易点出度排名前五的国家进行具体分析。如图 3-23 所示，这五个国家的

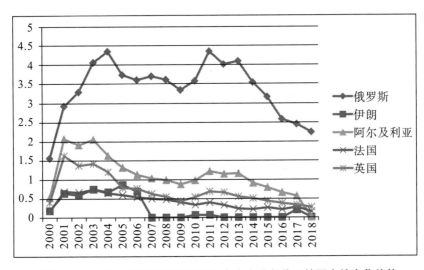

图 3-23 2000—2018 年矿产品贸易点出度排名前五的国家的变化趋势

波动具有一致性，其中俄罗斯的矿产品贸易点出度一直处于第一位，阿尔及利亚处于第二位，法国相对其余四个国家波动较为平缓；而伊朗较为特殊，在 2007 年之后点出度趋近于 0，这可能与伊朗的政策相关。

2. 矿产品贸易点入度

从图 3-24 能够看出，2000—2018 年"丝绸之路经济带"沿线国家的矿产品贸易点入度整体变化趋势与其点出度变化趋势相似，波动都较大。从平均点入度来看，各个国家的排名发生变化，其中平均点入度排名前五的国家为意大利（2.450）、法国（1.298）、德国（1.207）、中国（0.910）与英国（0.662）。这些国家都是工业强国，需要进口矿石等原材料，从而造成矿产品点入度较大。排名后五位的国家则是塔吉克斯坦（0.015）、巴基斯坦（0.009）、阿塞拜疆（0.008）、亚美尼亚（0.004）以及土库曼斯坦（0.002）。这些国家国内生产总值不高，经济发展缓慢，经济体量较小，从而造成其矿产品贸易点入度不大。

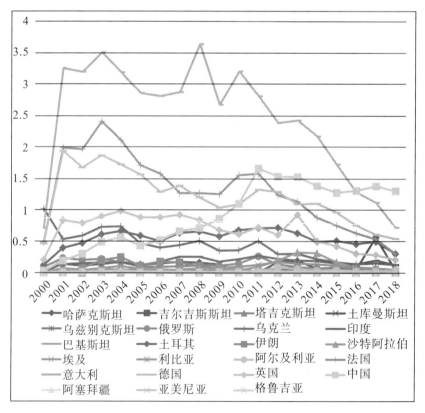

图 3-24   "丝绸之路经济带"沿线国家矿产品贸易点入度变化趋势

由于矿产品贸易点入度波动较大，为了进一步研究其变化趋势，本研究选取平均点入度排名前五位的国家进行具体分析。从图3－25可以看出，2000—2018年，意大利的点入度基本保持第一，但波动较大。而中国的点入度则较低，且在2010年后一直缓慢下降，这与中国在大力发展工业的同时倡导绿色发展有一定的关系。

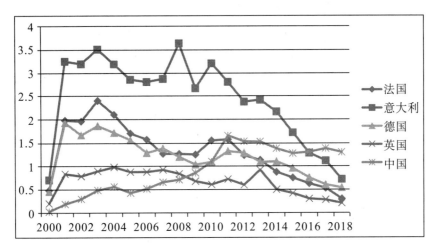

图3－25　2000—2018年矿产品贸易点入度排名前五的国家的变化趋势

3.5.3　网络凝聚子群分析

从2000年的矿产品贸易网络凝聚子群划分结果（表3－18）来看，地理位置影响着凝聚子群的划分。中亚国家基本只和中亚国家在相同子群，其中乌兹别克斯坦单独为一个子群。阿塞拜疆、伊朗这两个西亚国家和非洲国家埃及、阿尔及利亚在同一个子群。中国和巴基斯坦、乌克兰、英国、德国等属于同一个子群，其中欧洲国家占多数。

表3－18　2000年矿产品贸易网络凝聚子群

序号	凝聚子群
1	哈萨克斯坦、土库曼斯坦
2	阿塞拜疆、埃及、伊朗、阿尔及利亚
3	乌兹别克斯坦
4	亚美尼亚、俄罗斯
5	吉尔吉斯斯坦、塔吉克斯坦

序号	凝聚子群
6	沙特阿拉伯、利比亚、法国、印度
7	巴基斯坦、乌克兰、英国、德国、格鲁吉亚、中国
8	意大利、土耳其

从2005年的矿产品贸易网络凝聚子群划分结果（表3—19）来看，中亚国家开始与其他国家有贸易往来，分别与非洲、欧洲国家在同一子群。同时，中国与中亚国家的矿产品贸易联系也变得密切，属于同一个子群。南亚国家与西亚国家沙特阿拉伯在同一个子群。而俄罗斯开始单独为一个子群。

表3—19　2005年矿产品贸易网络凝聚子群

序号	凝聚子群
1	阿塞拜疆、埃及、哈萨克斯坦、伊朗、阿尔及利亚
2	俄罗斯
3	土库曼斯坦、利比亚
4	沙特阿拉伯、巴基斯坦、印度
5	乌克兰、吉尔吉斯斯坦、塔吉克斯坦、中国、土耳其、德国
6	亚美尼亚、法国
7	格鲁吉亚、乌兹别克斯坦
8	意大利、英国

从2010年的矿产品贸易网络凝聚子群划分结果（表3—20）来看，主要有两大凝聚子群。第一大凝聚子群主要由俄罗斯和埃及等非洲国家、阿塞拜疆等亚洲国家组成。第二大凝聚子群则是第5子群，主要由中国和英国、意大利等欧洲国家组成。而印度、沙特阿拉伯、乌兹别克斯坦、土库曼斯坦都单独为一个子群。由此可以看出，矿产品贸易网络开始出现两极化现象。

表3—20　2010年矿产品贸易网络凝聚子群

序号	凝聚子群
1	哈萨克斯坦、吉尔吉斯斯坦、利比亚、阿尔及利亚、阿塞拜疆、俄罗斯、埃及
2	印度
3	巴基斯坦、伊朗

序号	凝聚子群
4	沙特阿拉伯
5	乌克兰、塔吉克斯坦、中国、土耳其、英国、德国、法国、意大利
6	乌兹别克斯坦
7	土库曼斯坦
8	亚美尼亚、格鲁吉亚

由2016年与2018年的矿产品贸易网络凝聚子群划分结果（表3-21、表3-22）可以看出，相较于上述三年，比较大的变化是中国与中亚四国（吉尔吉斯斯坦、塔吉克斯坦、乌兹别克斯坦、土库曼斯坦）划分在了同一子群，这可能是由于中国与中亚地区距离较近，使得中国与中亚国家的矿产品贸易联系相对紧密。

表3-21 2016年矿产品贸易网络凝聚子群

序号	凝聚子群
1	印度
2	哈萨克斯坦、阿尔及利亚、阿塞拜疆
3	俄罗斯、埃及
4	沙特阿拉伯、利比亚
5	巴基斯坦、伊朗
6	乌克兰、吉尔吉斯斯坦、塔吉克斯坦、中国、德国、乌兹别克斯坦、土耳其、土库曼斯坦
7	格鲁吉亚、亚美尼亚
8	英国、法国、意大利

表3-22 2018年矿产品贸易网络凝聚子群

序号	凝聚子群
1	哈萨克斯坦、阿塞拜疆
2	俄罗斯、乌兹别克斯坦
3	利比亚、土库曼斯坦
4	沙特阿拉伯、伊朗
5	吉尔吉斯斯坦、德国、中国、乌克兰、格鲁吉亚、塔吉克斯坦、亚美尼亚、土耳其

序号	凝聚子群
6	阿尔及利亚、意大利、法国
7	印度、埃及、英国
8	巴基斯坦

3.5.4　网络核心－边缘结构分析

根据表3-23、表3-24所示计算结果可知：2000—2018年，矿产品贸易网络的各个层级的国家数目变化巨大，核心－边缘结构极其不稳定，说明矿产品贸易网络并没有形成稳定的核心－边缘分级。俄罗斯在矿产品贸易网络中一直具有较强的影响力，虽然历年的排名有所下降，但始终处于核心位置。哈萨克斯坦、阿尔及利亚也在较多年份进入核心层，说明这些国家正积极参与国际矿产品贸易市场。而中国自2004年首次进入矿产品贸易网络核心层后，就一直稳居于核心层（2008年除外），且排名一直稳定上升，2016—2018年均位居第三。

表3-23　2000—2018年矿产品贸易网络核心、半边缘、边缘国家数目

年份	2000	2001	2002	2003	2004	2005	2006	2007	2008	2009
核心国家数	2	6	7	8	9	11	9	11	8	9
半边缘国家数	8	8	8	7	5	3	5	3	6	4
边缘国家数	13	9	8	8	9	9	9	9	9	9
年份	2010	2011	2012	2013	2014	2015	2016	2017	2018	
核心国家数	10	6	5	6	4	4	3	3	3	
半边缘国家数	4	6	6	5	6	6	6	7	10	
边缘国家数	9	11	12	12	13	13	14	13	10	

表3-24　2000—2018年矿产品贸易网络核心国家列表

年份	核心国家
2000	俄罗斯、乌克兰
2001	俄罗斯、阿尔及利亚、法国、意大利、德国、英国
2002	俄罗斯、乌克兰、阿尔及利亚、法国、意大利、德国、英国

年份	核心国家
2003	俄罗斯、乌克兰、阿尔及利亚、法国、意大利、德国、英国、伊朗
2004	俄罗斯、乌克兰、阿尔及利亚、法国、意大利、德国、英国、中国、哈萨克斯坦
2005	俄罗斯、乌克兰、阿尔及利亚、法国、意大利、德国、英国、中国、哈萨克斯坦、伊朗、土耳其
2006	俄罗斯、乌克兰、阿尔及利亚、法国、意大利、德国、英国、中国、哈萨克斯坦
2007	俄罗斯、乌克兰、阿尔及利亚、法国、意大利、德国、英国、中国、哈萨克斯坦、土耳其、利比亚
2008	俄罗斯、阿尔及利亚、法国、意大利、德国、哈萨克斯坦、利比亚、阿塞拜疆
2009	俄罗斯、土耳其、法国、意大利、德国、英国、中国、哈萨克斯坦、利比亚
2010	俄罗斯、土耳其、阿尔及利亚、法国、意大利、德国、英国、中国、哈萨克斯坦、利比亚
2011	俄罗斯、法国、意大利、德国、英国、中国
2012	俄罗斯、哈萨克斯坦、德国、中国
2013	俄罗斯、哈萨克斯坦、意大利、德国、英国、中国
2014	俄罗斯、意大利、德国、中国
2015	俄罗斯、意大利、德国、中国
2016	俄罗斯、德国、中国
2017	俄罗斯、德国、中国
2018	俄罗斯、德国、中国

3.5.5 矿产品贸易网络空间格局及其演化

1. 矿产品贸易网络空间特征及演化

从图3-26可以看出,中国在"丝绸之路经济带"矿产品贸易网络中处于从属位置,经过近20年发展依然是一个三级核心节点国家。2000年,俄罗斯处于一级核心节点地位;2005年,俄罗斯、意大利、阿尔及利亚、伊朗成为一级核心节点;2010年,俄罗斯继续一枝独秀,但二级核心节点开始增多,包括英国、哈萨克斯坦、利比亚、阿尔及利亚等国;2016年,俄罗斯、哈萨克斯坦和阿尔及利亚是主要的核心节点。从矿产品贸易网络格局演变来看,上述变化与矿产品价格变化有较直接关联,随着2000—2008年大宗商品牛市的到来,资源类大国开始兴起,而随着大宗商品周期的结束，核心节点发生变化。中国在贸易网络中要积极作为，作为矿产品的主要进口国，需要保证我国的能源等矿产品的安全。

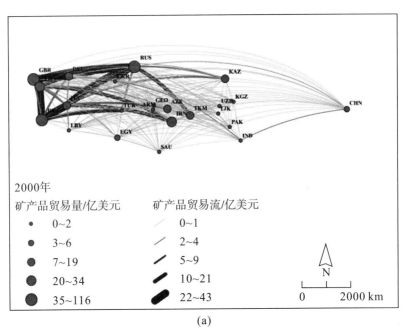

(a)

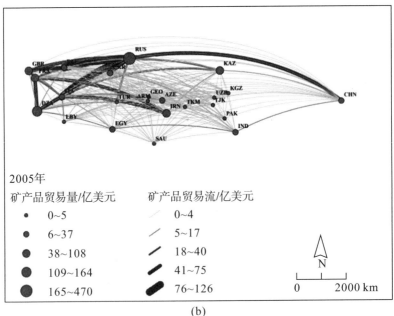

(b)

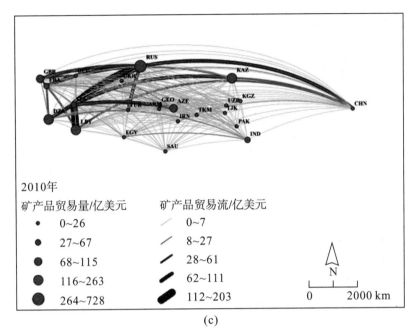

2010年

矿产品贸易量/亿美元

- 0~26
- 27~67
- 68~115
- 116~263
- 264~728

矿产品贸易流/亿美元

- 0~7
- 8~27
- 28~61
- 62~111
- 112~203

N

0　2000 km

(c)

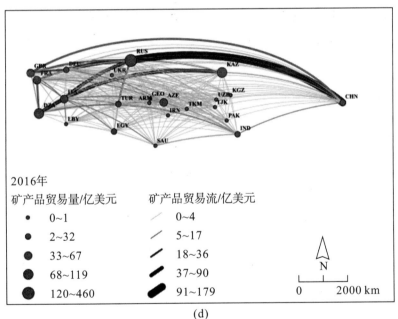

2016年

矿产品贸易量/亿美元

- 0~1
- 2~32
- 33~67
- 68~119
- 120~460

矿产品贸易流/亿美元

- 0~4
- 5~17
- 18~36
- 37~90
- 91~179

N

0　2000 km

(d)

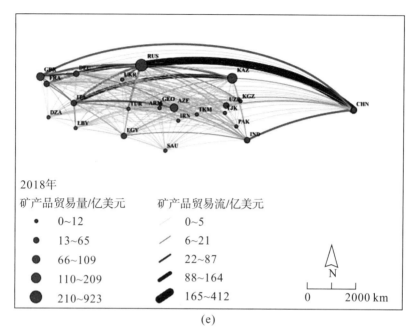

(e)

图3-26 2000—2018年"丝绸之路经济带"矿产品贸易网络贸易联系分布

2. 矿产品贸易网络内部联系演化

图3-27~图3-31分别展示了2000年、2005年、2010年、2016年、2018年"丝绸之路经济带"矿产品出口贸易网络内部联系。

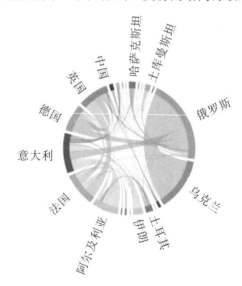

图3-27 2000年矿产品出口贸易网络内部联系

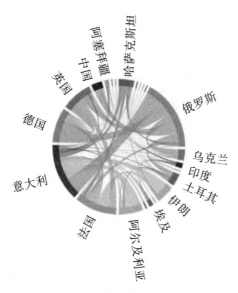

图 3-28　2005 年矿产品出口贸易网络内部联系

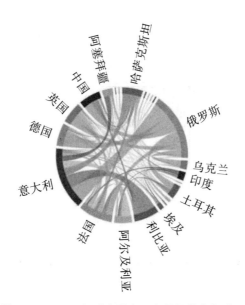

图 3-29　2010 年矿产品出口贸易网络内部联系

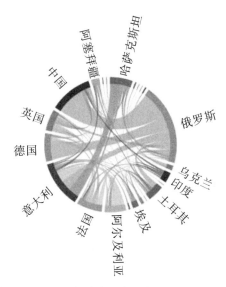

图 3-30　2016 年矿产品出口贸易网络内部联系

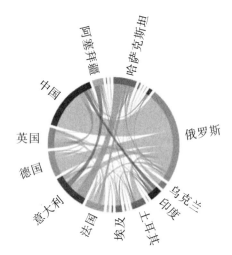

图 3-31　2018 年矿产品出口贸易网络内部联系

　　我们可以看到，在近 20 年发展中，中国的矿产品贸易核心地位迅猛上升，至 2018 年已经仅次于俄罗斯。但是，中国与俄罗斯的矿产品贸易占据了绝大部分，与其他国家的矿产品贸易联系较少。因此可以展望，中国与沿线各国的矿产品贸易潜力较大。

3.6 "丝绸之路经济带"工业品贸易网络特征及演化

3.6.1 网络密度分析

从图3-32及表3-25可以看出，2000—2018年"丝绸之路经济带"工业品贸易网络密度总体呈上升趋势。这说明随着时间的推移，"丝绸之路经济带"沿线国家之间的工业品贸易越来越频繁。具体来看，2001年网络密度最低（0.0173），2015年网络密度最高（0.0269），整体上升54.9%。工业品贸易网络密度在2000—2005年与2009—2016年近似为线性上升，而在2005与2009年这样的个别年份有明显下降，这可能是受到金融危机影响所致。而2016—2018年网络密度呈明显下降趋势，结合中心势判断，集中在几个国家间的工业品贸易往来越来越频繁，而总体的贸易往来减弱。

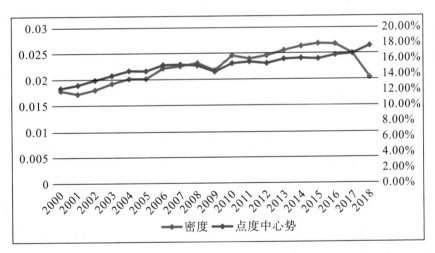

图3-32 2000—2018年工业品贸易网络密度和点度中心势变化趋势

表3-25 2000—2018年工业品贸易网络密度和点度中心势计算值

年份	密度	标准差	点度中心势	异质性	标准化
2000	0.0179	0.0884	12.28%	17.22%	13.46%

年份	密度	标准差	点度中心势	异质性	标准化
2001	0.0173	0.0851	12.68%	17.29%	13.53%
2002	0.0181	0.0863	13.31%	16.77%	12.99%
2003	0.0193	0.0874	13.90%	15.95%	12.13%
2004	0.0202	0.0884	14.49%	15.25%	11.40%
2005	0.0202	0.0854	14.46%	14.59%	10.70%
2006	0.0222	0.0901	15.22%	14.02%	10.12%
2007	0.0226	0.0884	15.29%	13.29%	9.35%
2008	0.0232	0.0875	15.15%	12.75%	8.78%
2009	0.0218	0.0836	14.36%	12.90%	8.94%
2010	0.0246	0.0929	15.41%	12.90%	8.94%
2011	0.024	0.091	15.62%	13.11%	9.16%
2012	0.0246	0.0916	15.41%	12.59%	8.62%
2013	0.0256	0.0939	15.96%	12.53%	8.55%
2014	0.0264	0.0982	16.06%	12.76%	8.80%
2015	0.0269	0.1012	15.97%	12.87%	8.91%
2016	0.0268	0.1029	16.46%	13.16%	9.21%
2017	0.0250	0.0933	16.65%	13.03%	9.08%
2018	0.0204	0.0899	17.65%	15.05%	11.19%

工业品贸易网络的点度中心势同样是能从整体上反映网络情况的指标。由图3-32与表3-25可知，相较于网络密度的变化趋势，2000—2018年工业品贸易网络的点度中心势的变化较为平缓，但总体依然是呈上升趋势，整体上升了5.37%。这说明随着时间的推移，工业品贸易越来越集中于"丝绸之路经济带"某几个核心国家之间，波动不大也表明工业品贸易越来越趋于稳定。

3.6.2 网络中心性分析

1. 工业品贸易点出度

从图3-33能够看出，2000—2018年这19年间，"丝绸之路经济带"沿线23个国家的工业品贸易点出度各有其变化规律。从平均点出度来看，中国（2.20）、德国（3.69）、法国（1.684）、英国（1.06）、意大利（1.579）排在前五，说明这五个国家在"丝绸之路经济带"工业品的出口中占据重要地位。而后五名则是乌兹别克斯坦（0.0023）、塔吉克斯坦（0.0001）、土库曼斯坦（0.0003）、利比亚（0.001）、亚美尼亚（0.0059），说明这五个国家与其他国家之间的工业品贸易联系较弱。

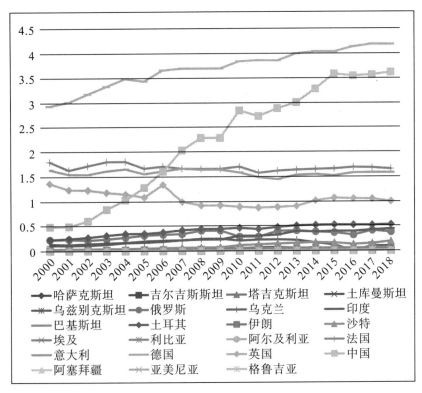

图3-33　"丝绸之路经济带"沿线国家工业品贸易点出度变化趋势

我们选取2000年点出度排名前六的国家——德国、法国、英国、意大利、土耳其以及中国单独进行分析，具体变化情况如图3-34所示。2000—2018年，德国的点出度一直稳居第一，这说明德国在工业品方面与其他国家贸易往来密切，在工业品贸易网络中占有举足轻重的地位。从图3-34中我们还可以看出中国的特殊性：中国的点出度在2000年时仅仅排在第五位，而随着时间的推移，中国的点出度呈现上升趋势，说明在此期间，中国充分发挥自身优势，扩大了对"丝绸之路经济带"沿线国家的工业品出口。

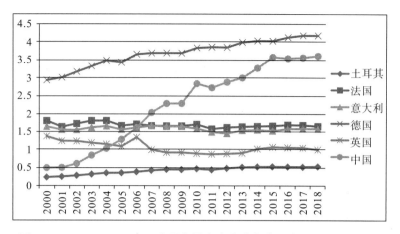

图3-34　2000—2018年工业品贸易点出度排名前六的国家的变化趋势

2. 工业品贸易点入度

从图3-35能够看出，2010年后，各个国家的工业品贸易点入度上升幅度变大。但从平均点入度来看，排名前五的国家依然为德国（2.18）、法国（1.95）、英国（1.718）、意大利（1.374）与中国（0.987），而后五位也没有变化。

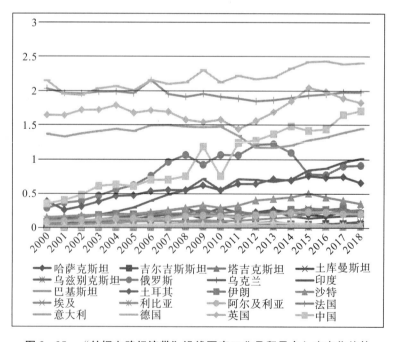

图3-35　"丝绸之路经济带"沿线国家工业品贸易点入度变化趋势

同样，我们也选取了 2000 年点入度排名前六的国家——德国、法国、英国、意大利、土耳其以及中国单独进行分析。如图 3-36 所示，在工业品贸易点入度方面，德国依然位居第一，但上升趋势不显著，紧随其后的法国也是如此，说明德国与法国从其他国家进口的工业品也多，但进口与出口的工业品的具体品类有所不同。从图中还可以看出，中国的点入度一直处于上升趋势，且上升较为迅速。

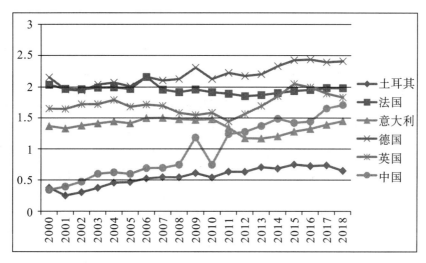

图 3-36　2000—2018 年工业品贸易点入度排名前六的国家的变化趋势

3.6.3　网络凝聚子群分析

从 2000 年的工业品贸易网络凝聚子群划分结果（表 3-26）来看，子群划分基本和地理位置及政治因素联系在一起。具体来看，中亚的哈萨克斯坦和吉尔吉斯斯坦在同一子群，塔吉克斯坦与中东欧的乌克兰在同一子群，土库曼斯坦、乌兹别克斯坦与西亚国家格鲁吉亚在同一子群；西亚国家亚美尼亚与阿塞拜疆在同一子群；南亚国家在同一子群；欧洲国家在同一子群。

表 3-26　2000 年工业品贸易网络凝聚子群

序号	凝聚子群
1	哈萨克斯坦、吉尔吉斯斯坦

续表3—26

序号	凝聚子群
2	塔吉克斯坦、乌克兰
3	土库曼斯坦、格鲁吉亚、乌兹别克斯坦
4	亚美尼亚、阿塞拜疆
5	巴基斯坦、俄罗斯
6	印度、德国、英国、中国、法国、意大利、土耳其
7	埃及、伊朗、利比亚、沙特
8	阿尔及利亚

如表3—27所示，2005年的工业品贸易网络凝聚子群划分与2000年相比变化不大，仅个别凝聚子群有所变化。值得注意的是，中国原来与德国、意大利等国家在同一子群，但在2005年单独成为一个子群。此外，亚美尼亚也单独成为一个子群。而第7凝聚子群的形成多与地理位置相关。

表3—27　2005年工业品贸易网络凝聚子群

序号	凝聚子群
1	乌克兰、哈萨克斯坦、乌兹别克斯坦
2	塔吉克斯坦、吉尔吉斯斯坦
3	土库曼斯坦、格鲁吉亚、阿塞拜疆
4	亚美尼亚
5	利比亚、埃及、伊朗、阿尔及利亚
6	德国、英国、法国、意大利、土耳其
7	巴基斯坦、印度、俄罗斯、沙特
8	中国

从表3—28来看，尽管经历了金融危机，凝聚子群的划分依然和各个国家的地理位置有关。同2005年相比，第1凝聚子群的成员变化较大，该凝聚子群主要是由2005年的第2子群和第7子群成员合并组成，说明这些国家的工业品贸易联系越来越紧密。

表 3−28   2010 年工业品贸易网络凝聚子群

序号	凝聚子群
1	塔吉克斯坦、吉尔吉斯斯坦、哈萨克斯坦、巴基斯坦、印度、伊朗
2	土库曼斯坦、阿塞拜疆、格鲁吉亚
3	乌兹别克斯坦、亚美尼亚
4	阿尔及利亚、利比亚、沙特、埃及
5	俄罗斯、乌克兰
6	德国、英国、法国、意大利
7	中国、土耳其

2016 年的工业品贸易网络凝聚子群划分结果（见表 3−29），相较于前面三年发生了比较大的变化。俄罗斯和西亚及中亚国家的工业品贸易联系加强，而与中东欧国家的联系变弱。中国又单独成为一个子群。此外，此时欧洲国家也分化为一个或者两个国家为一子群，而并没有同在一个子群中。原来的第 2 子群中国家成员增多，这些国家多为亚洲国家，并且在语言、地理位置、经济发展等方面都有相似之处，从而使得这些国家间的工业品贸易往来密切。

表 3−29   2016 年工业品贸易网络凝聚子群

序号	凝聚子群
1	哈萨克斯坦、乌兹别克斯坦、俄罗斯
2	吉尔吉斯斯坦、塔吉克斯坦、巴基斯坦、沙特、阿尔及利亚、利比亚、埃及、伊朗、印度
3	阿塞拜疆、格鲁吉亚、土库曼斯坦
4	乌克兰、亚美尼亚
5	土耳其、英国
6	中国
7	法国、意大利
8	德国

从表 3−30 中，我们可以看出 2018 年的凝聚子群划分与 2016 年相比又有较大的变化。中国、法国、德国以及意大利、英国等国家自 2000 年之后，再一次组成同一子群。而阿尔及利亚、埃及、伊朗从 2016 年的第

2 子群中分离出来,形成一个子群,说明这三个国家在工业品领域的贸易联系更加密切,而与哈萨克斯坦、吉尔吉斯斯坦、乌兹别克斯坦、塔吉克斯坦等国家联系较弱。总体来看,2018 年的工业品贸易网络中,各个国家形成了相对稳定的凝聚子群,子群内的国家贸易联系密切。

表 3-30　2018 年工业品贸易网络凝聚子群

序号	凝聚子群
1	哈萨克斯坦、吉尔吉斯斯坦、乌兹别克斯坦、塔吉克斯坦
2	乌克兰、亚美尼亚
3	阿塞拜疆、格鲁吉亚、土库曼斯坦
4	利比亚
5	俄罗斯
6	阿尔及利亚、埃及、伊朗
7	中国、法国、德国、意大利、土耳其、英国、印度
8	巴基斯坦、沙特

3.6.4　网络核心-边缘结构分析

根据表 3-31、表 3-32 所示计算结果可知:2000—2018 年,"丝绸之路经济带"工业品贸易网络各个层级的国家变化较小,并且国家的核心度变化并不大,说明工业品贸易网络的核心-边缘结构比较稳定。意大利、英国、法国、德国等国家始终占据着核心位置,而中国作为亚洲发展较快的经济体,从 2003 年开始活跃于工业品贸易领域,因此在工业品贸易网络中占据了核心位置。俄罗斯虽然只有 3 年出现在工业品贸易网络的核心层中,但三次均位于核心层首位,说明俄罗斯在工业品贸易领域仍有较大的进出口需求。而 2017 年较为特殊,印度及土耳其进入核心层,说明在 2017 年由于某种原因,印度及土耳其的进出口需求激增。但在 2018 年印度又离开核心层,这说明印度的工业品进出口需求并不稳定。

表 3-31　2000—2018 年工业品贸易网络核心、半边缘、边缘国家数目

年份	2000	2001	2002	2003	2004	2005	2006	2007	2008	2009
核心国家数	4	4	4	5	5	5	5	5	4	5

续表3-31

年份	2000	2001	2002	2003	2004	2005	2006	2007	2008	2009
半边缘国家数	5	5	6	6	6	6	6	6	5	8
边缘国家数	14	14	13	12	12	12	12	12	14	10
年份	2010	2011	2012	2013	2014	2015	2016	2017	2018	
核心国家数	5	5	6	6	5	5	5	8	6	
半边缘国家数	7	6	5	5	8	8	7	7	9	
边缘国家数	11	12	12	12	10	10	11	8	8	

表3-32 2000—2018年工业品贸易网络核心国家列表

年份	核心国家
2000	意大利、英国、法国、德国
2001	意大利、英国、法国、德国
2002	意大利、英国、法国、德国
2003	中国、英国、意大利、法国、德国
2004	中国、英国、意大利、法国、德国
2005	中国、英国、意大利、法国、德国
2006	中国、英国、意大利、法国、德国
2007	中国、英国、意大利、法国、德国
2008	中国、英国、意大利、法国、德国
2009	英国、中国、意大利、法国、德国
2010	英国、意大利、中国、法国、德国
2011	英国、意大利、中国、法国、德国
2012	俄罗斯、英国、意大利、中国、法国、德国
2013	俄罗斯、意大利、英国、中国、法国、德国
2014	意大利、英国、中国、法国、德国、
2015	意大利、英国、中国、法国、德国
2016	意大利、英国、中国、法国、德国
2017	俄罗斯、印度、土耳其、法国、意大利、德国、英国、中国
2018	土耳其、法国、意大利、德国、英国、中国

3.6.5 工业品贸易网络空间格局及其演化

1. 工业品贸易网络空间特征及演化

从图 3-37 可以看出，"丝绸之路经济带"工业品贸易网络空间格局呈现出与整体贸易网络较为相似的结构，这与工业品在整体贸易中占据较大份额有直接关系。2000 年，网络中的核心节点主要是德国、法国、意大利和英国，中国和俄罗斯为次级核心节点。2005 年，德国成为唯一的核心节点，英国、法国、意大利和中国成为次级核心节点。金融危机结束后的 2010 年和 2016 年，中国、德国、法国一跃成为核心节点，英国、意大利是次级核心节点，俄罗斯和印度为三级核心节点。从贸易流量来看，2000 年的流量较小，主要集中在欧洲发达国家内部；从 2005 年起，"中国制造"的力量崛起，中国同发达国家及发展中国家的贸易量都较为突出，"丝绸之路经济带"成为"中国制造"的重要贸易通道。

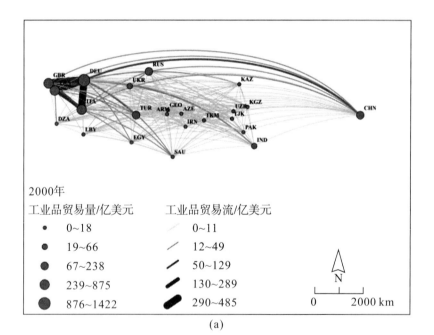

(a)

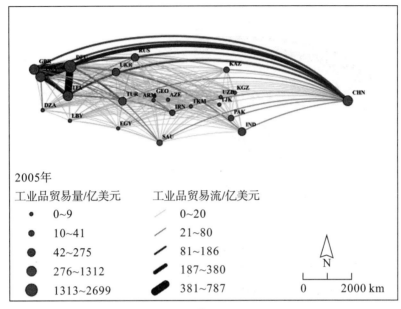

2005年

工业品贸易量/亿美元   工业品贸易流/亿美元

•	0~9	╱ 0~20
•	10~41	╱ 21~80
●	42~275	╱ 81~186
●	276~1312	╱ 187~380
●	1313~2699	╱ 381~787

0   2000 km

(b)

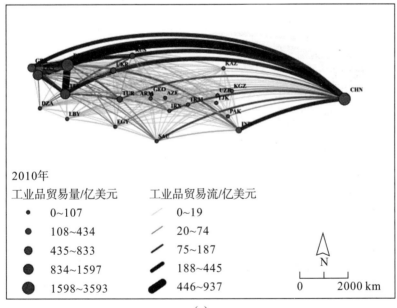

2010年

工业品贸易量/亿美元   工业品贸易流/亿美元

•	0~107	╱ 0~19
•	108~434	╱ 20~74
●	435~833	╱ 75~187
●	834~1597	╱ 188~445
●	1598~3593	╱ 446~937

0   2000 km

(c)

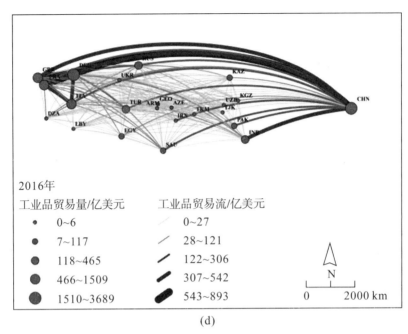

2016年

工业品贸易量/亿美元

- 0~6
- 7~117
- 118~465
- 466~1509
- 1510~3689

工业品贸易流/亿美元

- 0~27
- 28~121
- 122~306
- 307~542
- 543~893

0   2000 km

(d)

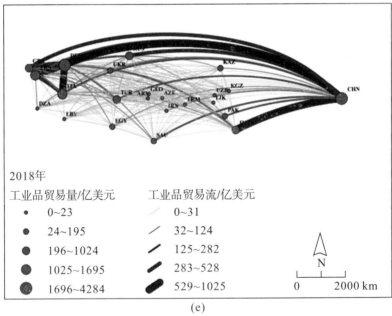

2018年

工业品贸易量/亿美元

- 0~23
- 24~195
- 196~1024
- 1025~1695
- 1696~4284

工业品贸易流/亿美元

- 0~31
- 32~124
- 125~282
- 283~528
- 529~1025

0   2000 km

(e)

图 3-37　2000—2018 年"丝绸之路经济带"工业品贸易网络贸易联系分布

2. 工业品贸易网络内部联系演化

从 2000—2018 年"丝绸之路经济带"工业品出口贸易网络内部联系

图（图3-38～图3-42）来看，中国的贸易核心地位随着时间推移而逐步加强，中国的贸易伙伴也较为多元，体现出包容性增长的特点。未来，随着"中国制造"向"中国创造"的发展以及"中国制造2025"计划的展开，中国的工业品贸易中，与发达国家的贸易比重将进一步提高，与发达国家的产业内贸易、产品内贸易将显著提升。

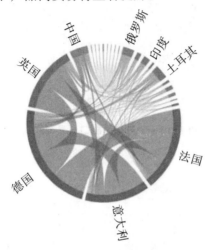

图3-38　2000年工业品出口贸易网络内部联系

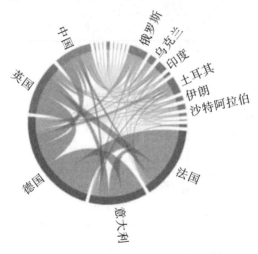

图3-39　2005年工业品出口贸易网络内部联系

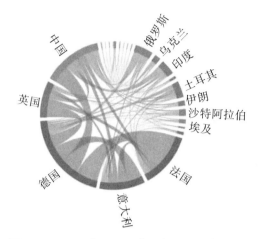

图 3−40   2010 年工业品出口贸易网络内部联系

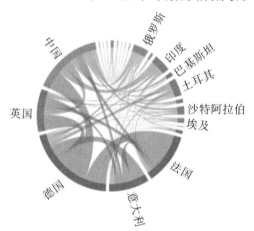

图 3−41   2016 年工业品出口贸易网络内部联系

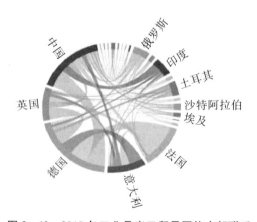

图 3−42   2018 年工业品出口贸易网络内部联系

4 "丝绸之路经济带"
贸易网络的竞争性与互补性分析

4.1 竞争互补关系网络构建与说明

4.1.1 竞争互补关系网络构建

对于竞争关系和互补关系，我们用贸易竞争指数（Coefficient of Specialization，CS）和贸易互补指数（Trade Complementarity Index，TCI）来反映。根据罗伯特·J. 凯伯（Robert J. Carbaugh）的研究，国家之间的贸易竞争通常更可能发生在出口结构类似的国家之间，而贸易互补则通常发生在一个国家的出口结构正好与另一个国家的进口结构相匹配的情况下。

贸易竞争指数（CS）的定义如下：

$$CS_{ij}^n = \frac{1}{2} \left| a_i^n - a_j^n \right| \qquad (4-1)$$

$$a_i^n = (X_{ni}/X_{ti})/((X_{nR}/X_{tR}) \qquad (4-2)$$

$$a_j^n = (X_{nj}/X_{tj})/((X_{nR}/X_{tR}) \qquad (4-3)$$

式中，i 和 j 代表国家，n 代表产业，a_i^n 代表 i 国 n 产业的比较优势，a_j^n 代表 j 国 n 产业的比较优势，X_{ni} 表示 i 国 n 产业的出口值，X_{ti} 表示 i 国的总出口值（整体贸易的总出口），X_{nR} 表示"丝绸之路经济带"内 n 产业的出口值，X_{tR} 表示"丝绸之路经济带"内的总出口值（整体贸易的总出口）。两国在多数产业的比较优势越接近，则 $\left| a_i^n - a_j^n \right|$ 值越小，CS 值越小，贸易竞争性越强。

贸易互补指数（TCI）的定义如下：

$$TCI_{ij}^{n} = RCA_{xi}^{n} \times RCA_{mj}^{n} \qquad (4-4)$$

式中，i 和 j 代表国家，n 代表产业，m 代表进口，x 代表出口，RCA_{xi}^{n} 代表 i 国在 n 产业上具有的显示性比较优势，RCA_{mj}^{n} 代表 j 国在 n 产业上具有的显示性比较劣势。

以 0.3 和 0.4 作为标准进行划分，如果两国间贸易竞争或互补指数达到划分标准，则定义存在显著竞争或互补贸易关系。CS 越小则越有竞争性，TCI 越大则越有互补性。

同时，为了比较网络的动态变化趋势，依然选择 23 个国家来构建 2000 年、2005 年、2010 年、2016 年、2018 年五个时期的网络。根据时间和贸易关系强度，共构建了 48 个贸易关系网络。下面仅呈现 2000 年、2016 年的竞争互补关系网络。

从 2000 年的农产品互补关系网络（见图 4-1、图 4-2）来看，TCI >0.3 的显著贸易网络关系数并没有比 TCI >0.4 的显著贸易网络关系数少多少，也就是说两个参数下较多的关系具有显著性。到了 2016 年（见图 4-3、图 4-4），TCI >0.3 的显著贸易网络关系数明显比 2000 年少了很多，也比 2016 年 TCI >0.4 的显著贸易网络关系数少了很多。

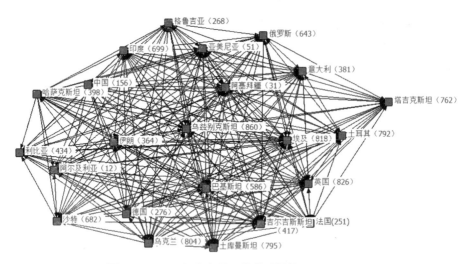

图 4-1　2000 年农产品互补关系网络（TCI >0.3）

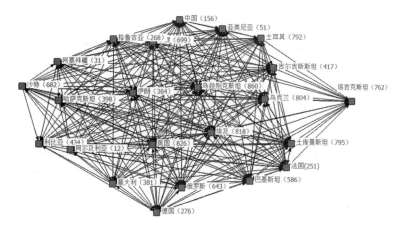

图 4-2　2000 年农产品互补关系网络（*TCI*＞0.4）

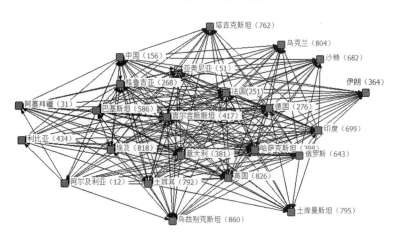

图 4-3　2016 年农产品互补关系网络（*TCI*＞0.3）

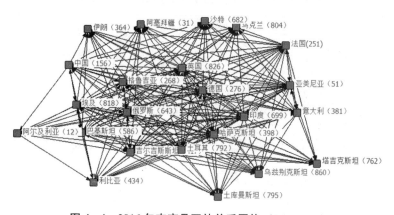

图 4-4　2016 年农产品互补关系网络（*TCI*＞0.4）

从农产品竞争关系网络（见图 4－5～图 4－8）来看，2000 年 $CS<$ 0.4 的竞争关系数明显多于 $CS<0.3$ 的竞争关系数。其中，$CS<0.3$ 的竞争关系网络中有三个国家（乌兹别克斯坦、亚美尼亚、格鲁吉亚）与其他国家没有任何竞争关系。2016 年 $CS<0.4$ 的竞争关系数更加明显地少于 2000 年 $CS<0.3$ 的竞争关系数。

从 2000 年的矿产品互补关系网络（见图 4－9、图 4－10）来看，$TCI>0.3$ 的显著贸易网络关系数明显少于 $TCI>0.4$ 的显著贸易网络关系数。到了 2016 年（见图 4－11、图 4－12），$TCI>0.3$ 的显著贸易网络关系数明显比 2000 年少了很多，也比 2016 年 $TCI>0.4$ 的显著贸易网络关系数少了很多。

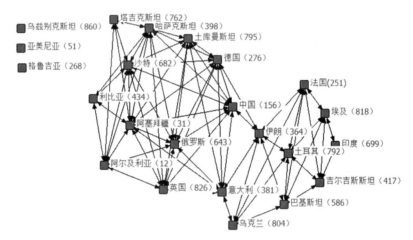

图 4－5　2000 年农产品竞争关系网络（$CS<0.3$）

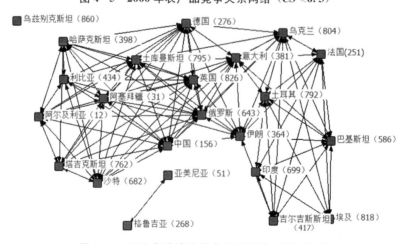

图 4－6　2000 年农产品竞争关系网络（$CS<0.4$）

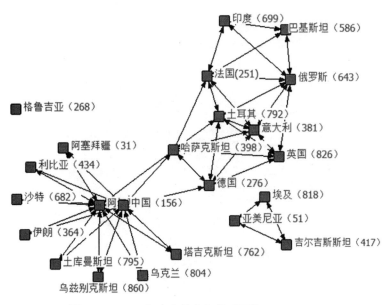

图 4—7 2016 年农产品竞争关系网络 (*CS*<0.3)

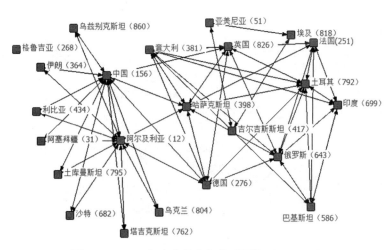

图 4—8 2016 年农产品竞争关系网络 (*CS*<0.4)

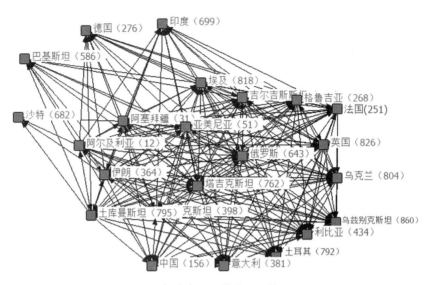

图 4—9　2000 年矿产品互补关系网络（*TCI*＞0.3）

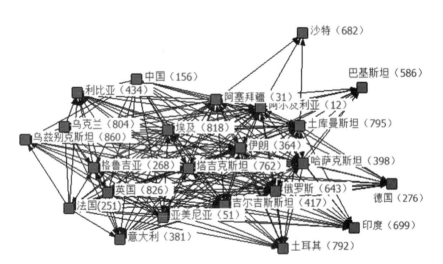

图 4—10　2000 年矿产品互补关系网络（*TCI*＞0.4）

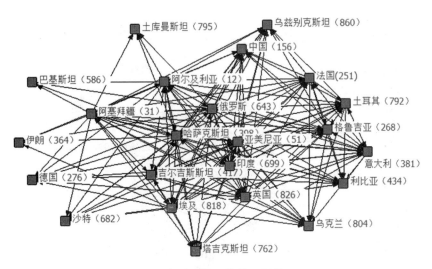

图 4-11 2016 年矿产品互补关系网络 （*TCI* > 0.3）

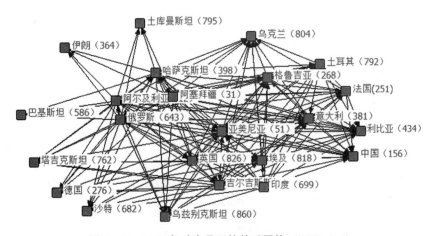

图 4-12 2016 年矿产品互补关系网络 （*TCI* > 0.4）

从矿产品竞争关系网络（见图 4-13~图 4-16）来看，2000 年 *CS* < 0.4 的竞争关系数明显多于 *CS* < 0.3 的竞争关系数，2016 年 *CS* < 0.4 的竞争关系数更加明显地少于 *CS* < 0.3 的竞争关系数。同时，在矿产品竞争关系网络中，有多数国家与其他国家没有任何联系，或者联系比较单一。

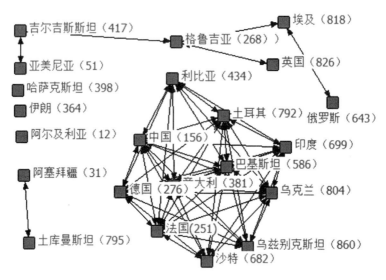

图 4-13　2000 年矿产品竞争关系网络（CS＜0.3）

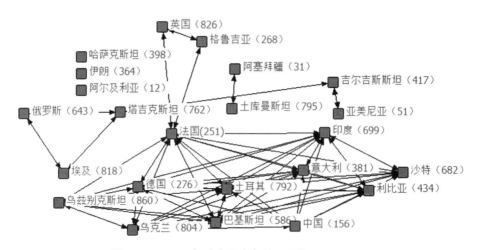

图 4-14　2000 年矿产品竞争关系网络（CS＜0.4）

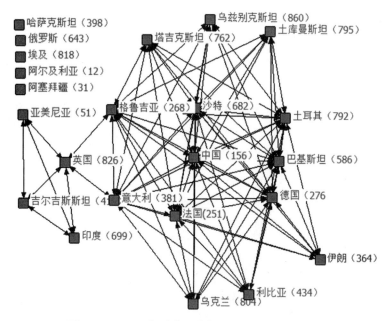

图 4-15 2016 年矿产品竞争关系网络 （CS＜0.3）

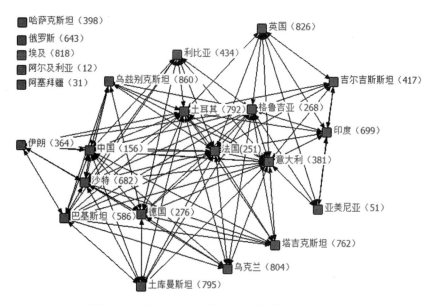

图 4-16 2016 年矿产品竞争关系网络 （CS＜0.4）

从工业品互补关系网络（见图 4-17~图 4-20）来看，与矿产品和农产品互补关系网络不同，仅个别国家（如图 4-18 中的塔吉克斯坦）与其他国家关系数少，且 2000 年 $TCI>0.3$ 的显著贸易网络关系数大于 $TCI>0.4$ 的显著贸易网络关系数。到了 2016 年，$TCI>0.3$ 的显著贸易网络关系数明显比 2000 年少了很多，也比 $TCI>0.4$ 的显著贸易网络关系数少了很多。

从工业品竞争关系网络（见图 4-21~图 4-24）来看，2000 年 $CS<0.4$ 的竞争关系数明显多于 $CS<0.3$ 的竞争关系数。2016 年 $CS<0.4$ 的竞争关系数也比较明显地少于 $CS<0.3$ 的竞争关系数。

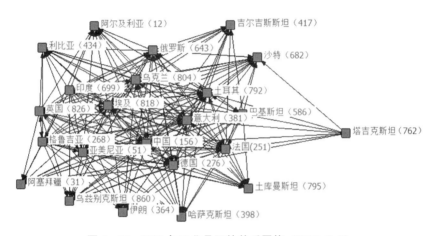

图 4-17　2000 年工业品互补关系网络（$TCI>0.3$）

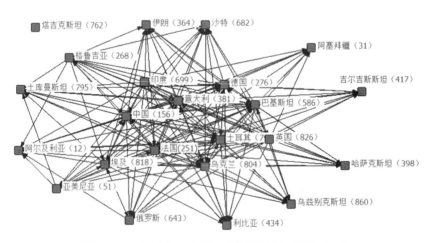

图 4-18　2000 年工业品互补关系网络（$TCI>0.4$）

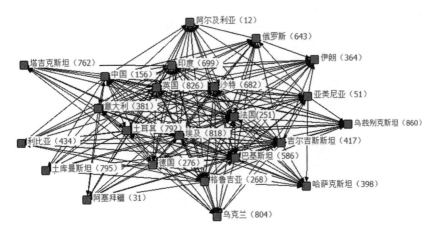

图4-19 2016年工业品互补关系网络（TCI>0.3）

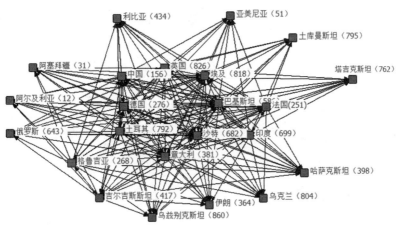

图4-20 2016年工业品互补关系网络（TCI>0.4）

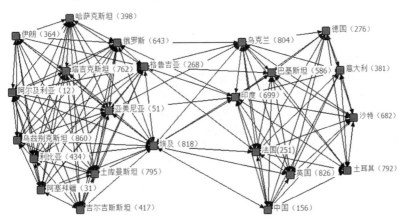

图4-21 2000年工业品竞争关系网络（CS<0.3）

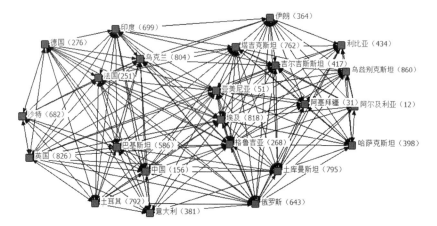

图 4—22 2000 年工业品竞争关系网络（*CS*＜0.4）

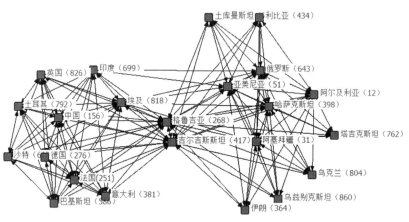

图 4—23 2016 年工业品竞争关系网络（*CS*＜0.3）

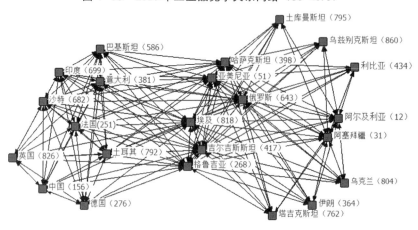

图 4—24 2016 年工业品竞争关系网络（*CS*＜0.4）

4.1.2　块模型说明

块模型分析最早由怀特（White，1976）提出，它是一种研究网络位置模型的方法。斯奈德和基克（Snyder&Kick，1979）曾用此方法研究世界经济体系。根据块模型理论，可以对各个位置块在区域经济增长中所扮演的角色进行分析。共有4种角色类型：①板块内部关系多，而外部关系少或者无关系，则为内部型；②板块内部关系少或者无关系，而外部关系多，则为外部型；③板块内部和外部关系都多，则为兼顾型；④板块内部和外部关系都少或者无关系，则为孤立型。每一种类型的具体含义由具体的贸易关系和贸易网络性质决定。同一个网络中，不一定同时存在4种典型类型，这主要受网络特征的影响。

为了使块模型分析实现更加清楚的分类，适当提高贸易关系显著性标准是十分必要的。竞争关系和互补关系选择0.3的标准。我们设定最大分割深度为2，收敛标准为0.2，将每个网络分割成4个贸易板块。

板块的内外部关系用密度矩阵（Density Matrix）来反映。密度矩阵中的密度等于该领域的实际显著贸易关系数与理论关系数之比。如果在某一板块的国家数目为 N，实际显著贸易关系数为 n，则密度为

$$D = n/[N \times (N-1)] \tag{4-5}$$

4.2　"丝绸之路经济带"农产品贸易网络的竞争性与互补性分析

4.2.1　竞争互补关系网络的密度分析

从表4—1来看，$TCI>0.3$ 和 $TCI>0.4$ 的农产品互补关系网络密度在2000年分别为1.9604和1.9485，到2005年则上升至2.1994和2.1901，2010年继续上升至2.4424和2.4324，11年间分别上升了24.59%和24.8%，这说明"丝绸之路经济带"沿线国家之间的贸易在保持增长的同时，农产品进出口结构持续优化，产业互补性增强。2016年出现转折，两数据分别下降为1.4786和1.4701，相比2010年分别下降了39.46%和39.56%；两年后的2018年又陡增至2.7243和2.7108，均达到最高值，说明沿线国家之间的贸易互补性虽然一度减弱，但近年又恢

复以往的强劲态势。

从表4-1来看，$CS<0.3$和$CS<0.4$的农产品竞争关系网络密度在2000年分别为0.0391和0.0839，自2000年至2016年一路下降，到2016年下降为0.0255和0.0388，分别下降了34.78%和53.75%，而2018年又分别增长为0.0473和0.0696。以上数据反映出竞争态势持续增强后又大幅度减弱，且合作关系强于竞争关系，说明沿线国家在农产品领域具有较大的经贸合作空间。

表4-1　农产品竞争互补关系网络的密度

贸易网络	网络密度	显著贸易关系数	贸易网络	网络密度	显著贸易关系数
2000年互补关系（$TCI>0.3$）	1.9604	413	2000年互补关系（$TCI>0.4$）	1.9485	396
2005年互补关系（$TCI>0.3$）	2.1994	405	2005年互补关系（$TCI>0.4$）	2.1901	392
2010年互补关系（$TCI>0.3$）	2.4424	399	2010年互补关系（$TCI>0.4$）	2.4324	384
2016年互补关系（$TCI>0.3$）	1.4786	305	2016年互补关系（$TCI>0.4$）	1.4701	293
2018年互补关系（$TCI>0.3$）	2.7243	387	2018年互补关系（$TCI>0.4$）	2.7108	386
2000年竞争关系（$CS<0.3$）	0.0391	165	2000年竞争关系（$CS<0.4$）	0.0839	231
2005年竞争关系（$CS<0.3$）	0.0335	151	2005年竞争关系（$CS<0.4$）	0.0654	197
2010年竞争关系（$CS<0.3$）	0.0261	129	2010年竞争关系（$CS<0.4$）	0.0498	163
2016年竞争关系（$CS<0.3$）	0.0255	165	2016年竞争关系（$CS<0.4$）	0.0388	187
2018年竞争关系（$CS<0.3$）	0.0473	179	2018年竞争关系（$CS<0.4$）	0.0696	211

4.2.2　竞争互补关系网络的中心性分析

对比2000年、2005年、2010年、2016年和2018年的数据（见表4-2）可以看出，$TCI>0.4$和$TCI>0.3$的农产品互补关系网络的相对度数中心势自 2000 年至 2010 年始终围绕着 5.5% 波动，而 2018 年均增长至 6.99%，涨幅为 25.9%。这说明近几年沿线国家间的农产品贸易关系有向少数国家集中的趋势。

下面进一步分析每个贸易网络的中心性国家。在农产品互补关系网络中，在 $TCI>0.3$ 的标准下，2000 年，乌兹别克斯坦的相对度数中心度排第一，其次是格鲁吉亚、亚美尼亚；2005 年和 2010 年，排名前三的仍是这三个国家，仅顺序发生变化。2000—2016 年，$TCI>0.4$ 的农产品互补关系网络的相对度数中心势分别为 5.55%、5.72%、5.28%、5.45%；在 $TCI>0.3$ 的标准下，农产品互补关系网络的中心性并没有太大变化。而中国在整个互补关系网络中，其相对度数中心度排名一直在 20 名开外。

在竞争关系网络中，随着显著性标准和时间的变化，处于最中心位置的国家也在变化，但这些国家主要是中国、俄罗斯以及德国等。中国在竞争关系网络中的重要性排名靠前，在 2000 年 $CS<0.4$ 和 $CS<0.3$ 的竞争关系网络中，其相对度数中心度排名分别为第 7 位和第 5 位，2016 年均上升为第 1 位。因此，从总体来看，中国与"丝绸之路经济带"沿线国家之间的农产品贸易竞争激烈。

表 4-2 农产品竞争互补关系网络的中心性分析指标

网络	相对度数中心度排名前 3 位的国家	中国排名	相对度数中心势指数	相对度数中心度均值
2000 年互补关系（$TCI>0.4$）	乌兹别克斯坦、格鲁吉亚、亚美尼亚	20	5.55%	18.246
2000 年互补关系（$TCI>0.3$）	乌兹别克斯坦、格鲁吉亚、亚美尼亚	20	5.55%	18.255
2000 年竞争关系（$CS<0.4$）	乌克兰、伊朗、意大利	5	5.25%	21.130
2000 年竞争关系（$CS<0.3$）	阿塞拜疆、哈萨克斯坦、沙特	7	5.80%	13.199
2005 年互补关系（$TCI>0.4$）	格鲁吉亚、乌兹别克斯坦、亚美尼亚	22	5.72%	18.935
2005 年互补关系（$TCI>0.3$）	格鲁吉亚、乌兹别克斯坦、亚美尼亚	22	5.71%	18.944
2005 年竞争关系（$CS<0.4$）	格鲁吉亚、乌兹别克斯坦、亚美尼亚	13	5.41%	16.503

续表4-2

网络	相对度数中心度排名前3位的国家	中国排名	相对度数中心势指数	相对度数中心度均值
2005年竞争关系（CS<0.3）	沙特、意大利、中国	3	5.95%	11.203
2010年互补关系（TCI>0.4）	亚美尼亚、乌兹别克斯坦、哈萨克斯坦	23	5.28%	26.965
2010年互补关系（TCI>0.3）	亚美尼亚、乌兹别克斯坦、哈萨克斯坦	23	5.27%	26.993
2010年竞争关系（CS<0.4）	德国、阿塞拜疆、土耳其	5	6.20%	12.569
2010年竞争关系（CS<0.3）	中国、阿塞拜疆、德国	1	6.47%	9.060
2016年互补关系（TCI>0.4）	格鲁吉亚、亚美尼亚、埃及	21	5.45%	19.020
2016年互补关系（TCI>0.3）	格鲁吉亚、亚美尼亚、埃及	21	5.44%	19.053
2016年竞争关系（CS<0.4）	中国、哈萨克斯坦、俄罗斯	1	7.46%	10.171
2016年竞争关系（CS<0.3）	中国、哈萨克斯坦、阿尔及利亚	1	7.62%	7.071
2018年互补关系（TCI>0.4）	利比亚、乌克兰、亚美尼亚	23	6.99%	6.381
2018年互补关系（TCI>0.3）	利比亚、乌克兰、亚美尼亚	23	6.99%	6.385
2018年竞争关系（CS<0.4）	德国、英国、乌兹别克斯坦	9	5.44%	17.85
2018年竞争关系（CS<0.3）	英国、乌兹别克斯坦、沙特	4	5.53%	16.025

4.2.3 竞争互补关系网络的块模型分析

1. 互补关系网络的块模型分析

根据2000年农产品互补关系网络（TCI>0.3）计算密度矩阵和像矩阵。表4-3和表4-4所列结果表明，第一板块属于外部型，板块内部没有显著性互补关系。第一板块以第三板块国家出口计算的TCI超过0.3

的较多,其密度为4.103。该板块共有7个国家,包含俄罗斯、2个中亚国家以及4个西亚国家。第二板块和第三板块也都属于外部型板块,也就是说,这两个板块的国家在"丝绸之路经济带"沿线国家中的贸易互补性较弱。因此,第二板块和第三板块为第四板块提供了更多的出口机会,其互补关系具有被动性。第四板块则属于兼顾型,在贸易网络中占有重要地位。该板块内部有显著互补关系,板块内部密度达到3.866,同时其与第一和第二板块有显著互补关系。这也就说明,第四板块的国家有很强的出口适应性。这一板块有5个国家,分别是埃及、巴基斯坦、阿尔及利亚、伊朗以及格鲁吉亚。

表4-3 2000年农产品互补关系网络(TCI>0.3)密度矩阵

板块	第一板块	第二板块	第三板块	第四板块
第一板块	0.581	0.558	0.260	0.623
第二板块	2.248	1.669	0.911	2.296
第三板块	4.103	3.489	1.648	4.192
第四板块	3.951	3.360	1.602	3.866

注:①第一板块国家有哈萨克斯坦、沙特、塔吉克斯坦、土库曼斯坦、阿塞拜疆、俄罗斯、利比亚,第二板块国家有英国、德国、意大利、亚美尼亚、中国,第三板块国家有乌克兰、乌兹别克斯坦、吉尔吉斯斯坦、法国、印度、土耳其,第四板块国家有埃及、巴基斯坦、阿尔及利亚、伊朗、格鲁吉亚。

②限于篇幅,本书仅在此展示2000年农产品互补关系网络各板块国家,后文中的各板块国家列表从略。

表4-4 2000年农产品互补关系网络(TCI>0.3)像矩阵

板块	第一板块	第二板块	第三板块	第四板块
第一板块	0	0	0	0
第二板块	1	0	0	1
第三板块	1	1	0	1
第四板块	1	1	0	1

表4-5和表4-6所列结果表明,2005年农产品互补关系网络发生了较大变化。第一板块与第二板块依然为外部型。第一板块的国家由7个缩减为6个,分别为哈萨克斯坦、意大利、英国、中国、俄罗斯以及阿塞拜

疆，第二板块的国家由原来的英国、德国、意大利、亚美尼亚以及中国，变为沙特、塔吉克斯坦、土库曼斯坦、阿尔及利亚以及利比亚，这几个国家与其他国家的贸易联系更加密切。第三板块则是兼顾型，其内部密度高达 2.760，和其他板块的密度分别为 3.722、4.494、4.705，都超过 2005 年农产品互补关系网络的整体密度（2.1994），这板块更好地契合了原来的第三板块。第四板块依然为兼顾型，其内部密度高达 3.866，和其他板块的密度分别为 3.257、3.933、2.600，具有很强的内外部互补性。

表 4－5　2005 年农产品互补关系网络（*TCI*＞0.3）密度矩阵

板块	第一板块	第二板块	第三板块	第四板块
第一板块	0.908	1.131	0.902	1.230
第二板块	0.116	0.137	0.084	0.138
第三板块	3.722	4.494	2.760	4.705
第四板块	3.257	3.933	2.600	3.866

表 4－6　2005 年农产品互补关系网络（*TCI*＞0.3）像矩阵

板块	第一板块	第二板块	第三板块	第四板块
第一板块	0	0	0	0
第二板块	0	0	0	0
第三板块	1	1	1	1
第四板块	1	1	1	1

由表 4－7 与表 4－8 来看，2010 年的农产品互补关系网络又发生了很大的变化。此时第一板块为兼顾型，与 2005 年的第三板块类似，只是少了土耳其，多了哈萨克斯坦和阿尔及利亚。该板块内部密度为 2.830，和第四板块的密度更是高达 6.096，远远超过了整体密度（2.4424）。第二板块为兼顾型，相比于第一板块，其互补性略弱，但内外部关系依然较多。第三板块为外部型，该板块主要由原来的第二板块演化而成，以本国出口计算的 *TCI* 大于 0.3 的较少，以第一板块国家出口计算的 *TCI* 超过 0.3 的较多，其密度为 5.384。因此，第三板块对第一板块出口是有利的，第三板块从第一板块进口的机会更多。第四板块为内部型，从密度矩阵来看，第四板块的显著性互补关系主要发生在板块内部。这一板块主要由意

大利、德国、英国、俄罗斯等 7 个国家组成,其贸易互补关系与这些国家的地理位置有很大关系。

表 4-7 2010 年农产品互补关系网络(*TCI*>0.3)密度矩阵

板块	第一板块	第二板块	第三板块	第四板块
第一板块	2.830	4.504	5.384	6.096
第二板块	1.922	2.984	3.792	4.294
第三板块	0.148	0.273	0.304	0.364
第四板块	1.534	2.471	2.954	3.172

表 4-8 2010 年农产品互补关系网络(*TCI*>0.3)像矩阵

板块	第一板块	第二板块	第三板块	第四板块
第一板块	1	1	1	1
第二板块	0	1	1	1
第三板块	0	0	0	0
第四板块	0	1	1	1

根据 2016 年农产品互补关系网络(*TCI*>0.3)计算密度矩阵和像矩阵。表 4-9 和表 4-10 所列结果表明,第一板块和第二板块属于外部型,第三板块和第四板块属于兼顾型。也就是说,第一板块和第二板块的这些国家在"丝绸之路经济带"沿线国家中的贸易互补性较弱,因此第一板块和第二板块为第三板块和第四板块提供了更多的出口机会,其互补关系具有被动性。

表 4-9 2016 年农产品互补关系网络(*TCI*>0.3)密度矩阵

板块	第一板块	第二板块	第三板块	第四板块
第一板块	1.105	1.473	1.160	1.180
第二板块	0.043	0.068	0.033	0.049
第三板块	3.369	4.462	2.944	3.573
第四板块	2.074	2.747	1.908	2.079

表4-10　2016年农产品互补关系网络（*TCI*＞0.3）像矩阵

板块	第一板块	第二板块	第三板块	第四板块
第一板块	0	0	0	0
第二板块	0	0	0	0
第三板块	1	1	1	1
第四板块	1	1	1	1

表4-11和表4-12所列结果表明，在2018年农产品互补关系网络中，第一板块为外部型，第二板块为兼顾型，第三板块为内部型，第四板块为孤立型。具体来看，在第一板块中主要是德国和意大利，与第三板块（沙特、伊朗、利比亚等国家）形成相对显著的互补关系。第三板块内部形成了较为显著的互补关系。同时，第二板块（印度、法国、俄罗斯、巴基斯坦等10个国家）与第三板块有较强的互补关系。这表明第三板块国家在农产品方面为第一及第二板块国家提供了较多的出口机会。从整个密度矩阵及像矩阵来看，第二板块的国家出口适应性最强。

表4-11　2018年农产品互补关系网络（*TCI*＞0.3）密度矩阵

板块	第一板块	第二板块	第三板块	第四板块
第一板块	1.057	1.176	3.616	1.477
第二板块	2.956	3.224	10.090	4.121
第三板块	0.044	0.057	0.221	0.073
第四板块	0.638	0.741	2.079	0.817

表4-12　2018年农产品互补关系网络（*TCI*＞0.3）像矩阵

板块	第一板块	第二板块	第三板块	第四板块
第一板块	0	0	1	0
第二板块	1	1	1	1
第三板块	0	0	0	0
第四板块	0	0	0	0

2. 竞争关系网络的块模型分析

根据2000年农产品竞争关系网络（*CS*＜0.3）计算密度矩阵和像矩

阵。表4－13和表4－14所列结果表明，第一板块、第二板块以及第三板块均为兼顾型，板块内部竞争激烈，同时在三个板块之间也存在显著竞争关系。其中，第一板块的内部密度为0.056，第二板块的内部密度为0.041，而第三板块的内部密度为0.129，因此第三板块的国家之间竞争更加激烈。第一板块包含中亚四国、阿尔及利亚、意大利、沙特、利比亚这8个国家。第二板块有6个国家，分别是英国、阿塞拜疆、土库曼斯坦、德国、俄罗斯以及中国。第三板块有伊朗、法国、埃及、乌克兰、印度、巴基斯坦、土耳其这7个国家。第四板块属于孤立型，与其他国家不产生显著的贸易竞争关系。这一板块有亚美尼亚、格鲁吉亚2个国家。

表4－13　2000年农产品竞争关系网络（*CS*＜0.3）密度矩阵

板块	第一板块	第二板块	第三板块	第四板块
第一板块	0.056	0.215	0.153	0
第二板块	0.206	0.041	0.282	0
第三板块	0.153	0.282	0.129	0
第四板块	0	0	0	0

表4－14　2000年农产品竞争关系网络（*CS*＜0.3）像矩阵

板块	第一板块	第二板块	第三板块	第四板块
第一板块	1	1	1	0
第二板块	1	1	1	0
第三板块	1	1	1	0
第四板块	0	0	0	0

表4－15和表4－16所列结果表明，2005年竞争的基本格局变化较大，并且竞争变得更加激烈。第一板块是兼顾型，主要由2000年的第二板块演化而来。该板块内部具有显著的竞争关系，板块内部密度达到0.117，同时与第二板块之间具有显著的竞争关系。该板块包含7个国家，分别是哈萨克斯坦、沙特、英国、中国、意大利、俄罗斯以及伊朗。第二板块为外部型，主要是与第一板块具有显著竞争关系。该板块由塔吉克斯坦、阿尔及利亚、利比亚以及土库曼斯坦4个国家组成。第三板块是典型的孤立型。该板块由2000年的第一板块演变而来，不过由原来的8个国

家变为 4 个国家，这说明有更多的国家参与到竞争中。第四板块也属于孤立型，因为其与第一板块的竞争关系数少之又少，竞争大多都在板块内发生。该板块主要包含 8 个国家：法国、土耳其、埃及、印度、巴基斯坦、阿塞拜疆、乌克兰以及德国。

表 4-15 2005 年农产品竞争关系网络（CS＜0.3）密度矩阵

板块	第一板块	第二板块	第三板块	第四板块
第一板块	0.117	0.226	0	0.287
第二板块	0.226	0.008	0	0
第三板块	0	0	0.266	0
第四板块	0.287	0	0	0.112

表 4-16 2005 年农产品竞争关系网络（CS＜0.3）像矩阵

	第一板块	第二板块	第三板块	第四板块
第一板块	1	1	0	1
第二板块	1	0	0	0
第三板块	0	0	1	0
第四板块	1	0	0	1

表 4-17 和表 4-18 所列结果表明，2010 年竞争的基本格局变化较大，并且竞争变得更加激烈。第一板块是典型的内部型，由 2005 年的第三板块演化而来。该板块内部具有显著的竞争关系，板块内部密度达到 0.067。该板块依然包含 4 个国家，但此时哈萨克斯坦代替了格鲁吉亚。第二板块也是典型的内部型，包含 3 个国家：埃及、格鲁吉亚和乌克兰。第三板块与第四模块则是兼顾型，板块内部竞争激烈，同时在两个板块之间也产生显著竞争关系。其中，第三板块的内部密度为 0.118，第四板块的内部密度为 0.140，所以第四板块内部竞争更加激烈。第三板块共包含 9 个国家，分别为土库曼斯坦、中国、塔吉克斯坦、英国、阿塞拜疆、阿尔及利亚、利比亚、沙特和德国。第四板块则由原来的第四板块演化而成，主要包含 7 个国家：法国、土耳其、俄罗斯、印度、巴基斯坦、意大利和伊朗。

表 4-17 2010 年农产品竞争关系网络（CS<0.3）密度矩阵

板块	第一板块	第二板块	第三板块	第四板块
第一板块	0.067	0	0	0
第二板块	0	0.086	0	0
第三板块	0	0	0.118	0.178
第四板块	0	0	0.178	0.140

表 4-18 2010 年农产品竞争关系网络（CS<0.3）像矩阵

板块	第一板块	第二板块	第三板块	第四板块
第一板块	1	0	0	0
第二板块	0	1	0	0
第三板块	0	0	1	1
第四板块	0	0	1	1

表 4-19 和表 4-20 所列结果表明，2016 年竞争的基本格局变化较大，并且竞争变得更加激烈。第一板块是兼顾型，仅有 2 个国家：哈萨克斯坦和中国。这说明 2016 年两国之间竞争激烈，并且与第二和第四板块的国家间竞争也激烈。第二板块也是兼顾型，是由原来的第三板块演化而来，此时与第四板块竞争加剧。该板块包含 10 个国家，分别是土库曼斯坦、乌克兰、塔吉克斯坦、英国、阿塞拜疆、阿尔及利亚、利比亚、沙特、伊朗和德国。第三板块则是典型的内部型，由原来的第二板块演化而来，变化不大。第四板块是兼顾型，由原来的第四板块演化而来，主要包含 8 个国家：法国、土耳其、俄罗斯、印度、巴基斯坦、英国、意大利和格鲁吉亚。

表 4-19 2016 年农产品竞争关系网络（CS<0.3）密度矩阵

板块	第一板块	第二板块	第三板块	第四板块
第一板块	0.293	0.180	0	0.203
第二板块	0.162	0.020	0	0.213
第三板块	0	0	0.056	0
第四板块	0.145	0.213	0	0.147

表4-20 2016年农产品竞争关系网络（*CS*<0.3）像矩阵

	第一板块	第二板块	第三板块	第四板块
第一板块	1	1	0	1
第二板块	1	0	0	1
第三板块	0	0	1	0
第四板块	1	1	0	1

表4-21和表4-22所列结果表明，2018年各个板块都存在较强的内部竞争，特别是第四板块完全属于内部型。同时，第一板块与第二、第三板块之间竞争激烈。第四板块的国家主要为乌克兰、亚美尼亚及格鲁吉亚，可推测地域性及文化相似性导致这三个国家在农产品出口中存在较强的内部竞争，同时给其他国家带来了农产品出口优势。

表4-21 2018年农产品竞争关系网络（*CS*<0.3）密度矩阵

板块	第一板块	第二板块	第三板块	第四板块
第一板块	0.122	0.217	0.241	0
第二板块	0.217	0.052	0	0
第三板块	0.241	0	0.150	0
第四板块	0	0	0	0.256

表4-22 2018年农产品竞争关系网络（*CS*<0.3）像矩阵

	第一板块	第二板块	第三板块	第四板块
第一板块	1	1	1	0
第二板块	1	1	0	0
第三板块	1	0	1	0
第四板块	0	0	0	1

4.3 "丝绸之路经济带"矿产品贸易网络的竞争性与互补性分析

4.3.1 竞争互补关系网络的密度分析

从表4-23来看，$TCI>0.3$ 和 $TCI>0.4$ 的矿产品互补关系网络密度在2000年分别为4.1622和4.1533，到2005年则下降至1.6672和1.6500，2010年继续下降至1.1806和1.1693，这说明沿线国家之间的贸易在保持增长的同时，矿产品进出口结构持续恶化，产业互补性减弱。而到了2016年又出现转折，两数据分别上升到2.1221和2.1078，说明沿线国家之间的矿产品进出口结构又出现了改善，产业互补性增强。2018年，两数据又分别下降至1.4129和1.4026。这说明矿产品进出口在贸易增长中具有结构不确定性，表现为各国矿产品互补关系的不牢固性以及局势的不稳定性。

从表4-23来看，矿产品竞争关系网络密度则经历了先急速上升后逐渐下降的趋势。同时可以看出，矿产品的互补性及竞争性的变化存在一定的关联，也存在不稳定性，但总体来看，互补关系明显强于竞争关系，说明"丝绸之路经济带"沿线国家在矿产品贸易中具有较大的经贸合作空间。

表4-23 矿产品竞争互补关系网络的密度

贸易网络	网络密度	显著贸易关系数	贸易网络	网络密度	显著贸易关系数
2000年互补关系（$TCI>0.3$）	4.1622	246	2000年互补关系（$TCI>0.4$）	4.1533	233
2000年竞争关系（$CS<0.3$）	0.0190	151	2000年竞争关系（$CS<0.4$）	0.0386	179
2005年互补关系（$TCI>0.3$）	1.6672	237	2005年互补关系（$TCI>0.4$）	1.6500	212
2005年竞争关系（$CS<0.3$）	0.0530	241	2005年竞争关系（$CS<0.4$）	0.0717	269

贸易网络	网络密度	显著贸易关系数	贸易网络	网络密度	显著贸易关系数
2010 年互补关系（$TCI>0.3$）	1.1806	217	2010 年互补关系（$TCI>0.4$）	1.1693	200
2010 年竞争关系（$CS<0.3$）	0.0332	197	2010 年竞争关系（$CS<0.4$）	0.0648	241
2016 年互补关系（$TCI>0.3$）	2.1221	215	2016 年互补关系（$TCI>0.4$）	2.1078	194
2016 年竞争关系（$CS<0.3$）	0.0298	224	2016 年竞争关系（$CS<0.4$）	0.0459	253
2018 年互补关系（$TCI>0.3$）	1.4129	201	2018 年互补关系（$TCI>0.4$）	1.4026	186
2018 年竞争关系（$CS<0.3$）	0.0281	229	2018 年竞争关系（$CS<0.4$）	0.0523	265

4.3.2 竞争互补关系网络的中心性分析

对比 2000 年、2005 年、2010 年、2016 年、2018 年的数据（见表 4－24）可以看出，$TCI>0.4$ 和 $TCI>0.3$ 的矿产品互补关系网络的相对度数中心势波动较大，特别是 2000—2005 年出现骤降，而在 2005—2016 年则呈现平缓上涨趋势。$CS<0.4$ 和 $CS<0.3$ 的矿产品竞争关系网络的相对度数中心势则呈现出轻微波动。这说明矿产品贸易越来越向某几个国家集中，这可能与矿产品的特性有关。

下面进一步分析每个贸易网络的中心性国家。在矿产品互补关系网络中，在 $TCI>0.3$ 的标准下，2000 年，阿尔及利亚的相对度数中心度排第 2 位，2005—2016 年，阿尔及利亚一直排第 1 位，直至 2018 年，阿塞拜疆占据第 1 位。在 $TCI>0.4$ 的标准下，矿产品互补关系网络的中心性并没有太大变化。在整个矿产品互补关系网络中，中国的相对度数中心度排名从 20 名开外逐渐走向前 10，表明中国的矿产品互补性能力逐渐增强。

从表 4－24 还可以看出，在矿产品竞争关系网络中，随着显著性标准和时间的变化，处于最中心位置的国家也在不断变化，但这些国家主要是法国、意大利以及中亚国家等。中国在矿产品竞争关系网络中的重要性排名也比较靠前，但波动很大，比如在 2000 年 $CS<0.3$ 和 $CS<0.4$ 的竞争关系网络中，其相对度数中心度排名为第 2 位和第 5 位，而 2005 年跌落

至第 9 位和第 10 位，2010 年更跌落为第 11 位和第 16 位。除 2010 年外，中国与"丝绸之路经济带"沿线国家之间的矿产品贸易竞争还是比较激烈。

表 4-24　矿产品竞争互补关系网络的中心性分析指标

网络	相对度数中心度排名前 3 位的国家	中国排名	相对度数中心势指数	相对度数中心度均值
2000 年互补关系（TCI>0.4）	乌克兰、阿尔及利亚、土库曼斯坦	21	13.77%	3.546
2000 年互补关系（TCI>0.3）	乌克兰、阿尔及利亚、土库曼斯坦	21	13.75%	3.548
2000 年竞争关系（CS<0.4）	英国、格鲁吉亚、法国	5	7.36%	9.688
2000 年竞争关系（CS<0.3）	法国、中国、乌克兰	2	6.84%	6.356
2005 年互补关系（TCI>0.4）	阿尔及利亚、伊朗、阿塞拜疆	19	6.65%	12.974
2005 年互补关系（TCI>0.3）	阿尔及利亚、伊朗、阿塞拜疆	19	6.60%	13.061
2005 年竞争关系（CS<0.4）	乌克兰、印度、亚美尼亚	10	5.95%	19.408
2005 年竞争关系（CS<0.3）	印度、亚美尼亚、法国	9	6.47%	18.470
2010 年互补关系（TCI>0.4）	阿尔及利亚、哈萨克斯坦、阿塞拜疆	8	6.74%	11.833
2010 年互补关系（TCI>0.3）	阿尔及利亚、哈萨克斯坦、阿塞拜疆	8	6.71%	11.889
2010 年竞争关系（CS<0.4）	乌克兰、英国、法国	11	6.78%	16.267
2010 年竞争关系（CS<0.3）	法国、意大利、土耳其	16	6.42%	11.182
2016 年互补关系（TCI>0.4）	阿尔及利亚、阿塞拜疆、哈萨克斯坦	7	7.79%	11.397
2016 年互补关系（TCI>0.3）	阿尔及利亚、阿塞拜疆、亚美尼亚	7	7.77%	11.416

网络	相对度数中心度排名前3位的国家	中国排名	相对度数中心势指数	相对度数中心度均值
2016年竞争关系（CS＜0.4）	意大利、法国、格鲁吉亚	9	7.67%	11.645
2016年竞争关系（CS＜0.3）	意大利、格鲁吉亚、法国	6	7.66 %	9.931
2018年互补关系（TCI＞0.4）	阿塞拜疆、哈萨克斯坦、俄罗斯	7	8.12%	8.125
2018年互补关系（TCI＞0.3）	阿塞拜疆、哈萨克斯坦、俄罗斯	7	8.10%	8.146
2018年竞争关系（CS＜0.4）	法国、意大利、格鲁吉亚	9	7.01%	13.265
2018年竞争关系（CS＜0.3）	法国、意大利、格鲁吉亚	5	7.08%	10.717

4.3.3 竞争互补关系网络的块模型分析

1. 互补关系网络的块模型分析

根据2000年矿产品互补关系网络（TCI＞0.3）计算密度矩阵和像矩阵。表4-25和表4-26所列结果表明，第一板块属于外部型，板块内部没有显著性互补关系，但和第三板块、第四板块形成较强的互补关系，这主要是因为该板块中的俄罗斯、伊朗和阿尔及利亚等为石油出口国。第三、第四板块中的国家大多是石油进口国，例如中国、法国、意大利、德国等，相互之间的互补性更弱。第二板块仅有沙特一国，为孤立型。

表4-25　2000年矿产品互补关系网络（TCI＞0.3）密度矩阵

板块	第一板块	第二板块	第三板块	第四板块
第一板块	2.905	0	18.032	4.504
第二板块	0	—	0	0
第三板块	0	0	0.125	0.016
第四板块	0.173	0	1.526	0.237

表 4-26 2000 年矿产品互补关系网络（*TCI*＞0.3）像矩阵

板块	第一板块	第二板块	第三板块	第四板块
第一板块	0	0	1	1
第二板块	0	0	0	0
第三板块	0	0	0	0
第四板块	0	0	0	0

表 4-27 和表 4-28 所列结果表明，2005 年矿产品互补关系网络发生了较大变化。从国家分布来看，矿产品出口国家形成了更加稳定的板块，如俄罗斯、阿塞拜疆、伊朗以及阿尔及利亚形成较为巩固的第二板块，而矿产品进口国家中国、法国、意大利及小的石油输出国形成第三板块。从板块类型来看，第一板块为兼顾型，其内部密度高达 4.901。该板块包含哈萨克斯坦、埃及两个国家。第二板块也为兼顾型，其内部密度为 2.537。第三板块与第四板块则是外部型，内部的互补性不强，但为第一板块、第二板块提供了更多的出口机会。

表 4-27 2005 年矿产品互补关系网络（*TCI*＞0.3）密度矩阵

板块	第一板块	第二板块	第三板块	第四板块
第一板块	4.901	1.909	5.933	2.371
第二板块	6.578	2.537	7.847	3.137
第三板块	0.167	0.037	0.216	0.049
第四板块	0.481	0.106	0.596	0.127

表 4-28 2005 年矿产品互补关系网络（*TCI*＞0.3）像矩阵

板块	第一板块	第二板块	第三板块	第四板块
第一板块	1	1	1	1
第二板块	1	1	1	1
第三板块	0	0	0	0
第四板块	0	0	0	0

由表 4-29 与表 4-30 来看，2010 年的矿产品互补关系网络中，各个板块的国家较 2005 年变化不大，但板块类型发生了变化。第一板块由兼

顾型变为外部型，说明其内部互补性在不断减弱。第四板块相对孤立。第一板块国家对第四板块国家有较强的依赖性，第四板块国家（德国、法国、中国、意大利等）从第一、二板块国家进口的机会更多。

表4-29　2010年矿产品互补关系网络（*TCI*>0.3）密度矩阵

板块	第一板块	第二板块	第三板块	第四板块
第一板块	0.998	2.968	3.832	5.610
第二板块	0.231	0.687	1.242	1.808
第三板块	0.078	0.482	0.717	1.055
第四板块	0	0.026	0.040	0.101

表4-30　2010年矿产品互补关系网络（*TCI*>0.3）像矩阵

板块	第一板块	第二板块	第三板块	第四板块
第一板块	0	1	1	1
第二板块	0	0	1	1
第三板块	0	0	0	0
第四板块	0	0	0	0

根据2016年矿产品互补关系网络（*TCI*>0.3）计算密度矩阵和像矩阵。表4-31和表4-32所列结果表明，第一板块仅有哈萨克斯坦一国，为典型的外部型。第二板块依然为兼顾型，且依然对第三、第四板块有很强的出口依赖性（互补性）。值得注意的是，第四板块（由英国、埃及以及印度组成）对第三板块的互补性增强（目前显示不显著）。

表4-31　2016年矿产品互补关系网络（*TCI*>0.3）密度矩阵

板块	第一板块	第二板块	第三板块	第四板块
第一板块	—	2.720	9.974	4.856
第二板块	8.532	3.388	12.973	6.316
第三板块	0.101	0.033	0.226	0.081
第四板块	1.266	0.484	1.905	0.837

表4-32 2016年矿产品互补关系网络（TCI＞0.3）像矩阵

板块	第一板块	第二板块	第三板块	第四板块
第一板块	0	1	1	1
第二板块	1	1	1	1
第三板块	0	0	0	0
第四板块	0	0	0	0

根据2018年矿产品互补关系网络（TCI＞0.3）计算密度矩阵和像矩阵。表4-33和表4-34所列结果表明，2018年第一板块的矿产品互补关系与2005年第一板块的矿产品互补关系具有很高的相似度，并且能够说明第一板块的兼顾性在逐渐增强，尤其是对第三板块国家而言。而第二板块较2010年变化不大，主要是因为第二板块对第三板块的互补性也在增强。这说明随着时间推移，第一板块与第二板块国家的矿产品出口对第三板块国家的进口能力的依赖性在不断增强。

表4-33 2018年矿产品互补关系网络（TCI＞0.3）密度矩阵

板块	第一板块	第二板块	第三板块	第四板块
第一板块	3.526	5.065	9.495	5.415
第二板块	0.959	1.328	2.683	1.544
第三板块	0.023	0.040	0.141	0.049
第四板块	0.265	0.564	1.019	0.602

表4-34 2018年矿产品互补关系网络（TCI＞0.3）像矩阵

板块	第一板块	第二板块	第三板块	第四板块
第一板块	1	1	1	1
第二板块	0	0	1	1
第三板块	0	0	0	0
第四板块	0	0	0	0

2. 竞争关系网络的块模型分析

根据2000年矿产品竞争关系网络（CS＜0.3）计算密度矩阵和像矩阵。表4-35和表4-36所列结果表明，第一板块为内部型，与其他国家不存在显著的贸易竞争关系。这一板块有哈萨克斯坦、阿尔及利亚、俄罗斯、伊朗等国家。第二板块也为内部型。从第一板块及第二板块内部来看，板块内国家都为矿产品出口国家，故在矿产品出口中存在较强的内部竞争。第三板块和第四板块都为兼顾型，板块内部竞争激烈。而第三板块与第四板块之间存在较大的竞争。第三板块主要包含德国、英国、印度以及土耳其等国家。第四板块由中国、法国、意大利以及乌克兰组成。这两个板块的国家主要是矿产品进口国家。

表 4－35　2000 年矿产品竞争关系网络（*CS*＜0.3）密度矩阵

板块	第一板块	第二板块	第三板块	第四板块
第一板块	0.024	0	0	0
第二板块	0	0.132	0	0
第三板块	0	0	0.012	0.083
第四板块	0	0	0.083	0.040

表 4－36　2000 年矿产品竞争关系网络（*CS*＜0.3）像矩阵

板块	第一板块	第二板块	第三板块	第四板块
第一板块	1	0	0	0
第二板块	0	1	0	0
第三板块	0	0	0	1
第四板块	0	0	1	1

表 4－37 和表 4－38 所列结果表明，2005 年竞争的基本格局变化较大，并且竞争变得更加激烈。第一板块为孤立型，主要由 2000 年的第一板块演化而来，包含哈萨克斯坦、阿尔及利亚、俄罗斯、伊朗、埃及等国家。埃及的加入，中和了该板块内部的竞争性。第二板块为外部型，由原来的第二板块、第三板块结合而成。该板块主要与第三板块以及第四板块形成显著竞争关系，这主要是因为印度、法国以及巴基斯坦进入第二板块，使得其外部竞争性增强。第三、第四板块是外部型，同时第三板块与第四板块的竞争性在逐渐增强。

表 4-37　2005 年矿产品竞争关系网络（*CS* < 0.3）密度矩阵

板块	第一板块	第二板块	第三板块	第四板块
第一板块	0.010	0	0	0
第二板块	0	0.031	0.174	0.125
第三板块	0	0.174	0.004	0.095
第四板块	0	0.125	0.095	0.036

表 4-38　2005 年矿产品竞争关系网络（*CS* < 0.3）像矩阵

板块	第一板块	第二板块	第三板块	第四板块
第一板块	0	0	0	0
第二板块	0	0	1	1
第三板块	0	1	0	1
第四板块	0	1	1	0

表 4-39 和表 4-40 所列结果表明，2010 年竞争的基本格局变化不大，各个板块类型不变，但内部国家有所变化。特别是第四板块仅由英国及乌克兰组成。第二板块变化较大，新加入格鲁吉亚、意大利以及土耳其，但并不影响其与其他板块的竞争关系。中国与德国由原来的第四板块变到第三板块，而英国与乌克兰从第三板块变到第四板块。另外，英国与德国、中国之间，在矿产品贸易中存在激烈竞争。

表 4-39　2010 年矿产品竞争关系网络（*CS* < 0.3）密度矩阵

板块	第一板块	第二板块	第三板块	第四板块
第一板块	0.024	0.013	0	0.008
第二板块	0.013	0.017	0.082	0.217
第三板块	0	0.082	0.014	0
第四板块	0.008	0.217	0	0.039

表 4-40　2010 年矿产品竞争关系网络（*CS* < 0.3）像矩阵

板块	第一板块	第二板块	第三板块	第四板块
第一板块	0	0	0	0

续表4-40

板块	第一板块	第二板块	第三板块	第四板块
第二板块	0	0	1	1
第三板块	0	1	0	0
第四板块	0	1	0	1

表4-41和表4-42所列结果表明，2016年竞争的基本格局变化巨大。第一板块在2016年依然为孤立型。第二、第三板块为外部型，第二板块与第三板块竞争激烈。第四板块变为孤立型，仅有英国一国。

表4-41 2016年矿产品竞争关系网络（*CS*<0.3）密度矩阵

板块	第一板块	第二板块	第三板块	第四板块
第一板块	0.006	0	0	0.014
第二板块	0	0.026	0.151	0.075
第三板块	0	0.151	0.017	0
第四板块	0.014	0.075	0	—

表4-42 2016年矿产品竞争关系网络（*CS*<0.3）像矩阵

	第一板块	第二板块	第三板块	第四板块
第一板块	0	0	0	0
第二板块	0	0	1	1
第三板块	0	1	0	0
第四板块	0	0	0	0

表4-43和表4-44所列结果表明，2018年竞争的基本格局变化较大，并且竞争变得更加激烈。第一板块变为外部型，第二板块变为内部型，第三板块变为兼顾型，第四板块变为外部型。特别是第三板块在国家数量增加的过程中，内外部竞争变得越来越激烈。

表4-43 2018年矿产品竞争关系网络（*CS*<0.3）密度矩阵

板块	第一板块	第二板块	第三板块	第四板块
第一板块	0.004	0	0.052	0.037

板块	第一板块	第二板块	第三板块	第四板块
第二板块	0	0.076	0	0.078
第三板块	0.052	0	0.033	0
第四板块	0.037	0.078	0	0.001

表4-44　2018年矿产品竞争关系网络（$CS<0.3$）像矩阵

板块	第一板块	第二板块	第三板块	第四板块
第一板块	0	0	1	1
第二板块	0	1	0	1
第三板块	1	0	1	0
第四板块	1	1	0	0

4.4　"丝绸之路经济带"工业品贸易网络的竞争性与互补性分析

4.4.1　竞争互补关系网络的密度分析

从表4-45来看，$TCI>0.3$和$TCI>0.4$的工业品互补关系网络密度在2000年分别为0.4125和0.3853，到2005年则上升至0.6019和0.5800，2010年继续上升至0.6542和0.6413，11年间分别上升了58.59%和66.44%，这说明沿线国家之间的贸易在保持增长的同时，工业品进出口结构持续改善，产业互补性增强。而到了2016年出现转折，两数据分别下降到了0.4587和0.4365，与2010年相比分别下降了29.88%和31.93%，说明2010—2016年沿线国家之间的贸易在保持增长的同时，工业品进出口结构又出现了恶化，产业互补性减弱。但总体来说，2000—2016年工业品进出口结构是在改善的。

从表4-45来看，工业品竞争关系网络密度则基本呈上升趋势。2000年$CS<0.3$和$CS<0.4$的工业品竞争关系网络密度分别为0.0573和0.1103，到2018年上升到0.0649和0.1121，说明2000—2018年沿线国家之间的贸易竞争在增强。但从表4-45可以看出，总体上互补关系明显

强于竞争关系。

表 4-45　工业品竞争互补关系网络的密度

贸易网络	网络密度	显著贸易关系数	贸易网络	网络密度	显著贸易关系数
2000 年互补关系（$TCI>0.3$）	0.4125	257	2000 年互补关系（$TCI>0.4$）	0.3853	219
2000 年竞争关系（$CS<0.3$）	0.0573	293	2000 年竞争关系（$CS<0.4$）	0.1103	369
2005 年互补关系（$TCI>0.3$）	0.6019	316	2005 年互补关系（$TCI>0.4$）	0.5800	285
2005 年竞争关系（$CS<0.3$）	0.0789	305	2005 年竞争关系（$CS<0.4$）	0.1106	351
2010 年互补关系（$TCI>0.3$）	0.6542	358	2010 年互补关系（$TCI>0.4$）	0.6413	339
2010 年竞争关系（$CS<0.3$）	0.0732	305	2010 年竞争关系（$CS<0.4$）	0.1256	381
2016 年互补关系（$TCI>0.3$）	0.4587	290	2016 年互补关系（$TCI>0.4$）	0.4365	256
2016 年竞争关系（$CS<0.3$）	0.0731	321	2016 年竞争关系（$CS<0.4$）	0.1044	367
2018 年互补关系（$TCI>0.3$）	0.5695	309	2018 年互补关系（$TCI>0.4$）	0.5550	288
2018 年竞争关系（$CS<0.3$）	0.0649	232	2018 年竞争关系（$CS<0.4$）	0.1121	162

4.4.2　竞争互补关系网络的中心性分析

对比 2000 年、2005 年、2010 年、2016 年的数据（见表 4-46）可以看出，$TCI>0.4$ 和 $TCI>0.3$ 的工业品互补关系网络的相对度数中心势波动并不大，总体呈现下降趋势。而 $CS<0.4$ 和 $CS<0.3$ 的工业品竞争关系网络的相对度数中心势基本呈现了平稳的趋势，说明这些年来，在"丝绸之路经济带"中互补关系减弱，竞争关系越来越强。

下面进一步分析每个贸易网络的中心性国家。在工业品互补关系网络中，在 $TCI>0.3$ 的标准下，德国的相对度数中心度排名除在 2010 年没有进入前三外，其他年份均进入前三。中国的相对度数中心度排名在

2010 年开始进入前三,甚至在 2016 年位列第一。这说明近年来,中国与"丝绸之路经济带"沿线国家的工业品互补性增强,这也有利于我国的出口。在 $TCI>0.4$ 的标准下,工业品互补关系网络的中心性并没有太大变化。

从表 4-46 可以看出,在工业品竞争关系网络中,竞争性更强的不是西欧国家,反而是俄罗斯、埃及以及格鲁吉亚等国家。这主要是因为这些国家出口较少,大多从中国及西欧国家进口工业品,其出口商品重叠度过高,使得他们之间的竞争性反而远远高于西欧国家。我们也可以看出,中国在竞争关系网络中的中心性排名波动较大,但一直处于靠后位置,这说明在工业品方面,中国与欧洲国家之间的竞争性增强且互补性也在逐渐增强,体现了中国在工业品方面生产多元化,能够满足"丝绸之路经济带"沿线国家的需求,增强了产品的互补性。

表 4-46 工业品竞争互补关系网络的中心性分析指标

网络	相对度数中心度排名前 3 位的国家	中国排名	相对度数中心势指数	相对度数中心度均值
2000 年互补关系 ($TCI>0.4$)	土耳其、意大利、德国	7	33.18%	47.387
2000 年互补关系 ($TCI>0.3$)	土耳其、意大利、德国	6	31.16%	50.367
2000 年竞争关系 ($CS<0.4$)	格鲁吉亚、埃及、俄罗斯	8	32.20%	29.581
2000 年竞争关系 ($CS<0.3$)	埃及、格鲁吉亚、俄罗斯	20	39.26%	20.627
2005 年互补关系 ($TCI>0.4$)	德国、沙特、巴基斯坦	4	53.58%	28.981
2005 年互补关系 ($TCI>0.3$)	德国、沙特、巴基斯坦	4	52.87%	29.627
2005 年竞争关系 ($CS<0.4$)	亚美尼亚、格鲁吉亚、吉尔吉斯斯坦	22	28.94%	28.294
2005 年竞争关系 ($CS<0.3$)	格鲁吉亚、吉尔吉斯斯坦、意大利	22	38.28%	26.557
2010 年互补关系 ($TCI>0.4$)	沙特、哈萨克斯、中国	3	29.44%	58.359

网络	相对度数中心度排名前3位的国家	中国排名	相对度数中心势指数	相对度数中心度均值
2010年互补关系（TCI>0.3）	沙特、哈萨克斯、中国	3	28.89%	58.858
2010年竞争关系（CS<0.4）	埃及、伊朗、印度	15	25.67%	31.677
2010年竞争关系（CS<0.3）	吉尔吉斯斯坦、亚美尼亚、格鲁吉亚	10	34.71%	25.040
2016年互补关系（TCI>0.4）	中国、德国、英国	1	32.32%	51.166
2016年互补关系（TCI>0.3）	中国、德国、英国	1	30.74%	52.609
2016年竞争关系（CS<0.4）	埃及、格鲁吉亚、吉尔吉斯斯坦	21	33.32%	26.699
2016年竞争关系（CS<0.3）	格鲁吉亚、吉尔吉斯斯坦、埃及	9	53.16%	24.370
2018年互补关系（TCI>0.4）	中国、德国、英国	1	23.51%	39.683
2018年互补关系（TCI>0.3）	中国、德国、英国	1	22.81%	40.323
2018年竞争关系（CS<0.4）	埃及、格鲁吉亚、吉尔吉斯斯坦	21	33.57%	29.289
2018年竞争关系（CS<0.3）	格鲁吉亚、吉尔吉斯斯坦、埃及	9	31.39%	21.690

4.4.3　竞争互补关系网络的块模型分析

1. 互补关系网络的块模型分析

根据2000年工业品互补关系网络（TCI>0.3）计算密度矩阵和像矩阵。表4—47和表4—48所列结果表明，第一、第二和第三板块都属于外部型，板块内部没有显著的互补关系，但对于第四板块国家以出口计算的TCI超过0.3的较多，其密度分别为0.973、0.950和0.585。这说明这些国家在"丝绸之路经济带"沿线国家中的贸易互补性较弱，因此，第一、第二和第三板块为第四板块提供了更多的出口机会，其互补关系具有被动性。第一板块主要包含9个国家，分别为哈萨克斯坦、吉尔吉斯斯坦、利比亚、土库曼斯坦、乌兹别克斯坦、伊朗、沙特、阿塞拜疆和阿尔及利亚。第二板块包含了埃及、俄罗斯、亚美尼亚和格鲁吉亚这四个国家。第三板块包含了印度和塔吉克斯坦两个国家。第四板块则属于兼顾型，在贸易网络中占有重要地位。第四板块内部有显著的互补关系，内部密度达到 1.046，同时其与其他三个板块均有显著的互补关系，这说明第四板块的国家有很强的出口适应性。第四板块一共有 8 个国家，分别为中国、英国、德国、法国、乌克兰、意大利、土耳其以及巴基斯坦。

表 4-47　2000 年工业品互补关系网络（*TCI*＞0.3）密度矩阵

板块	第一板块	第二板块	第三板块	第四板块
第一板块	0	0	0	0
第二板块	0.360	0.301	0	0.381
第三板块	0.455	0.423	0	0.585
第四板块	0.973	0.950	0	1.046

表 4-48　2000 年工业品互补关系网络（*TCI*＞0.3）像矩阵

板块	第一板块	第二板块	第三板块	第四板块
第一板块	0	0	0	0
第二板块	0	0	0	0
第三板块	1	1	0	1
第四板块	1	1	0	1

表 4-49 和表 4-50 所列结果表明，2005 年工业品互补关系网络发生了较大变化。第一板块与第二板块依然为外部型，板块内部没有显著的互补关系，但对于第四板块国家以出口计算的 *TCI* 超过 0.3 的较多，其密度分别为 1.400 和 1.547，说明第一板块和第二板块为第四板块提供了更多的出口机会。与 2000 年相比，第一板块变化不大，仅国家数由原来的 9 个减少为 8 个（少了吉尔吉斯斯坦）。第二板块包含埃及和俄罗斯两个国家。第三板块和第四板块均为兼顾型，第三板块的内部密度高达 0.750，而第四板块的内部密度为 1.437，相较而言第四板块的内部互补性更强。第三板块包括 8 个国家，分别为印度、意大利、格鲁吉亚、巴基斯坦、吉尔吉斯斯坦、法国、亚美尼亚和英国。相较于 2000 年，第四板

块的内外部互补性均增强。该板块共包含 5 个国家：德国、中国、土耳其、乌克兰和沙特。

表 4-49 2005 年工业品互补关系网络（*TCI*>0.3）密度矩阵

板块	第一板块	第二板块	第三板块	第四板块
第一板块	0	0	0	0
第二板块	0.308	0.379	0.252	0.300
第三板块	0.770	0.866	0.750	0.814
第四板块	1.400	1.547	1.349	1.437

表 4-50 2005 年工业品互补关系网络（*TCI*>0.3）像矩阵

板块	第一板块	第二板块	第三板块	第四板块
第一板块	0	0	0	0
第二板块	0	0	0	0
第三板块	1	1	1	1
第四板块	1	1	1	1

由表 4-51 与表 4-52 来看，2010 年的工业品互补关系网络各个板块发生了很大变化。此时第一板块及第二板块为兼顾型。这两个板块是由 2005 年的第三板块和第四板块演化而来，但内部互补性发生变化，第一板块内部密度为 1.132，第二板块内部密度为 0.919，即第一板块的内部互补性更强。第一板块主要有哈萨克斯坦、沙特、土耳其、中国和意大利这 5 个国家，第二板块则包括了 7 个国家，分别是英国、埃及、德国、格鲁吉亚、法国、巴基斯坦以及乌克兰。第三板块和第四板块是外部型。由于第一板块的强大外部互补性，第三板块与第四板块的内部互补性并不显著，而都与第一板块有显著互补关系，这说明第三板块和第四板块对第一板块的出口有利，而第三板块和第四板从第一板块进口的机会更多。第三板块包含印度、吉尔吉斯斯坦、伊朗和亚美尼亚。第四板块包含利比亚、土库曼斯坦、乌兹别克斯坦、俄罗斯、塔吉克斯坦、阿塞拜疆和阿尔及利亚这 7 个国家。

表 4-51 2010 年工业品互补关系网络（*TCI*>0.3）密度矩阵

板块	第一板块	第二板块	第三板块	第四板块
第一板块	1.132	1.214	1.291	1.261
第二板块	0.858	0.919	0.979	0.956
第三板块	0.525	0.577	0.609	0.591
第四板块	0.009	0.012	0.023	0.023

表 4-52 2010 年工业品互补关系网络（*TCI*>0.3）像矩阵

板块	第一板块	第二板块	第三板块	第四板块
第一板块	1	1	1	1
第二板块	1	1	1	1
第三板块	0	0	0	0
第四板块	0	0	0	0

根据 2016 年工业品互补关系网络（*TCI*>0.3）计算密度矩阵和像矩阵。表 4-53 和表 4-54 所列结果表明，第一板块和第二板块为外部型，这些国家在"丝绸之路经济带"沿线国家中的贸易互补性较弱，以本国出口计的 *TCI* 均小于 0.3，仅以第四板块国家出口计的 *TCI* 大于 0.3，其密度分别为 0.888 和 0.641。因此，第一板块和第二板块对第四板块的出口是有利的，第一板块和第二板块从第四板块进口的机会更多。第一板块包含俄罗斯、乌克兰以及部分中亚国家、西亚国家等 10 个国家。第二板块仅有亚美尼亚一个国家。第三和第四板块则是兼顾型，从内外部互补关系来看第四板块都强于第三板块，第四板块强势互补关系十分明显。第四板块包含巴基斯坦、法国、德国、英国、中国、土耳其、意大利、沙特等国家。

表 4-53 2016 年工业品互补关系网络（*TCI*>0.3）密度矩阵

板块	第一板块	第二板块	第三板块	第四板块
第一板块	0.007	0	0.016	0.028
第二板块	0.194	0	0.250	0.330
第三板块	0.567	0.418	0.664	0.695
第四板块	0.888	0.641	1.022	1.064

表 4-54　2016 年工业品互补关系网络（*TCI*＞0.3）像矩阵

板块	第一板块	第二板块	第三板块	第四板块
第一板块	0	0	0	0
第二板块	0	0	0	0
第三板块	1	0	1	1
第四板块	1	1	1	1

根据 2018 年工业品互补关系网络（*TCI*＞0.3）计算密度矩阵和像矩阵。表 4-55 和表 4-56 所列结果表明，第一板块和第二板块为外部型，与 2016 年相比变化不大，这些国家在"丝绸之路经济带"沿线国家中的贸易互补性较弱。而第三板块和第四板块依然是兼顾型，但第三板块与第一板块以及第二板块的互补性逐渐增强。第三板块和第四板块由原来的第三、第四板块重新组合而成，例如原来在第四板块的英国发展至第三板块。

表 4-55　2018 年工业品互补关系网络（*TCI*＞0.3）密度矩阵

板块	第一板块	第二板块	第三板块	第四板块
第一板块	0.016	0	0.010	0
第二板块	0.333	0	0.254	0.229
第三板块	0.857	0.722	0.781	0.766
第四板块	1.256	1.059	1.152	1.122

表 4-56　2018 年工业品互补关系网络（*TCI*＞0.3）像矩阵

板块	第一板块	第二板块	第三板块	第四板块
第一板块	0	0	0	0
第二板块	0	0	0	0
第三板块	1	1	1	1
第四板块	1	1	1	1

2. 竞争关系网络的块模型分析

根据 2000 年工业品竞争关系网络（*CS*＜0.3）计算密度矩阵和像矩阵。表 4-57 和表 4-58 所列结果表明，第一板块、第三板块和第四板块都为兼顾型，板块内部竞争激烈，同时在三个板块之间也有显著竞争关系。其中，第一板块的内部密度为 0.067，第三板块的内部密度为 0.066，第四板块的内部密度为 0.067。因为内部密度差异不大，三个板块内部国家之间的竞争差异不大。第一板块包含哈萨克斯坦、吉尔吉斯斯坦、塔吉克斯坦、土库曼斯坦、乌兹别克斯坦、伊朗、利比亚、阿塞拜疆以及阿尔及利亚这 9 个国家。第三板块有 4 个国家，分别是格鲁吉亚、埃及、俄罗斯和亚美尼亚。第四板块同样有 4 个国家，分别是德国、土耳其、意大利、沙特。第二板块则属于外部型，其与第三板块的密度为 0.138，与第四板块的密度为 0.086，均超过整体密度，说明第二板块与第三板块、第四板块国家的竞争激烈，且与第三板块国家的竞争更激烈一些。第三板块包含的国家有印度、乌克兰、巴基斯坦、法国、中国和英国。

表 4-57　2000 年工业品竞争关系网络（$CS<0.3$）密度矩阵

板块	第一板块	第二板块	第三板块	第四板块
第一板块	0.067	0	0.159	0
第二板块	0	0.029	0.137	0.086
第三板块	0.146	0.138	0.066	0
第四板块	0	0.086	0	0.067

表 4-58　2000 年工业品竞争关系网络（$CS<0.3$）像矩阵

板块	第一板块	第二板块	第三板块	第四板块
第一板块	1	0	1	0
第二板块	0	0	1	1
第三板块	1	1	1	0
第四板块	0	1	0	1

表 4-59 和表 4-60 所列结果表明，2005 年竞争的基本格局变化较大，并且竞争变得更加激烈。2005 年的四个板块都属于外部型，板块内部无显著竞争关系，而板块之间有相对显著的竞争关系。第一板块主要与第三板块形成显著竞争关系，该板块由 2000 年的第一板块演化而来，依然有 9 个国家。第二板块由 2000 年的第二板块演化而来，由原来的 6 个国家变为 7 个国家（增加了土耳其）。该板块也与第三板块形成显著竞争

关系。第三板块则对应原来的第三板块，主要由 2000 年的第二板块演化而来。该板块包含吉尔吉斯斯坦、格鲁吉亚、埃及以及意大利 4 个国家。第四板块与第二板块有更为显著的竞争关系，该板块仅包含德国、亚美尼亚、沙特三个国家。

表 4-59　2005 年工业品竞争关系网络（CS＜0.3）密度矩阵

板块	第一板块	第二板块	第三板块	第四板块
第一板块	0.069	0.004	0.206	0.037
第二板块	0.004	0.065	0.160	0.104
第三板块	0.206	0.160	0.055	0.036
第四板块	0.037	0.104	0.036	0

表 4-60　2005 年工业品竞争关系网络（CS＜0.3）像矩阵

板块	第一板块	第二板块	第三板块	第四板块
第一板块	0	0	1	0
第二板块	0	0	1	1
第三板块	1	1	0	0
第四板块	0	1	0	0

　　表 4-61 和表 4-62 所列结果表明，2010 年竞争的基本格局变化不大，但竞争变得更加激烈。第一板块是外部型，其内部密度仅为 0.001，几乎没有内部竞争，而与第四板块的密度高达 0.150，说明相比之下与第四板块有显著竞争关系。该板块有哈萨克斯坦、沙特以及亚美尼亚三个国家。第二板块依然是外部型，其内部密度仅 0.025，而与第四板块的密度达到 0.164，说明第二板块与第四板块的竞争更加激烈。该板块由原来的第二板块演化而来，包括 7 个国家，分别为法国、德国、巴基斯坦、俄罗斯、土耳其、中国和意大利。第三板块是典型的内部型，该板块由 2005 年的第一板块演化而来。其内部密度为 0.083，而与其他板块的密度均未超过整体密度，所以第三板块内部竞争激烈，同时并没有与其他板块之间形成显著竞争关系。第三板块共包含 7 个国家，分别为土库曼斯坦、塔吉克斯坦、阿塞拜疆、阿尔及利亚、利比亚、乌兹别克斯坦以及吉尔吉斯斯坦。第四板块是外部型，由原来的第四板块演化而来，主要包含 6 个国

家：印度、埃及、乌克兰、英国、伊朗和格鲁吉亚。

表 4-61 2010 年工业品竞争关系网络（CS<0.3）密度矩阵

板块	第一板块	第二板块	第三板块	第四板块
第一板块	0.001	0.077	0.058	0.150
第二板块	0.077	0.025	0.042	0.164
第三板块	0.058	0.042	0.083	0.018
第四板块	0.150	0.164	0.018	0.066

表 4-62 2010 年工业品竞争关系网络（CS<0.3）像矩阵

板块	第一板块	第二板块	第三板块	第四板块
第一板块	0	1	0	1
第二板块	1	0	0	1
第三板块	0	0	1	0
第四板块	1	1	0	0

表 4-63 和表 4-64 所列结果表明，2016 年竞争的基本格局变化较大，并且竞争变得更加激烈。2016 年的四个板块都是外部型。相较于 2010 年，第一板块并没有太大变化，依然是外部型。该板块依然由 3 个国家组成，但俄罗斯代替了原来的沙特。第二板块是典型的外部型，板块内部竞争不显著，但与其他三个板块都有显著的竞争关系，特别是与第三板块，密度高达 0.276。该板块仅有 2 个国家：吉尔吉斯斯坦和格鲁吉亚。第三板块则由 2010 年的第三板块演化而来，内部成员变化较大，由土库曼斯坦、塔吉克斯坦、印度、乌兹别克斯坦、阿尔及利亚、利比亚、乌克兰和伊朗这 8 个国家组成。第四板块变化巨大，由原来的第二板块演化而来。其内部竞争变得不明显，内部国家数由 2010 年的 7 个增加为10 个。

表 4-63 2016 年工业品竞争关系网络（CS<0.3）密度矩阵

板块	第一板块	第二板块	第三板块	第四板块
第一板块	0.019	0.144	0.154	0.030

续表4-63

板块	第一板块	第二板块	第三板块	第四板块
第二板块	0.144	0.009	0.276	0.216
第三板块	0.154	0.276	0.005	0.012
第四板块	0.030	0.216	0.012	0.070

表4-64　2016年工业品竞争关系网络（CS＜0.3）像矩阵

板块	第一板块	第二板块	第三板块	第四板块
第一板块	0	1	1	0
第二板块	1	0	1	1
第三板块	1	1	0	0
第四板块	0	1	0	0

　　表4-65和表4-66所列结果表明，2018年的工业品竞争关系网络中，第一板块为外部型，并无巨大变化；第二板块由外部型变为内部型，主要是由于法国、中国以及意大利等国家的加入；第三及第四板块也为外部型，变化不大。

表4-65　2018年工业品竞争关系网络（CS＜0.3）密度矩阵

板块	第一板块	第二板块	第三板块	第四板块
第一板块	0.063	0	0.116	0.203
第二板块	0	0.068	0.016	0.182
第三板块	0.116	0.016	0.075	0.014
第四板块	0.203	0.182	0.014	0.030

表4-66　2018年工业品竞争关系网络（CS＜0.3）像矩阵

板块	第一板块	第二板块	第三板块	第四板块
第一板块	0	0	1	1
第二板块	0	1	0	1
第三板块	1	0	1	0
第四板块	1	1	0	0

5 "丝绸之路经济带"
贸易网络影响因素分析

5.1 QAP 回归分析方法概述

QAP 回归分析方法是一种研究"关系"之间的关系时常用的方法。这种方法通过对矩阵中的元素进行置换，继而比较两个矩阵元素或者多个矩阵元素之间的相似性，最终能够给出矩阵之间的相关系数，并在此基础上进行非参数估计。

与传统的统计分析方法相比，QAP 回归分析方法并没有要求各个变量之间相互独立。同时，QAP 回归分析方法稳健性较强，能够很好地处理"关系"与"关系"之间的相关性问题，不会造成显著性检验失去意义的局面。

5.2 贸易网络影响因素指标选取

5.2.1 经济因素

一直以来，经济因素都是影响贸易发展的重要因素之一，通常可以从经济规模和收入水平两方面来进行分析。一般来说，经济规模越大，贸易越活跃。在具体研究中，一般采用国内生产总值（GDP）作为反映经济规模的变量。

在本研究中，选取"丝绸之路经济带"沿线国家之间所形成的 GDP 差值矩阵代表经济因素解释变量。GDP 的基础数据都来源于世界银行数据库（WDI）。

5.2.2 文化差异因素

文化具有多样性，不同国家具有不同的文化。国与国之间如果具有较高的文化认同度，则会极大地促进其贸易交流；反之，文化沟通的障碍会削弱国家之间的贸易交流。

语言差异（是否有共同语言）是文化差异最典型的代表，因此本章通过建立"丝绸之路经济带"沿线国家的语言差异0-1矩阵来考察文化差异对贸易网络的影响。该矩阵中，如果国家之间具有共同语言，矩阵元素则为1，反之则为0。

5.2.3 地理差异因素

除经济、文化会影响国家间的贸易外，地理因素也是重要影响因素之一。两个国家的地理位置接近，则意味着贸易所要花费的运输成本低，同时也会降低贸易中的不确定性，更有利于两国之间的贸易。这方面早期的研究主要集中在地理距离与贸易总量之间的关系上，认为随着地理距离的增大，贸易量会有所减少。

针对具体的问题，我们可以采用地理距离因素指标（如两国首都之间的直线距离、海运距离、航运距离等），也可以采用空间距离因素指标（是否有共同边界）来量化地理差异因素。本章考虑到数据的可获得性以及研究的完整性，选取两国首都之间的直线距离以及两国之间是否有共同边界两个指标来代表地理差异因素。其中，两国首都之间的直线距离变量是由距离数据经极值化处理后所组成的对称矩阵；是否有共同边界变量则是0-1对称矩阵，即若两国相邻，则矩阵元素为1，反之则为0。两国首都之间的直线距离数据以及是否有共同边界数据均来自法国国际信息和展望研究中心（CEPII）数据库。

5.2.4 制度差异因素

已有研究表明，国家之间的政治体制、法治水平等制度差异因素也影响着国际贸易。一个国家如果拥有较好的制度环境，那么它会成为很多国家的贸易对象，从而产生较大的贸易额。

本章选用制度距离指标来代表制度差异因素。其测量方法是利用世界银行数据库的数据测算出总的制度质量（即经济制度、政治制度、法律制度的算术平均数），并在此基础上做极值化处理，得到制度距离矩阵。经济制度、政治制度、法律制度这三个指标则是利用美国传统基金会和全球政治治理指标的数据进行加权平均测算。

5.2.5 贸易协定因素

签订贸易协定，会减少协定内各个国家间的贸易壁垒，有利于协定内国家间的贸易。WTO秉持自由贸易原则和多边贸易协调机制，有力地促进了全球各成员的贸易发展，协调了全球贸易争端。因此，本章以"丝绸之路经济带"沿线国家是否加入WTO作为贸易协定因素指标。如果贸易双方都加入了WTO，则相应矩阵元素为1，否则为0。

5.3 模型构建及假设

本章基于本研究的数据特征，选取国家间的地理差异因素（地理距离、有无共同边界）、经济差异因素（经济规模）、制度差异因素、文化差异因素、贸易协定因素作为解释变量，将国家间贸易网络作为被解释变量，从关系数据的视角切入，对影响国家间贸易的因素进行假设检验，构建如下模型：

$$\ln(\boldsymbol{T}) = C + \alpha_0 \ln \boldsymbol{T}_{\text{GDP}} + \alpha_1 \ln \boldsymbol{T}_{\text{INS}} + \alpha_2 \ln \boldsymbol{T}_{\text{WTO}} + \alpha_3 \ln \boldsymbol{T}_{\text{BOR}} +$$
$$\alpha_4 \ln \boldsymbol{T}_{\text{LAN}} + d \ln \boldsymbol{T}_{\text{DIS}} \qquad (5-1)$$

式中，$\boldsymbol{T}$ 表示由贸易流构成的"丝绸之路经济带"贸易网络矩阵；C 是给定常数项；α_0、α_1、α_2、α_3、α_4、d 为保留参数，此次设定为1。本章所有解释变量的基本情况如表5-1所示：

表5-1 解释变量基本情况

变量符号	变量含义	数据来源
$\boldsymbol{T}_{\text{GDP}}$	国家间经济规模差异，即GDP差值矩阵	世界银行WDI数据库
$\boldsymbol{T}_{\text{INS}}$	国家间制度距离矩阵	世界银行WGI数据库
$\boldsymbol{T}_{\text{DIS}}$	国家间地理距离矩阵	CEPII数据库
$\boldsymbol{T}_{\text{WTO}}$	国家间共同贸易协定矩阵	CEPII数据库
$\boldsymbol{T}_{\text{BOR}}$	国家间共同边界矩阵	CEPII数据库
$\boldsymbol{T}_{\text{LAN}}$	国家间共同语言矩阵	CEPII数据库

5.4　QAP 回归分析

本章以 GDP 差值矩阵等 6 个影响因素指标作为解释变量，以"丝绸之路经济带"沿线国家商品（农产品、矿产品及工业品）贸易网络矩阵作为被解释变量，建立 23×23 维 1－mode QAP 回归模型，选择 10000 次的随机置换得到回归结果。

5.4.1　"丝绸之路经济带"整体贸易网络影响因素分析

由表 5－2 可知，2000—2018 年，经济规模的差异对"丝绸之路经济带"各国出口贸易的影响系数显著为负。这说明两国间经济规模差异越大，越不容易发生贸易。两国经济规模相近、发展水平相当，则能促进出口，这可能与大国间的产业内贸易和产品内贸易发展因素有关。

理论上，各国间距离应与"丝绸之路经济带"出口贸易呈负相关，但 QAP 回归分析结果显示：距离因素与贸易的关系较为复杂，且在统计学意义上，在样本统计年份均未达到显著水平。2000 年、2005 年的结果为负相关，2010 年、2015 年和 2018 年的结果为正相关。这表明：可能由于"丝绸之路经济带"内部贸易关系变得更加紧密，距离因素并非影响区域整体出口贸易的主要因素。

有证据显示，有共同陆地边界的国家比无共同陆地边界的国家的贸易来往联系紧密。"丝绸之路经济带"国家的实际情况表明确实如此，而且随着时间的推移，共同边界因素对贸易的贡献越来越大。

"丝绸之路经济带"中，使用相同语言的国家由于具有较为相似的资源禀赋，产生了较为激烈的竞争。因此，共同语言因素与出口贸易呈显著负相关。而使用不同语言的国家反而更容易产生贸易往来。这与马远（2016）的研究结论较为一致。这一点，从阿拉伯国家主要出口能源，俄罗斯与中亚、黑海沿岸国家主要出口能源与军工等产品中可以得到印证。

WTO 作为多边贸易制度安排，极大地促进了全球贸易发展。从本研究来看，WTO 对"丝绸之路经济带"的贸易发展起到了积极作用。但仔细观察不同时间截面的影响程度可以发现，WTO 对"丝绸之路经济带"贸易发展的促进作用正在缓慢下降。因此，我们亟待将双边自贸协定、丝路基金、亚洲基础设施投资银行甚至未来"丝绸之路经济带自贸区"等制度安排作为贸易制度的补充，进一步促进贸易发展。

表5-2 整体贸易有权QAP回归结果

年份	2000	2005	2010	2015	2018
常数项（C）	0.021 (0.000)	0.010 (0.000)	0.014 (0.000)	0.028 (0.000)	0.0184 (0.000)
T_{GDP}	−0.023** (−0.056)	−0.027** (−0.068)	−0.059** (−0.110)	−0.083*** (−0.131)	−0.056** (−0.079)
T_{INS}	0.022** (0.051)	0.033** (0.074)	0.026** (0.058)	0.025** (0.049)	0.008 (−0.016)
T_{WTO}	0.073** (0.312)	0.045** (0.234)	0.044** (0.230)	0.042*** (0.210)	0.046** (0.212)
T_{BOR}	0.038** (0.136)	0.044** (0.159)	0.063*** (0.217)	0.061*** 0.193	0.071** (0.212)
T_{DIS}	−0.040 (−0.095)	−0.012 (−0.028)	0.031 (0.072)	0.023 (0.048)	0.035 (0.069)
T_{LAN}	−0.021* (−0.096)	−0.021* (−0.098)	−0.024* (−0.102)	−0.034** (−0.136)	−0.037** (−0.036)
样本体积	506	506	506	506	506
R^2	0.138	0.096	0.114	0.111	0.112
R^2（Adj）	0.13	0.087	0.105	0.102	0.103

注：***、**、*分别表示在1%、5%、10%的统计水平上显著，括号内为标准化回归系数。

5.4.2 "丝绸之路经济带"农产品贸易网络影响因素分析

1. 农产品贸易有权QAP回归结果分析

根据表5-3所示农产品贸易有权QAP回归结果进行分析如下：

经济规模的差异对"丝绸之路经济带"各国农产品出口贸易的影响系数显著为负，整体呈下降趋势。这说明经济规模差异越小，越容易发生农产品贸易。但其在节点年份均未通过10%的显著性检验，因此其不具备统计学意义。

由表5-3可知，制度差异对农产品出口贸易的影响系数符号不一致，且在节点年份均未通过10%的显著性检验，说明其不具备统计学意义。

143

WTO 对农产品出口贸易的影响系数显著为正，且在节点年份均通过了 5% 的显著性检验，说明 WTO 作为多边贸易制度可以极大地促进全球贸易发展，对区域农产品贸易发展起积极作用。

共同边界变量对农产品出口贸易的影响系数显著为正，且在节点年份均通过了 5% 的显著性检验，说明相邻国家之间更容易产生较大的农产品贸易额。

结果显示，距离因素与"丝绸之路经济带"农产品出口贸易呈负相关，但统计学意义并不显著，仅在 2000 年和 2005 年通过了 10% 的显著性检验，表明距离因素并非影响区域农产品出口贸易的主要因素。

是否使用同一种语言对农产品出口贸易的影响系数显著为负，且在 2000 年、2005 年通过了 10% 的显著性检验，2010 年、2015 年通过了 5% 的显著性检验，2018 年通过了 1% 的显著性检验。这说明使用相同语言的国家由于具有较为相似的资源禀赋，产生较为激烈的竞争，即共同语言因素与农产品出口贸易呈显著负相关，并且随着时间的推移，该因素对农产品出口贸易的影响越来越显著。

表 5-3 农产品贸易有权 QAP 回归结果

年份	2000	2005	2010	2015	2018
常数项（C）	0.023 (0.000)	0.029 (0.000)	0.031 (0.000)	0.032 (0.000)	0.212 (0.000)
T_{GDP}	−0.017 (−0.041)	−0.012 (−0.025)	−0.002 (−0.003)	0.003 (0.004)	0.021 (0.027)
T_{INS}	0.023 (0.051)	0.009 (0.017)	−0.007 (−0.013)	−0.003 (−0.004)	−0.009 (−0.015)
T_{WTO}	0.070*** (0.296)	0.050** (0.215)	0.051** (0.213)	0.054*** (0.220)	0.049** (0.200)
T_{BOR}	0.046** (0.163)	0.057** (0.171)	0.075*** (0.208)	0.067** (0.175)	0.075*** (0.197)
T_{DIS}	−0.049* (−0.115)	−0.057* (−0.113)	−0.042 (−0.079)	−0.057 (−0.099)	−0.045 (−0.079)
T_{LAN}	−0.023* (−0.101)	−0.026* (−0.099)	−0.033** (−0.117)	−0.045** (−0.148)	−0.044*** (−0.147)

年份	2000	2005	2010	2015	2018
样本体积	506	506	506	506	506
R^2	0.141	0.101	0.106	0.101	0.098
R^2（Adj）	0.13	0.09	0.095	0.09	0.089

注：***、**、*分别表示在1%、5%和10%的统计水平上显著，括号内为标准化回归系数。

2. 农产品贸易无权 QAP 回归结果分析

根据表5-4所示农产品贸易无权 QAP 回归结果进行分析如下：

经济规模的差异对"丝绸之路经济带"各国农产品出口贸易的影响系数显著为负，整体呈下降趋势。这说明经济规模差异越小，越容易发生农产品贸易。但其在节点年份均未通过10%的显著性检验，因此其不具备统计学意义。

由表5-4可知，制度差异对农产品出口贸易的影响系数为负，且在2015年、2018年能通过1%的显著性检验，表明近年来制度差异越小，越容易发生农产品贸易。这与预期结果一样，说明制度相似的国家的贸易往来更加畅通。

WTO 对农产品出口贸易的影响系数显著为负，且在节点年份均通过了5%的显著性检验，说明 WTO 对区域农产品贸易发展起积极作用。

共同边界变量对农产品出口贸易的影响系数的数值有逐渐减小的趋势，且除2010年外均未通过10%的显著性检验，说明虽然理论上相邻国家之间更容易产生较大的农产品贸易额，但实际上距离对农产品贸易往来的影响并不明显。

距离因素与"丝绸之路经济带"农产品贸易呈正相关。与前相似，这一结论不具有统计学意义，同样表明距离因素并非影响区域农产品出口贸易的主要因素。

是否使用同一种语言对农产品出口贸易的影响系数符号正负不定，且均未通过10%的显著性检验，说明在无权的情况下，是否使用共同语言对农产品出口贸易无影响。

表5-4　农产品贸易无权 QAP 回归结果

年份	2000	2005	2010	2015	2018
常数项（C）	0.873 (0.000)	0.906 (0.000)	0.909 (0.000)	0.889 (0.000)	1.081 (0.000)
T_{GDP}	−0.240 (−0.126)	−0.101 (−0.054)	−0.019 (−0.009)	−0.078 (−0.029)	−0.258 (−0.091)
T_{INS}	−0.082 (−0.039)	−0.344 (−0.160)	−0.379* (−0.204)	−0.594*** (−0.284)	−0.737*** (−0.348)
T_{WTO}	0.210** (0.192)	0.207** (0.227)	0.246*** (0.306)	0.302*** (0.356)	0.327*** (0.383)
T_{BOR}	0.085 (0.065)	0.053 (0.040)	0.013*** (0.011)	−0.041 (−0.031)	0.007 (0.005)
T_{DIS}	0.000088 (0.000045)	0.052 (0.026)	0.058 (0.032)	0.126 (0.064)	−0.006 (−0.003)
T_{LAN}	0.083 (0.080)	−0.017 (−0.017)	−0.015 (−0.016)	0.056 (0.053)	0.011 (0.011)
样本体积	506	506	506	506	506
R^2	0.069	0.096	0.141	0.224	0.289
R^2（Adj）	0.060	0.087	0.133	0.216	0.282

注：***、**、* 分别表示在 1%、5%、10% 的统计水平上显著，括号内为标准化回归系数。

5.4.3 "丝绸之路经济带"矿产品贸易网络影响因素分析

1. 矿产品贸易有权 QAP 回归结果分析

根据表5-5 所示矿产品贸易有权 QAP 回归结果进行分析如下：

由表5-5 可知，GDP 差值矩阵的系数符号不一致，且在节点年份均未通过 10% 的显著性检验，说明其不具备统计学意义。

制度差异对矿产品出口贸易有正面影响，说明制度差异越大，越容易发生矿产品贸易。这看起来与预期结果有所不同。由于回归结果并不显著，故该结论不具备统计学意义。

WTO 作为多边贸易制度可以促进区域矿产品贸易发展。这一结论在 2015 年可以通过 10% 的显著性检验，在 2010 年、2018 年可以通过 5% 的显著性检验。

共同边界变量对矿产品出口贸易的影响系数符号为正，且在节点年份均通过了 5% 的显著性检验，表明有共同的陆地边界能够促进矿产品贸易的发生。产生这一结果的原因有二：一是陆地相邻说明两国直线距离较短，有助于降低运输、产品质量维护等的成本；二是相邻两国间的信息交流更为便捷，也较为频繁，容易掌握对方动态，有助于及时控制因对方政治、经济等变动而产生的贸易波动。也就是说，矿产品贸易更倾向于在一定区域内开展。

理论上，各国间的距离应与矿产品出口贸易呈负相关，因为距离的增大会增加运输成本，同时国家之间的文化差异及信息交流成本增大，从而造成双边贸易流量减少。但 QAP 回归结果显示，距离因素与"丝绸之路经济带"矿产品出口贸易呈正相关。这表明矿产品作为特定自然资源，其出口、进口国极易形成贸易依赖关系，从而形成稳定的贸易关系。

从整体上看，是否使用同一种语言对"丝绸之路经济带"各国矿产品出口贸易的影响系数为负。这说明使用相同语言的国家由于具有较为相似的资源禀赋，产生了较为激烈的竞争。这一结论仅在 2010 年显著，因此并没有太大的统计学意义。

表 5-5 矿产品贸易有权 QAP 回归结果

年份	2000	2005	2010	2015	2018
常数项（C）	-0.015 (0.000)	-0.035 (0.000)	-0.04 (0.000)	-0.039^* (0.000)	-0.034^{**} (0.000)
T_{GDP}	-0.004 (-0.018)	-0.003 (-0.008)	0.040 (0.085)	0.041 (0.096)	0.051 (0.146)
T_{INS}	0.019 (0.080)	0.076^* (0.179)	0.060^* (0.149)	-0.027 (-0.080)	0.003 (0.013)
T_{WTO}	0.003 (0.025)	-0.01 (-0.057)	-0.019^{**} (-0.110)	-0.012^* (-0.088)	0.009^{**} (0.087)
T_{BOR}	0.021^{**} (0.137)	0.028^{**} (0.106)	0.024^{**} (0.092)	-0.028^* (-0.129)	0.026^{***} (0.160)
T_{DIS}	0.027^{**} (0.116)	0.047^* (0.120)	0.046 (0.119)	-0.029^* (-0.090)	0.023^{**} (0.095)
T_{LAN}	0.006 (0.053)	-0.014 (-0.066)	-0.018^{**} (-0.090)	-0.011 (-0.063)	-0.007 (-0.053)
样本体积	506	506	506	506	506
R^2	0.029	0.058	0.075	0.054	0.061

续表5-5

年份	2000	2005	2010	2015	2018
R^2（Adj）	0.02	0.048	0.066	—0.044	0.052

注：***、**、*分别表示在1％、5％和10％的统计水平上显著，括号内为标准化回归系数。

2. 矿产品贸易无权 QAP 回归结果分析

根据表5-6所示矿产品贸易无权 QAP 回归结果进行分析如下：

经济规模的差异对"丝绸之路经济带"各国矿产品出口贸易的影响系数显著为负，且在节点年份均通过了10％的显著性检验，说明经济规模差异越小，越容易发生矿产品贸易。

制度差异对矿产品出口贸易的影响系数由正变为负，在2015年和2018年能通过5％的显著性检验，说明近年来制度差异越小，越容易发生矿产品贸易。这与预期结果一样，表明制度相似的国家的贸易往来更加畅通。

WTO 对矿产品出口贸易的影响系数显著为正，且有不断增大的趋势，说明 WTO 对区域矿产品贸易发展起积极作用。

共同边界变量对矿产品出口贸易的影响系数符号为正，且在节点年份均通过了5％的显著性检验，表明有共同的陆地边界能够促进矿产品贸易的发生。产生这一结果的原因与前类似，不再赘述。

距离因素与"丝绸之路经济带"矿产品出口贸易呈正相关，且在2015年、2018年通过了5％的显著性检验，在其他年份通过了10％的显著性检验。这表明：可能由于"丝绸之路经济带"内部贸易联系变得更加紧密，距离因素并非影响区域矿产品出口贸易的主要因素。

从整体上看，是否使用同一种语言对"丝绸之路经济带"各国矿产品出口贸易的影响系数正负不定，且在所有年份均未通过10％的显著性检验，因此其不具备统计学意义。

表 5-6　矿产品贸易无权 QAP 回归结果

年份	2000	2005	2010	2015	2018
常数项（C）	0.622 (0.000)	0.737 (0.000)	0.713 (0.000)	0.779 (0.000)	0.842 (0.000)

年份	2000	2005	2010	2015	2018
T_{GDP}	−0.637＊＊ (−0.284)	−0.447＊＊ (−0.205)	−0.401＊ (−0.147)	−0.534＊＊ (−0.173)	−0.466＊ (−0.143)
T_{INS}	0.125 (0.051)	−0.202 (−0.081)	−0.103 (−0.045)	−0.528＊＊ (−0.216)	−0.641＊＊ (−0.262)
T_{WTO}	0.204＊ (0.158)	0.117 (0.109)	0.218＊＊ (0.220)	0.321＊＊＊ (0.324)	0.247＊＊ (0.250)
T_{BOR}	0.271＊＊＊ (0.177)	0.283＊＊＊ (0.184)	0.152＊＊ (0.103)	0.141＊＊ (0.091)	0.184＊＊ (0.120)
T_{DIS}	0.371＊ (0.160)	0.297＊ (0.124)	0.290＊ (0.129)	0.340＊＊ (0.146)	0.354＊＊ (0.153)
T_{LAN}	0.079 (0.065)	−0.061 (−0.05)	−0.058 (−0.049)	−0.077 (−0.063)	0.083 (0.068)
样本体积	506	506	506	506	506
R^2	0.121	0.124	0.105	0.244	0.206
R^2（Adj）	0.112	0.115	0.096	0.236	0.198

注：＊＊＊、＊＊、＊分别表示在1％、5％、10％的统计水平上显著，括号内为标准化回归系数。

5.4.4 "丝绸之路经济带"工业品贸易网络影响因素分析

1. 工业品贸易有权 QAP 回归结果分析

根据表5—7所示工业品贸易有权 QAP 回归结果进行分析如下：

经济规模的差异对"丝绸之路经济带"各国工业品出口贸易的影响系数显著为负，且绝对值逐年递增，在节点年份均通过了5％的显著性检验。这说明经济规模差异越小，越容易发生工业品贸易，且从趋势上看这种势头越来越显著。这可能是因为在经济发展水平相当，尤其是在发展较好的国家之间，对工业品的需求或供给更容易达到一个较大的数额，从而产生较大的贸易流量。

数据显示，制度差异对工业品出口贸易有正面影响。由于这一结论在节点年份均未通过10％的显著性检验，所以这一结论并没有显著的统计学意义。

WTO 作为多边贸易制度安排，可以极大地促进"丝绸之路经济带"工业品贸易发展。这一结论在大部分年份能通过1％的显著性检验。但仔细观察不同时间截面的影响程度可以发现，WTO 对"丝绸之路经济带"工业品贸易的促进作用正在缓慢下降。因此，我们亟待将双边自贸协定、丝路基金、亚洲基础设施投资银行甚至未来"丝绸之路经济带自贸区"等制度安排作为贸易制度的补充，进一步促进贸易发展。

共同边界变量对工业品出口贸易的影响系数符号为正，且在节点年份均通过了 5% 的显著性检验，说明两国相邻确实能够促进工业品贸易的发生。

数据显示，距离因素与"丝绸之路经济带"工业品出口贸易的关系由负相关变为正相关，这表明虽然空间距离的增大会增加运输成本，同时会使国家之间的文化差异及信息交流成本增大，然而技术等方面的进步能够使运输成本减小。由于这一结论并未通过统计学上的显著性检验，因此很难说明地理距离因素是否仍对"丝绸之路经济带"工业品出口贸易有明显的阻碍作用。

是否使用同一种语言对"丝绸之路经济带"各国工业品出口贸易的影响系数显著为负，且在 2015 年和 2018 年通过了 5% 的显著性检验。这说明在"丝绸之路经济带"中，使用相同语言的国家由于有较为相似的资源禀赋，产生了较为激烈的竞争，对工业品出口贸易产生负面影响。

表 5-7 工业品贸易有权 QAP 回归结果

年份	2000	2005	2010	2015	2018
常数项（C）	0.027 (0.000)	0.023 (0.000)	0.021 (0.000)	0.037 (0.000)	0.039 (0.000)
T_{GDP}	−0.026** (−0.065)	−0.038** (−0.102)	−0.075** (−0.141)	−0.100** (−0.158)	−0.089** (−0.129)
T_{INS}	0.013 (0.030)	0.004 (0.010)	0.006 (0.013)	0.015 (0.030)	0.0042 (0.008)
T_{WTO}	0.074*** (0.322)	0.048** (0.257)	0.048*** (0.249)	0.040*** (0.198)	0.041*** (0.198)
T_{BOR}	0.035** (0.126)	0.037** (0.140)	0.058*** (0.199)	0.055** (0.174)	0.059*** (0.182)
T_{DIS}	−0.047* (−0.114)	−0.023 (−0.057)	0.031 (0.070)	0.019 (0.040)	0.024 (0.050)
T_{LAN}	−0.021* (−0.098)	−0.019* (−0.092)	−0.021* (−0.091)	−0.032** (−0.130)	−0.033** (−0.127)

年份	2000	2005	2010	2015	2018
样本体积	506	506	506	506	506
R^2	0.147	0.106	0.121	0.103	0.067
R^2（Adj）	0.138	0.095	0.11	0.092	0.058

注：＊＊＊、＊＊、＊分别表示在1％、5％和10％的统计水平上显著，括号内为标准化回归系数。

2. 工业品贸易无权 QAP 回归结果分析

根据表5—8所示工业品贸易无权 QAP 回归结果进行分析如下：

经济规模的差异对"丝绸之路经济带"各国工业品出口贸易的影响系数显著为负，且绝对值逐年递增，说明经济规模差异越小，越容易发生工业品贸易。由于在节点年份均未通过10％的显著性检验，因此该结论说服力不强。

制度差异对工业品出口贸易产生显著的负面影响。这表明制度差异越小，越容易发生工业品贸易。这与预期结果一样。

WTO 对工业品出口贸易的影响系数显著为正，且在节点年份均通过了5％的显著性检验。这说明 WTO 对区域工业品贸易发展起积极作用。

共同边界变量对工业品出口贸易的影响系数符号由正变负，且效果不显著，说明两国相邻与否对两国间工业品贸易无显著影响。

数据显示，距离因素与"丝绸之路经济带"工业品贸易在大部分年份呈正相关。这与原先的假设不相符。由于这一结论在节点年份均无法通过10％的显著性检验，说明距离对工业品贸易没有很明显的影响。

是否使用同一种语言对"丝绸之路经济带"各国工业品出口贸易的影响系数时正时负，且无明显的统计学意义，说明是否使用相同语言并非影响工业品贸易的主要因素。

表5—8 工业品贸易无权 QAP 回归结果

年份	2000	2005	2010	2015	2018
常数项（C）	0.790 (0.000)	0.936 (0.000)	0.937 (0.000)	0.965 (0.000)	1.095 (0.000)

年份	2000	2005	2010	2015	2018
T_{GDP}	−0.040 （−0.020）	−0.039 （−0.020）	−0.108 （−0.045）	−0.181 （−0.064）	−0.235 （−0.083）
T_{INS}	−0.333 （−0.155）	−0.616** （−0.273）	−0.471** （−0.233）	−0.776*** （−0.346）	−0.832*** （−0.392）
T_{WTO}	0.224** （0.196）	0.116** （0.108）	0.254*** （0.291）	0.394*** （0.434）	0.374*** （0.436）
T_{BOR}	0.120* （0.088）	0.198 （0.206）	0.079 （0.060）	−0.037 （−0.026）	−0.038 （−0.029）
T_{DIS}	0.185 （0.090）	0.164 （0.079）	0.090 （0.045）	0.052 （0.024）	−0.014 （−0.007）
T_{LAN}	0.088 （0.082）	−0.034 （−0.031）	−0.037 （−0.035）	0.0003 （0.0003）	0.027 （0.026）
样本体积	506	506	506	506	506
R^2	0.078	0.139	0.161	0.335	0.361
R^2（Adj）	0.069	0.131	0.153	0.329	0.355

注：＊＊＊、＊＊、＊分别表示在1％、5％、10％的统计水平上显著，括号内为标准化回归系数。

6 中国与"丝绸之路经济带"沿线国家贸易格局

6.1 贸易现状与贸易结构分析

6.1.1 整体贸易现状与结构

1. 整体贸易现状

进入 21 世纪以来，中国与"丝绸之路经济带"沿线国家的经贸合作蓬勃发展，特别是"一带一路"倡议提出后，我国与沿线国家的贸易联系更为紧密。在全球化进展受阻、贸易保护主义抬头的情况下，我国与"丝绸之路经济带"沿线国家的总贸易额在 2018 年再创新高，达到 7463 亿美元，其中出口贸易额达 4434 亿美元，进口贸易额达 3028 亿美元，如图 6-1 所示。

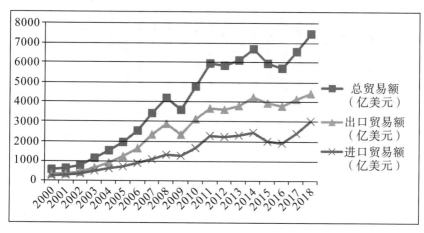

图 6-1　中国与"丝绸之路经济带"沿线国家的整体贸易规模

由图 6-1 可见，2000—2018 年中国与"丝绸之路经济带"沿线 22 个国家的贸易规模总体呈增长趋势，贸易总额和进出口贸易额的变化趋势基本一致。其中，仅 2008—2009 年、2011—2012 年、2014—2016 年三个时期处于下降调整阶段，其他时期都在稳步上升。2000—2008 年的增长主要受益于中国加入 WTO 带来的贸易红利，2009—2014 年的增长受益于中国的经济刺激和"一带一路"倡议的提出，而 2016 年后的增长则受益于供给侧结构性改革和我国进一步扩大对外开放的决心和举措。特别是 2016 年后，从"丝绸之路经济带"沿线国家的进口贸易额显著提升，体现了大国的担当和中国市场的崛起，有力地回击了贸易保护主义。

2. 整体贸易结构

在我国与"丝绸之路经济带"沿线国家的贸易总额中，三大类产品的贸易额比重如图 6-2 所示。2000—2018 年各类产品的贸易份额相对稳定，农产品所占比重从 7% 左右下降到不足 5%，矿产品所占比重从 3% 上升到 8% 左右，而工业品所占比重一直在 90% 上下，处于绝对优势地位，这与我国全球第一制造业大国身份相符。

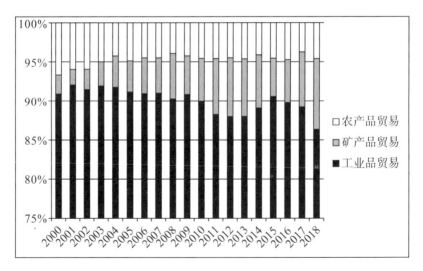

图 6-2 中国与"丝绸之路经济带"沿线国家贸易中三大类产品的贸易额占比

6.1.2 农产品贸易现状

由图 6-3 可以看出，中国与"丝绸之路经济带"沿线国家的农产品贸易呈曲折向上发展态势。总贸易额曲线与进口额曲线较为一致。出口额曲线除 2009 年有较明显下降外，其他年份一直处于缓慢增长的状态。总贸易额曲线在 2000—2008 年保持快速稳健上升，2009 年回落到 137 亿美元左右，2009—2013 年再度快速上升到 255 亿美元附近，2013—2017 年逐步回落，2018 年又大幅反弹，再创新高。

从农产品进出口角度来看，2000—2004 年中国与"丝绸之路经济带"沿线国家的农产品进出口基本持平，从 2005 年开始出现逆差，2009 年后逆差逐渐扩大，到 2013 年逆差达到 55 亿美元，此后逆差开始缩小但依然显著，到 2017 年接近最小值后在 2018 年又大幅反弹，并达到最大值 80 多亿美元。总体可见，我国与"丝绸之路经济带"沿线国家的农产品进出口以逆差为主，并有扩大趋势。

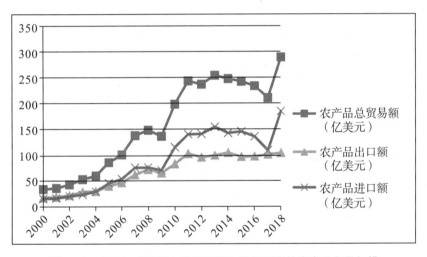

图 6-3 中国与"丝绸之路经济带"沿线国家的农产品贸易规模

6.1.3 矿产品贸易现状

由图 6-4 可以看出，中国向"丝绸之路经济带"沿线国家的矿产品出口几乎可以忽略不计，这与中国本身并非一个矿业大国有直接关系。而矿产品的进口额曲线几乎与矿产品总贸易额曲线重合，体现了矿产品进口居于绝对优势地位。

我国与"丝绸之路经济带"沿线国家的矿产品逆差非常显著。从出口额曲线来看，近 20 年的矿产品出口保持稳定。而从进口额和总贸易额曲线来看，2000—2008 年保持了稳定增长；2009 年与整体贸易的走势一致，有一个显著的下降；2009—2014 年又出现比较明显的增长，但后几年增长较为平缓；2015—2016 年矿产品进口额大幅度下降；2016—2018 年矿产品进口额再度大幅上升，并创历史新高，接近 572 亿美元。

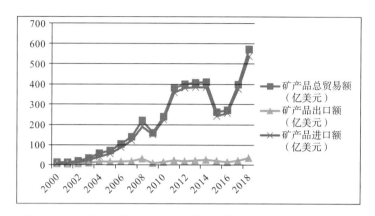

图 6—4　中国与"丝绸之路经济带"沿线国家的矿产品贸易规模

6.1.4　工业品贸易现状与结构

1. 工业品出口贸易现状

由图 6—5 可见，2000—2018 年中国向"丝绸之路经济带"沿线 22 个国家的工业品出口贸易额总体呈增长趋势。其中，2009 年受金融危机的影响，贸易额大幅下降，2010—2011 年恢复快速增长，2011—2014 年增速减缓，2014—2015 年呈下降趋势，2015—2016 年小幅下降，2017—2018 年再度快速上涨，并达到历史新高 3700 亿美元。

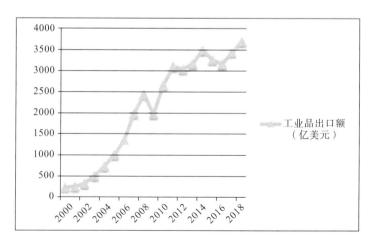

图 6—5　中国向"丝绸之路经济带"沿线国家的工业品出口额变化趋势

2. 工业品出口贸易结构

本研究将工业品分为 13 个小类。从图 6－6 中可以看出，服装、皮革、羽绒及其他制品业，仪器仪表及文化办公用机械制造业，以及电气、机械及器材制造业的出口额在每年的总出口额中占比较大，而造纸、印刷及文教用品制造业，非金属矿物制品业的出口额所占比例较小。

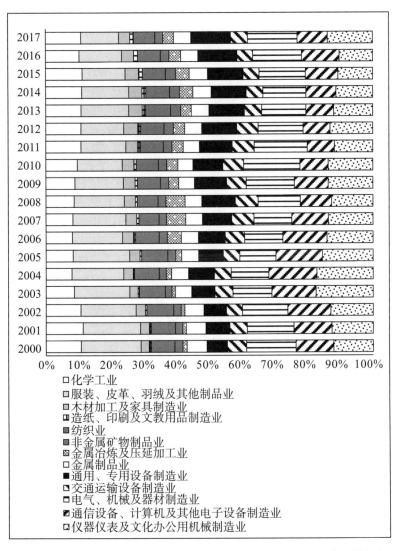

图例：
□ 化学工业
□ 服装、皮革、羽绒及其他制品业
□ 木材加工及家具制造业
□ 造纸、印刷及文教用品制造业
■ 纺织业
■ 非金属矿物制品业
⊠ 金属冶炼及压延加工业
□ 金属制品业
■ 通用、专用设备制造业
□ 交通运输设备制造业
□ 电气、机械及器材制造业
■ 通信设备、计算机及其他电子设备制造业
□ 仪器仪表及文化办公用机械制造业

图 6－6 中国向"丝绸之路经济带"沿线国家的 13 类工业品出口额占比

从图 6-6 还可以看出，在整体工业品出口中，出口额占比明显下降的是服装、皮革、羽绒及其他制品业，占比明显上升的有金属冶炼及压延加工业，通用、专业设备制造业，仪器仪表及文化办公用机械制造业等。总体来看，劳动密集型工业品的出口额占比有所下降，技术密集型工业品的出口额占比有所上升，但出口结构整体变化不大，有待于进一步优化。这当然与"丝绸之路经济带"沿线国家的特征有关，但也与我国自身产业结构升级有一定关系。例如，以交通、通信、电气等为代表的高端制造业产品的出口额占比一直未有明显提升。

3. 工业品进出口贸易演变

从图 6-7 可以看出，我国与"丝绸之路经济带"沿线国家的工业品总贸易额曲线与出口额曲线较为一致，而进口额虽然也在缓慢上升，但趋势与前两者有所区别。以工业品总贸易额曲线为例，2009、2015、2016三年是同比下降的年份，2000—2008 年稳步增长，2009—2014 年先快速增长后缓慢增长，2016—2018 年快速反弹并再创新高。而从进口额曲线来看，增长势头明显弱于出口额和总贸易额曲线，且在 2016—2018 年的反弹中未能再创新高，相对弱势。

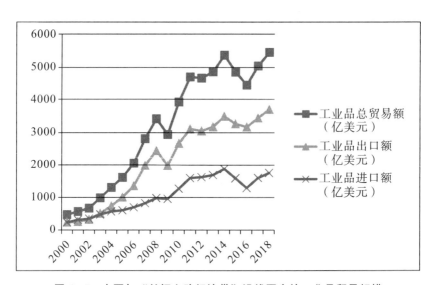

图 6-7 中国与"丝绸之路经济带"沿线国家的工业品贸易规模

6.2 分区域的贸易结构演变分析

6.2.1 中国与中亚国家的贸易结构演变

从中国向"丝绸之路经济带"沿线各中亚国家出口各类商品的贸易额占比（见图6-8）来看，中国对中亚各国的出口贸易结构有以下特征：

化学工业产品出口基本稳定，2000—2016年的出口额占比基本保持在7%左右。

服装、皮革、羽绒及其他制品业是中国对中亚各国的主要出口产品，2000年以来该类产品的出口额占比不断增长，到2016年接近30%。

木材加工和家具制造业的产品出口在2005年占比较大，其余年份占比较小。

造纸印刷及文教用品制造业出口多年来一直占据较小份额。纺织业产品出口一直较为稳定，占据13%~18%的份额。

非金属矿物制品、金属制品、金属冶炼产品三种产品的出口较为稳定，合计占比约为10%。

通用、专用设备制造业的出口有小幅增长，2016年的占比超过10%，此前均在10%以下，甚至在2010年曾跌到6%。

交通运输设备制造业的出口有小幅增长，2016年的占比为4%左右。

电气、机械及器材制造业的出口额占比从2%大幅增长到8%左右。

通信设备、计算机及其他电子设备制造业的出口份额涨跌不一，2016年约占4%。

仪器仪表及文化办公用机械制造业的出口额占比约为2%。

中国对中亚各国的矿物出口变化剧烈，2010年的占比超过18%，而2016年则下降至7%左右。

农产品出口在整个商品出口中所占比例较小，其中占比最大的是第0类农产品，2016年的占比在2.2%左右。

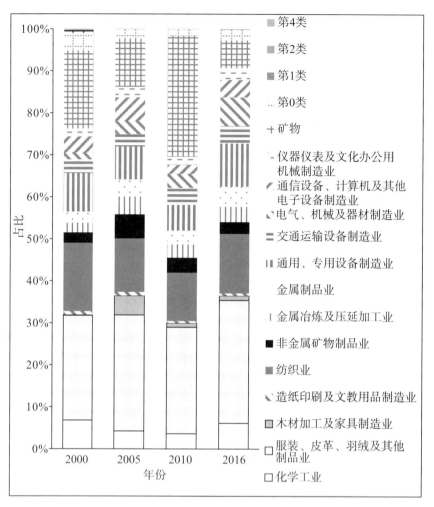

图 6-8　中国对中亚各国出口贸易结构演变

从图 6-9 来看，中国对中亚各国的进口贸易呈现出和出口贸易完全不同的格局。从中亚各国进口的多数商品属于资源类大宗商品。金属冶炼及压延加工业产品占据非常大的比例，2000 年的占比接近 75%，此后不断下降，2016 年仍超过 24%。此外，2005 年、2010 年、2016 年化学工业产品的进口额占比也超过 50%。第 0 类、第 2 类农产品进口额所占比例也较大，但第 0 类农产品进口额并不稳定。

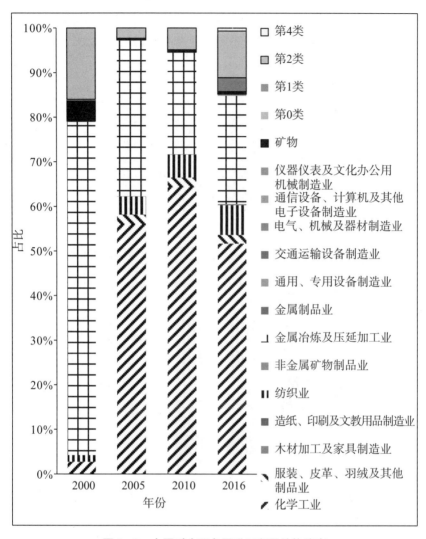

图6－9 中国对中亚各国进口贸易结构演变

6.2.2 中国与环中亚国家的贸易结构演变

从图6－10来看，中国对环中亚国家的出口贸易并不稳定，尤其2000年与其他年份相差很大，其中矿物和第0类农产品出口份额较大。除2000年外，化学工业产品的份额稳定在10%左右，服装、皮革、羽绒及其他制品的份额从2005年的18%下降到2016年的8%左右。木材加工与家具制造业，造纸、印刷及文教用品制造业等产品的份额较小且较为稳定。纺织业出口同样较为稳定，份额维持在6%～10%。非金属矿物制品、金属冶炼产品以及金属制品的份额合计占到10%～13%，其中金属冶炼产品的占比最大。具有较高技术含量的诸多制造业产品都呈现出稳步增长的趋势，其中通用、专用设备制造业产品和通信设备、计算机及其他电子产品的份额均超过 10％。

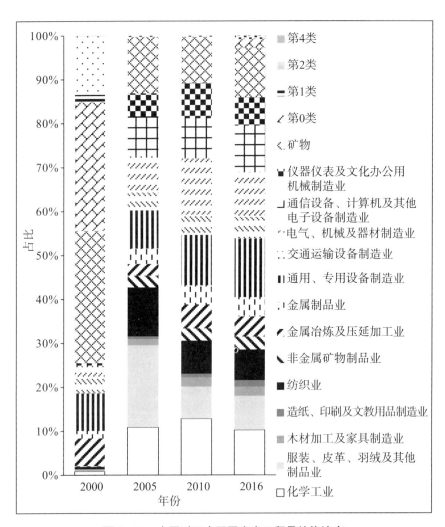

图 6－10　中国对环中亚国家出口贸易结构演变

从图 6－11 来看，中国从环中亚国家进口的产品中，化学工业产品的份额一直较大，2016 年超过 42％。每年的纺织业产品进口量也较大，2016 年的份额达到 7％。非金属矿物产品的进口增长较快，到 2016 年超过 14％。金属冶炼产品在 2000 年、2005 年的份额较大，但之后下降明显。值得注意的是，农产品的进口有逐年增加的趋势，第 0 类、第 2 类农产品的份额迅速上升，其中 2016 年第 2 类农产品的份额上升到 16%；第 4 类农产品的进口也有较快增长。

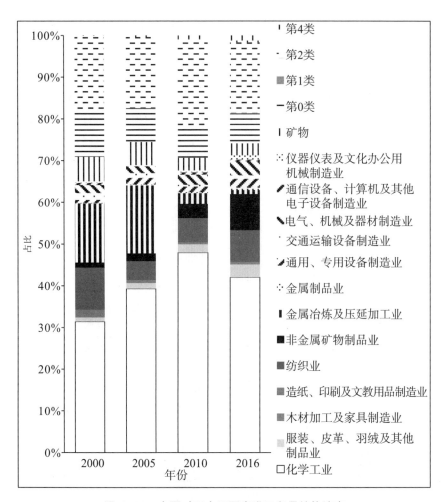

图 6-11　中国对环中亚国家进口贸易结构演变

6.2.3　中国与亚欧经济带的贸易结构演变

从图 6-12 来看，相较于中亚、环中亚国家，中国对亚欧国家的出口贸易结构有较大变化。化学工业产品的出口比较稳定，一直保持 6%～8%的份额。服装、皮革、羽绒及其他制造业产品多年来一直占有较大的份额，2016 年达到 14%。木材加工及家具制造业的份额持续上升，在2016 年达到 4.3%。造纸、印刷及文教用品制造业的份额虽有小幅上升，但总体份额十分有限。纺织业在出口中表现稳定，一直占据 4.4％左右的份额。非金属矿物制品、金属冶炼产品以及金属制品的份额合计占到10％，其中金属制品的份额最大。通用、专用设备制造业的份额逐年上升，从 2000 年的不到 5％上升到 2016 年的 9.3％左右。交通运输制造业产品的份额长期维持在 6％左右，但 2016 年下降到 3.8％左右。电气、机械及器材制造业产品长期保有较大份额，2016 年达到 14.5％。通信、计算机设备的出口也较稳定，保持了 11％左右的份额。此二者连同仪器仪表及文化办公用机械制造业产品构成中国制造业出口亚欧国家的产品核心，后者的份额在 2014 年占到 13％左右。矿物的出口波动较大，但份额始终不大。农产品出口以第 0 类产品为主，但份额不稳定且较小。

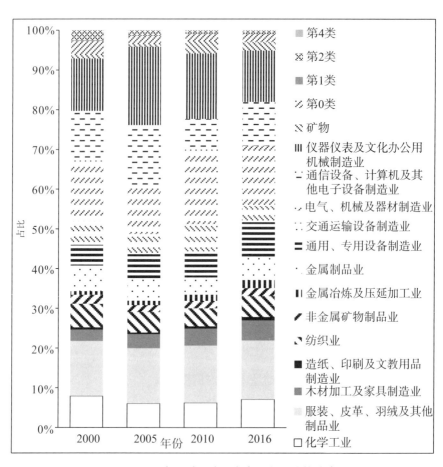

图 6-12　中国对亚欧国家出口贸易结构演变

从图6-13来看，中国从亚欧地区进口的产品中，化学工业产品的份额逐年上升，2016年超过27%。通用、专用设备制造业产品的进口较为稳定，且占据较大份额，除2016年外都超过20%。交通运输设备制造业产品的份额也均超过10%，其中2005、2010年超过25%。电气、机械及器材制造业的进口较为稳定，历年份额都超过15%，且在2016年达到22%。另外，仪器仪表及文化办公用制造业产品的份额也从2000年的7%左右上升到12%。值得注意的是，2016年各类农产品的份额均大幅上升。

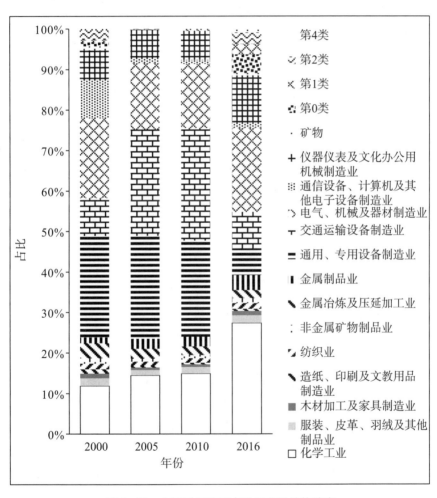

图6-13　中国对亚欧国家进口贸易结构演变

总体来看，中国与三大区域的贸易结构演变各不相同，但出口方面均以制造业产品为主，且高技术含量的产品份额逐年上升，甚至与亚欧国家的进出口产品较为相似，已呈现出产业内贸易、产品内贸易的特征。而对中亚及环中亚国家，主要进口资源类的金属制品、化工产品、农产品等初级产品，出口具有比较优势的服装、纺织品，同时高技术含量的制成品的份额也在逐年上升。

6.3 中国与"丝绸之路经济带"沿线国家贸易的比较优势演变

下面将从比较优势的角度研究中国与"丝绸之路经济带"沿线国家的贸易格局特征。使用的统计指标主要是显示性比较优势指数。该指数由美国经济学家巴拉萨（Balassa）于1965年提出，简称 RCA 指数。它常被用来定量地描述一个国家各个产业在世界范围内的出口表现和判断哪些产业具有竞争力，但并不能准确地体现在特定市场上的比较优势。因此本研究将显示性比较优势指数修正为区域显示性比较优势指数，并细分为区域显示性出口比较优势（RRCA）指数和区域显示性进口比较优势（RRTA）指数，分别列表进行对比分析。具体的计算公式如下：

①区域显示性出口比较优势（RRCA）指数：

$$RRCA_{mi} = \frac{X_{mi}X_m}{X_{wi}X_w} \qquad (6-1)$$

②区域显示性进口比较优势（RRTA）指数：

$$RRTA_{mi} = \frac{M_{mi}M_m}{M_{wi}M_w} \qquad (6-2)$$

式中，$RRCA_{mi}$ 和 $RRTA_{mi}$ 分别表示为 m 国 i 商品的区域显示性出口比较优势指数和区域显示性进口比较优势指数，X_{mi} 和 M_{mi} 分别表示 m 国 i 商品的出口额和进口额，X_m 和 M_m 分别表示 m 国对外出口总额和进口总额，X_{wi}、M_{wi} 分别表示"丝绸之路经济带"中不包含中国在内的22个国家 i 商品的出口总额和进口总额，X_w、M_w 则是22个国家的出口总额和进口总额。当 $RRCA_{mi}$（或 $RRTA_{mi}$）大于1时，表明 m 国出口（或进口）的 i 商品具有比较优势，且数值越大，比较优势越明显，反之则不具有比较优势。

6.3.1 中国对中亚地区进出口比较优势演变

中国对中亚地区进出口的 RRCA 指数和 RRTA 指数计算结果如表 6-1 所示。

从中国出口角度来看，中国的服装、皮革、羽绒及其他制品业，纺织业，非金属矿物制品业，金属冶炼及压延加工业，金属制品业，通用、专用设备制造业和交通运输设备制造业在中亚地区都有较为明显的优势。其中 RRCA 指数最高的是 2000 年纺织业的出口，高达 3.00，这并不令人意外，因为中国拥有世界上最完整的纺织产业链，并且拥有足够的劳动生产力。但到了 2015 年，纺织业的 RRCA 指数只有 1.92，虽然相对于其他行业仍具有较大优势，但与前几年相比有明显下滑。这可能是因为当时的技术装备日渐落后（还在用十几年前的生产技术），并没有开发新产品，一些纺织企业还处于低端生产阶段，企业也缺乏有国际化经营经验的高素质复合型人才。

从中国进口角度来看，中国的金属冶炼及压延加工业将其他行业远远甩在了后面，RRTA 指数平均在 10 左右。这表明中国金属冶炼及压延加工业在一定程度上依赖中亚各国，自我的产业集中度低，技术匮乏。可是众所周知，有色金属冶炼及压延加工业的产品是国民经济发展的基础材料，绝大部分行业，如航天、机械、建筑、通信设备等都要以此为生产基础。所以中国在该领域的首要任务就是调结构、淘汰落后产能，使产业布局更加合理，以此来增强中国的金属冶炼及压延加工业在国际上的竞争力。

农产品方面，只有第 0 类农产品的 RRCA 指数始终大于 1，说明其具有较强的比较优势。第 1 类农产品的 RRCA 指数虽在 2000 年高达 2.54，但到了 2016 年却只有 0.92，说明第 1 类农产品是四类农产品里最不具有比较优势的一类。其他两类农产品的 RRCA 指数也处于比较劣势。中亚地区的总体经济发展水平相对落后，规模经济小，所以第 1 类、第 2 类、第 4 类农产品在中亚地区都不具有比较优势，加上中亚各国自身的农业比重高，所以对农产品的进口依赖度也低。从中国进口角度来看，2016 年第 2 类农产品的 RRTA 指数达到 1.65，比第 0 类农产品的 RRCA 指数还要高，可第 2 类农产品的 RRCA 指数只有 0.19，说明中国在中亚地区对第 2 类农产品的依赖度较高。

表 6-1　中国对中亚地区的 RRCA 指数和 RRTA 指数

产业分类	中国出口角度（RRCA）					中国进口角度（RRTA）				
	2000	2005	2010	2015	2016	2000	2005	2010	2015	2016
化学工业	0.85	0.60	0.55	0.70	0.71	0.15	0.69	2.66	2.71	1.61
服装、皮革、羽绒及其他制品业	1.81	1.86	2.66	1.68	2.34	0.01	3.71	0.77	1.19	1.38
木材加工及家具制造业	0.09	1.69	0.40	0.36	0.31	0.00	0.00	0.00	0.00	0.00
造纸、印刷及文教用品制造业	1.70	1.97	0.98	0.55	0.49	0.00	0.00	0.00	0.02	0.00
纺织业	3.00	1.85	2.44	1.92	2.12	0.48	0.05	1.57	3.09	3.39
非金属矿物制品业	1.33	2.77	2.01	1.21	1.09	0.00	0.00	0.00	0.11	0.14
金属冶炼及压延加工业	1.88	2.65	1.32	1.26	1.07	11.39	7.89	11.47	10.11	16.72
金属制品业	0.57	0.90	1.00	1.20	0.93	0.03	0.04	0.03	0.00	0.02
通用、专用设备制造业	1.90	1.20	0.95	1.47	0.90	0.01	0.01	0.00	0.01	0.10
交通运输设备制造业	0.70	0.68	0.90	1.20	0.90	0.00	0.00	0.00	0.00	0.00
电气、机械及器材制造业	0.14	0.32	0.28	0.65	0.53	0.00	0.00	0.00	0.00	0.00
通信设备、计算机及其他电子设备制造业	0.44	0.47	0.36	0.42	0.38	0.00	0.00	0.00	0.00	0.00
仪器仪表及文化办公用机械制造业	0.21	0.19	0.20	0.29	0.29	0.00	0.00	0.00	0.00	0.00
第 0 类农产品	1.46	1.47	1.38	1.36	1.32	0.03	0.01	0.08	0.40	0.61
第 1 类农产品	2.54	0.67	0.19	0.07	0.92	0.00	0.00	0.00	0.01	0.02
第 2 类农产品	0.17	0.06	0.14	0.18	0.19	1.52	1.49	1.54	1.86	1.65
第 4 类农产品	0.01	0.88	0.82	0.35	0.33	0.00	0.00	0.00	0.41	0.64
矿物	0.83	0.48	1.32	0.47	0.23	2.16	3.11	3.26	3.61	0.78

6.3.2 中国对环中亚地区进出口比较优势演变

中国对环中亚地区进出口的 RRCA 指数和 RRTA 指数计算结果如表 6-2 所示。

从中国出口角度来看，具有出口比较优势的产业有化学工业，纺织业，非金属矿物制品业，通用、专用设备制造业。其中，2016 年化学工业的 RRCA 指数高达 1.26，但从单个产业的发展历程来看，其比较优势随着时间的推移在不断变小。化学工业是利用天然物质或其他物质自身的性质或形态变化，或以这些物质组合、加工成有价值的化学产品的一种工业。这必然涉及资源问题，虽然我国地大物博，但不少原料仍需进口。

从中国进口角度来看，纺织业和非金属矿物制品业的比较优势远超其他行业，可见环中亚各国在这两个行业占有突出地位。

农产品方面，从中国出口角度来看，第 2 类农产品在环中亚地区具有比较优势，且随着时间的推移比较优势越来越强。而第 0 类农产品和第 1 类农产品的 RRCA 指数在环中亚地区呈现下降趋势。从中国进口角度来看，也是第 2 类农产品具有比较优势，说明第 2 类农产品出口量大，但对环中亚地区的依赖度也高，甚至削弱了中国在环中亚地区出口第 2 类农产品的优势。第 1 类农产品的 RRTA 指数只有 0.05，可以说是非常不具有比较优势，这会在一定程度上影响中国国内的供需平衡，降低国内的资源配置效率。

表 6-2 中国对环中亚地区的 RRCA 指数和 RRTA 指数

产业分类	中国出口角度（RRCA）					中国进口角度（RRTA）				
	2000	2005	2010	2015	2016	2000	2005	2010	2015	2016
化学工业	1.63	1.54	1.52	1.39	1.26	2.61	2.67	3.01	2.42	1.56
服装、皮革、羽绒及其他制品业	1.51	1.24	0.60	0.64	0.69	0.80	1.32	2.01	2.11	2.51
木材加工及家具制造业	0.26	0.52	0.66	0.72	0.65	0.09	0.30	0.42	0.57	0.78
造纸、印刷及文教用品制造业	1.25	1.36	1.27	1.28	1.40	1.97	1.20	1.19	1.02	1.20
纺织业	1.17	1.61	1.24	1.16	1.16	4.05	2.95	3.90	4.39	4.39

续表6－2

产业分类	中国出口角度（RRCA）					中国进口角度（RRTA）				
	2000	2005	2010	2015	2016	2000	2005	2010	2015	2016
非金属矿物制品业	0.95	1.28	1.22	1.24	1.27	1.28	2.39	3.76	4.18	5.00
金属冶炼及压延加工业	2.22	1.62	1.77	1.48	1.50	2.61	2.35	1.34	0.84	0.80
金属制品业	0.60	0.78	1.03	0.91	0.95	0.15	0.17	0.17	0.29	0.35
通用、专用设备制造业	1.28	1.31	1.39	1.20	1.30	0.05	0.09	0.09	0.16	0.72
交通运输设备制造业	0.84	0.92	0.80	1.01	1.19	0.30	0.15	0.03	0.03	0.23
电气、机械及器材制造业	0.77	0.87	0.84	0.92	0.89	0.17	0.15	0.25	0.26	0.39
通信设备、计算机及其他电子设备制造业	0.48	0.73	1.18	1.01	1.09	0.09	0.03	0.80	0.30	0.40
仪器仪表及文化办公用机械制造业	0.47	0.39	0.66	0.69	0.75	0.09	0.06	0.13	0.15	0.22
第0类农产品	1.10	1.14	0.99	0.98	0.98	1.29	1.17	1.16	0.72	0.78
第1类农产品	0.99	0.44	0.61	0.68	0.74	0.06	0.05	0.00	0.04	0.05
第2类农产品	0.85	0.77	1.05	1.10	1.08	0.90	1.00	1.05	1.51	1.47
第4类农产品	0.47	0.71	0.77	0.33	0.83	1.25	1.35	1.31	0.88	0.87
矿物	0.84	1.21	0.76	1.17	1.17	1.32	1.24	1.22	1.35	1.32

6.3.3　中国对亚欧地区进出口比较优势演变

中国对亚欧地区的 RRCA 指数和 RRTA 指数计算结果如表 6－3 所示。

从中国出口角度来看，在亚欧地区最具有比较优势的三个产业分别是仪器仪表及文化办公用机械制造业，木材加工及家具制造业，服装、皮革、羽绒及其他制品业，其 RRCA 指数在 2016 年分别为 1.28、1.36、1.15。但除了服装、皮革、羽绒及其他制品业的比较优势在不断加强，其他两个行业的比较优势都趋于稳定，无扩大趋势。

从中国进口角度来看，最具有比较优势的三个产业分别是交通运输设备制造业，仪器仪表及文化办公用机械制造业，金属制品业，其RRTA指数在2016年分别为1.15、1.15、1.13。由此可以发现，进口具有优势的产业出口也具有优势，甚至超过出口的优势。这表明我国对这些产业的依赖度还是很大的。

农产品方面，从中国出口角度来看，第1类、第2类和第4类农产品在亚欧地区都具有较强的比较优势，其中第2类农产品的出口值增长速度略小于三个地区全部农产品出口值增长速度，所以RRCA指数从整体上看略有下降。可以发现，某地区的经济开放程度越高，中国对其农产品出口就越具有比较优势。从中国进口角度来看，第1类农产品的RRTA指数最高，其次是第0类和第4类农产品。可以发现，中国对"丝绸之路经济带"沿线国家的农产品进口主要集中在亚欧地区。

表6-3　中国对亚欧地区的RRCA指数和RRTA指数

产业分类	中国出口角度（RRCA）					中国进口角度（RRTA）				
	2000	2005	2010	2015	2016	2000	2005	2010	2015	2016
化学工业	0.81	0.77	0.70	0.67	0.79	0.68	0.61	0.59	0.69	0.82
服装、皮革、羽绒及其他制品业	0.82	0.84	1.12	1.27	1.15	1.06	0.88	0.82	0.78	0.74
木材加工及家具制造业	1.25	1.18	1.28	1.31	1.36	1.21	1.18	1.13	1.11	1.06
造纸、印刷及文教用品制造业	0.91	0.78	0.83	0.78	0.70	0.82	0.97	0.99	1.02	0.98
纺织业	0.90	0.67	0.72	0.78	0.76	0.37	0.56	0.45	0.29	0.39
非金属矿物制品业	1.01	0.77	0.77	0.77	0.76	0.96	0.69	0.51	0.39	0.34
金属冶炼及压延加工业	0.60	0.62	0.48	0.55	0.56	0.48	0.57	0.69	0.85	0.75
金属制品业	1.13	1.11	0.98	1.06	1.05	1.19	1.21	1.17	1.16	1.13
通用、专用设备制造业	0.89	0.84	0.75	0.78	0.75	1.21	1.23	1.19	1.18	1.06
交通运输设备制造业	1.06	1.06	1.14	0.98	0.84	1.16	1.22	1.20	1.21	1.15

产业分类	中国出口角度（RRCA）					中国进口角度（RRTA）				
	2000	2005	2010	2015	2016	2000	2005	2010	2015	2016
电气、机械及器材制造业	1.09	1.10	1.17	1.10	1.14	1.19	1.22	1.16	1.17	1.12
通信设备、计算机及其他电子设备制造业	1.17	1.15	0.94	1.04	0.98	1.21	1.24	1.06	1.16	1.12
仪器仪表及文化办公用机械制造业	1.18	1.33	1.29	1.34	1.28	1.21	1.23	1.18	1.19	1.15
第0类农产品	0.94	0.90	0.98	0.98	0.99	0.69	0.87	0.85	1.23	1.20
第1类农产品	0.97	1.36	1.35	1.34	1.24	2.26	3.37	3.08	1.75	1.83
第2类农产品	1.09	1.18	1.02	1.00	0.99	1.09	0.88	0.80	0.59	0.58
第4类农产品	1.28	1.19	1.18	1.60	1.21	0.74	0.47	0.59	1.12	1.13
矿物	2.14	0.64	1.84	0.84	1.25	0.67	0.72	0.73	0.60	0.71

7 贸易网络视角下中国与"丝绸之路经济带"沿线国家贸易潜力测度

7.1 随机前沿引力模型的空间异质性和地理可达性研究

7.1.1 考虑空间异质性的随机前沿引力模型

1. 模型建构

（1）时变随机前沿引力模型。

构建时变随机前沿引力模型，用于测度中国与"丝绸之路经济带"沿线国家的贸易潜力，如式（7−1）和式（7−2）所示。

$$\ln X_{ijt} = \beta_0 + \beta_1 \ln PGDP_{it} + \beta_2 \ln PGDP_{jt} + \beta_3 \ln POP_{it} +$$
$$\beta_4 \ln POP_{jt} + \beta_5 \ln DIS_{ij} + \beta_6 X_{ij} + v_{ijt} - u_{ijt} \qquad (7-1)$$
$$u_{ijt} = u_{ij} \exp[-\eta(t-T)] \qquad (7-2)$$

式中，X_{ijt} 为被解释变量，表示 t 时期 i 国向 j 国出口贸易额，代表实际贸易水平。各解释变量都是经典贸易引力模型中的变量。其中，$PGDP_{it}$、$PGDP_{jt}$ 分别代表 t 时期出口国、进口国的人均 GDP，表示一国的经济发展水平、代表性需求水平和要素禀赋比例（Berstrand，1989）。由于该变量包含的因素较多，经验分析的结果也有不一致，但一般假定它与出口贸易正相关。POP_{it}、POP_{jt} 表示出口国、进口国 t 时期的人口数。人口代表国内市场规模，一般假定人口增多对贸易有促进作用。但也有研究认为，人口增多对贸易有负面作用。大国具有较多人口，当地市场巨大，会阻碍国际贸易的发生；而小国人口少，当地市场较小，一般会依赖专业化的生产进行国际贸易。进口国方面则更复杂一些：一方面，人口越多需求越大，可能促进进口贸易；另一方面，进口国也可能实施进口替代政策，阻碍国际贸易。DIS_{ij} 代表 i 国到 j 国的距离，一般是首都间或主要经济中心间的距离，反映了两国间的运输成本，通常对贸易有负面影响。X_{ij} 为其他因素，包括边界、语言等。考虑到随机前沿模型中方程形式极为重要，本研究用似然比检验确定是否将这些因素纳入方程中。v_{ijt} 是外界对贸易过程的随机冲击。u_{ijt} 是不可观测的贸易非效率因素，服从截尾的正态分布。η 为待估的参数，$\eta > 0$ 说明贸易非效率水平随时间推移而递减，$\eta < 0$ 说明贸易非效率水平随时间推移而递增，$\eta = 0$ 则说明贸易非效率水平不变。

（2）贸易非效率模型。

随机前沿方法从残差中剥离了人口、经济总量和距离等自然因素的影响，使得受人为因素影响的贸易非效率可以被估计出来。如建立以下关于贸易非效率的方程：

$$u_{ijt} = \alpha_0 + \alpha_1 TAF_{jt} + \alpha_2 SHP_{jt} + \alpha_3 MON_{jt} + \alpha_4 FIN_{jt} + \alpha_5 PS_{jt} + \alpha_6 WTO_{ijt} + \varepsilon_{ijt} \tag{7-3}$$

解释变量考虑了多种人为因素，主要包括关税负担（TAF_{jt}）、班轮运输流通性（SHP_j）、货币自由度（MON_{jt}）、金融自由度（FIN_{jt}）、政治稳定性（PS_{jt}）、国际经贸组织（WTO_{ijt}）等。

（3）贸易效率模型。

$$TE = \frac{X_{ijt}}{X_{ijt}^*} = \exp(-u_{ijt}) \tag{7-4}$$

式中，X_{ijt} 表示 t 时期 i 国对 j 国的实际贸易水平；X_{ijt}^* 表示 t 时期 i 国的前沿水平上的贸易量（贸易潜力）；TE 表示进口贸易效率，是实际贸易规模与贸易潜力的商，其表达式是一个关于贸易非效率项的指数函数。

2. 数据来源

在前述研究选定的"丝绸之路经济带"沿线国家中，由于伊拉克和阿富汗因长期经历战争导致统计数据不全，以及土库曼斯坦数据缺失，故本章采用 22 国数据。所有数据采用 2000—2018 年面板数据。贸易流量数据来自联合国商品贸易数据库（UN Comtrade）；人口、人均 GDP、关税数据来自世界银行 WDI 数据库，人均 GDP 数据按照 2010 年不变美元测算；两国距离数据为两国首都中心距离，利用网站 www.indo.com 中的 Distance Calculator 模块测算；语言及边界数据来自 CEPII 数据库；班轮运输流通性数据来自联合国贸易和发展会议报告；货币自由度、金融自由度数据来自美国传统基金会和《华尔街日报》发布的经济自由度指数；政治稳定性数据来自世界银行发布的全球政治治理指标（WGI）。

3. 考虑供给侧因素的产品贸易流量及决定因素模型：嵌入异质性理论的引力模型

部门 h 从 i 国到 j 国的总出口函数为

$$X_{ij}^h = \mu_h \times \frac{Y_i \times Y_j}{Y} \times \left(\frac{\omega_i \tau_{ij}^h}{\theta_j^h}\right)^{-\gamma_h} \times (f_{ij}^h)^{-\left[\frac{\gamma_h}{(\sigma_h-1)}-1\right]} \qquad (7-5)$$

部门 h 的出口受到多个因素影响：进口国和出口国的国家规模 Y_i、Y_j；工人生产率水平 ω_i；双边贸易成本，即可变成本 τ_{ij}^h 与固定成本 f_{ij}^h 之和；j 国相对世界其他国家的偏远程度 θ_j^h。

（1）考虑供给侧因素的贸易潜力随机前沿引力方程及决定因素模型。

根据传统引力模型简约模式，对总体和分类产品的贸易潜力 X_{ijt}^* 进行测度。

$$X_{ijt}^* = f(x_{ijt}\beta)$$

式中，x_{ijt} 是影响贸易量的各种自然决定因素，β 是估计参数向量。

建立有贸易阻力情况下真实贸易量 X_{ijt} 测度方程如下：

$$X_{ijt} = f(x_{ijt}\beta)\exp(-u_{ijt}); u_{ijt} = \lambda(manmade_{ijt}) \geqslant 0 \qquad (7-6)$$

式中，u_{ijt} 是没观察到的和人为的对贸易的阻力变量，重点考察外贸政策、环境保护等供给侧制度供给。一般假设 u_{ijt} 服从半正态分布（Kang 和 Fratianni，2006），设定包含供给侧因素的改进随机前沿引力方程：

$$\ln X_{ijt} = \beta_0 + \beta_1 \ln GDP_{it} + \beta_2 \ln GDP_{jt} + \beta_3 DIS_{ij} + \beta_4 BOR_{ij} +$$
$$\beta_5 PD_{jt} + v_{ijt} - u_{ijt} \qquad (7-7)$$

式中，X_{ijt} 指 t 时期 i 国对 j 国的贸易量，GDP_{it}、GDP_{jt} 分别表示出口国与进口国国内生产总值，PD_{jt} 为产品供给量，DIS_{ij} 为两国之间距离，BOR_{ij} 是表示两国是否共享边界的虚拟变量，v_{ijt} 是正态分布的误差项。

可通过随机前沿方法测算贸易效率 TE，并对 TE 的影响因素进行计量分析。TE_{it} 是样本 i 特定的贸易效率参数：

$$TE_{it} = \exp(-u_{it}) = \{1 - [\varphi(\sigma_A + \gamma\varepsilon_{it}/\sigma_A)/(1 - \varphi(\gamma\varepsilon_{it}/\sigma_A))]\}$$

以 TP_{ijt} 表示贸易表现，其值是真实贸易量和贸易潜力的比值，计算公式为 $TP_{ijt} = X_{ijt}/X_{ijt}^*$。

（2）考虑加权平均时间距离修正的随机前沿引力模型。

①加权平均时间距离。

$$A_i = \sum_x A_{ix} \times w_x \qquad (7-8)$$

式中，A_i 为从中国到 i 国的加权平均时间距离，A_{ix} 为采用 x 交通方式（x 取值为 $1\sim3$，分别代表铁路、水运及航空运输方式）从中国到 i 国的最短时间距离，w_x 为 x 交通方式在区际贸易运输中的权重。铁路、水运和航空运输的权重根据其在区际贸易中的相对重要性确定。

②单交通方式最短时间距离的确定。

铁路方面，统计中国跨境铁路运输班次及运量、是否在相关国家设站停留，结合列车时刻表，确定两国铁路运输最短时间距离。

水运方面，结合中国东南沿海 34 个主要集装箱港口发展情况，统计远洋航线及停靠港口，确定两国水路运输最短时间距离。

航空运输方面，统计中国国际航线通航国家和城市，结合航班时刻表，确定两国航空运输最短时间距离。

③基于地理网络可达性的贸易潜力随机前沿引力模型。

$$X_{ijt} = f(x_{ijt}\beta)\exp(-u_{ijt}); u_{ijt} = \lambda(manmade_{ij}) \geqslant 0 \qquad (7-9)$$

同样，u_{ijt} 是没观察到的和人为的对贸易的阻力变量，重点考察外贸政策、环境保护等供给侧制度供给。一般假设 u_{ijt} 服从半正态分布，设定加权平均时间距离改进的随机前沿引力方程：

$$\ln X_{ijt} = \beta_0 + \beta_1 \ln GDP_{it} + \beta_2 \ln GDP_{jt} + \beta_3 A_j +$$
$$\beta_4 BOR_{ij} + \beta_5 PD_{jt} + v_{ijt} - u_{ijt} \qquad (7-10)$$

7.1.2　贸易便利化时间距离分析

世界银行《营商环境报告》记录了与进出口货物的物流过程相关的时间成本。该报告衡量了与货物进出口总过程中的三组程序——单证合规、边界合规和国内运输——相关的时间成本。需要说明的是，在计算货物跨国界贸易时间时并没有采用国内运输数据，主要原因是国内运输的时间成本受许多外部因素影响，比如地形、道路通行能力和一般性基础设施、与最近的港口或边界的靠近程度以及存放贸易货物的仓库的地点等。

有关跨国界贸易的数据是通过对当地货运转运商、报关行和贸易商的问卷调查收集的。

1. 案例研究假设

为使不同国家的数据具有可比性，需要对货物贸易和交易进行如下假设：

①假设货物是从出口国最大商业城市的仓库运到进口国最大商业城市的仓库。

②进出口案例研究假设了不同的贸易产品。假设每个国家从其常规进口伙伴——进口汽车零部件金额（单价乘以数量）最大的那个国家——进口一标准化船（计15吨）用集装箱装运的汽车零部件（HS8708）。假设每个国家向其常规出口伙伴——购买具有比较优势的产品金额最大的国家——出口其具有比较优势的产品（通过最大出口额来界定）。为了确定每个国家的贸易伙伴和出口产品，从联合国商品贸易统计数据库（UN Comtrade）中采集了最近四年的贸易流量数据。

③一船货物为一个贸易单位。出口货物未必是集装箱装运的，而进口的汽车零部件则假设是用集装箱装运的。

④运输方式为所选出口或进口产品及贸易伙伴最广泛使用的方式，即通过海港或陆上边境通道运输。

⑤时间以小时为单位，1天为24小时。

2. 单证合规时间成本

单证合规指标反映了满足来源国家、目的地国家以及任何过境国家的所有政府机构对单证的要求所需的时间成本。例如，货物从汉堡运送到上海，货运转运商必须准备并向德国海关、汉堡港务管理机构以及中国海关提交单证。

单证合规时间成本包括获得单证（比如单证的发行和盖章所花的时间）、准备单证（比如收集信息以完成海关申报表和原产地证书所花的时间）、处理单证（比如等待相关机构在所有检查完成后发放植物检疫证书所花的时间）、呈阅单证（比如向道路警察出示海关申报表或向港务管理机构出示港口码头收据所花的时间）以及提交单证（比如当面或通过电子方式向海关机构提交海关申报表所花的时间）的时间成本。

3. 边界合规时间成本

边界合规指标衡量的时间成本与遵守国家的海关规定以及货物通过国家边界而必须完成的其他检查的相关规定有关，还衡量了货物在港口或边界装卸的时间成本，此外也包括其他机构进行的通关和检查程序的时间成本。例如，进行植物检疫的时间成本在此将被纳入。边界合规时间成本的计算取决于边界合规程序发生在哪里，是谁要求和由谁进行的，以及进行检查的可能性多大。如果所有的报关报检都在港口或边界同时进行，对边界合规时间的估计会将这种同时性计入。

如果部分或全部的海关检查或其他检查是在别的地方进行的，那么这些检查的时间成本将加到在港口或边界进行检查的时间成本上。以哈萨克斯坦为例，所有报关报检都在位于阿拉木图的海关检查站进行，而阿拉木图不是哈萨克斯坦和中国的陆上边界。在这种情况下，边界合规时间是在阿拉木图检查站花费的时间和在边界装卸货物花费的时间之和。

边界合规时间成本为零或者被忽略不计是完全可能的，在欧盟或其他关税同盟成员国之间进行贸易即属此种情况。

4. 国内运输时间成本

国内运输指标反映的是将货物从一国最大商业城市的仓库运到该国最广泛使用的海港或陆上边境的时间成本，既包括实际运输、交通延迟和道路警察检查的时间，也包括在仓库或边境装卸货物的时间。对于有海外贸易伙伴的沿海国家来说，国内运输指标反映的是从在仓库装货开始到货物抵达该国港口的时间成本。对于通过陆上边界进行贸易的国家来说，国内运输指标反映了从在仓库装货开始到货物抵达该国家陆上边界的时间成本。

时间成本估计是基于最广泛使用的运输方式（卡车、火车、船只）和最广泛使用的路径（道路和边境口岸）做出的。在某些情况下，先将货物从仓库运送到海关检查站，完成通关和检查之后继续运往港口或边界。在这些情况下，国内运输的时间成本是这两段运输的时间成本之和。通关或检查的时间成本计入边界合规时间成本的计算而不是国内运输时间成本的计算。

表7-1和表7-2所示分别为2010年、2016年中国与"丝绸之路经济带"沿线国家跨境贸易所需时间。

表7-1 2010年中国与"丝绸之路经济带"沿线国家跨境贸易所需时间

国家	中国出口时间/h		他国进口时间/h		中国进口时间/h		他国出口时间/h		平均耗时/h
	边界合规	单证合规	边界合规	单证合规	边界合规	单证合规	边界合规	单证合规	
哈萨克斯坦	26.3	21.6	2	6	95.2	68	133	138	245.1
吉尔吉斯斯坦	26.3	21.6	73	37	95.2	68	32	27	190.1
塔吉克斯坦	26.3	21.6	110	130	95.2	68	79	69	299.6

续表7-1

国家	中国出口时间/h		他国进口时间/h		中国进口时间/h		他国出口时间/h		平均耗时/h
	边界合规	单证合规	边界合规	单证合规	边界合规	单证合规	边界合规	单证合规	
乌兹别克斯坦	26.3	21.6	115	177	95.2	68	120	180	401.6
俄罗斯	26.3	21.6	40	43	95.2	68	72	25	195.6
乌克兰	26.3	21.6	60	170	95.2	68	26	96	281.6
印度	26.3	21.6	292	65	95.2	68	114	47	364.6
巴基斯坦	26.3	21.6	143	155	95.2	68	85	73	333.6
土耳其	26.3	21.6	42	11	95.2	68	16	5	142.6
伊朗	26.3	21.6	150	211	95.2	68	117	138	413.6
沙特	26.3	21.6	230	136	95.2	68	69	105	375.6
埃及	26.3	21.6	160	213	95.2	68	48	88	360.1
利比亚	26.3	21.6	82	98	95.2	68	72	72	267.6
阿尔及利亚	26.3	21.6	330	250	95.2	68	118	149	529.1
法国	26.3	21.6	0	1	95.2	68	0	1	106.6
意大利	26.3	21.6	0	1	95.2	68	0	1	106.6
德国	26.3	21.6	0	1	95.2	68	36	1	124.6
英国	26.3	21.6	3	2	95.2	68	24	4	122.1
阿塞拜疆	26.3	21.6	32	42	95.2	68	43	38	183.1
亚美尼亚	26.3	21.6	42	2.6	95.2	68	39	2	148.4
格鲁吉亚	26.3	21.6	15	25	95.2	68	48	56	177.6

资料来源:世界银行《2011营商环境报告》,报告中并没有土库曼斯坦相关数据。

表7-2 2016年中国与"丝绸之路经济带"路线国家跨境贸易所需时间

国家	中国出口时间/h		他国进口时间/h		中国进口时间/h		他国出口时间/h		平均耗时/h
	边界合规	单证合规	边界合规	单证合规	边界合规	单证合规	边界合规	单证合规	
哈萨克斯坦	25.9	21.2	2	6	92.3	65.7	133	132	239.1
吉尔吉斯斯坦	25.9	21.2	72	36	92.3	65.7	27	24	182.1

续表7-2

国家	中国出口时间/h		他国进口时间/h		中国进口时间/h		他国出口时间/h		平均耗时/h
	边界合规	单证合规	边界合规	单证合规	边界合规	单证合规	边界合规	单证合规	
塔吉克斯坦	25.9	21.2	108	126	92.3	65.7	75	66	290.1
乌兹别克斯坦	25.9	21.2	111	174	92.3	65.7	112	174	388.1
俄罗斯	25.9	21.2	38.6	42.5	92.3	65.7	72	25.4	191.8
乌克兰	25.9	21.2	52	168	92.3	65.7	26	96	273.6
印度	25.9	21.2	287.4	63.3	92.3	65.7	109.3	41.5	353.3
巴基斯坦	25.9	21.2	140.6	152.6	92.3	65.7	78.9	61.7	319.5
土耳其	25.9	21.2	41	11	92.3	65.7	16	5	139.1
伊朗	25.9	21.2	148	206	92.3	65.7	107	127	396.6
沙特	25.9	21.2	228	131	92.3	65.7	69	90	361.6
埃及	25.9	21.2	120	192	92.3	65.7	48	88	326.6
利比亚	25.9	21.2	79	96	92.3	65.7	72	72	262.1
阿尔及利亚	25.9	21.2	327	249	92.3	65.7	118	149	524.1
法国	25.9	21.2	0	1	92.3	65.7	0	1	103.6
意大利	25.9	21.2	0	1	92.3	65.7	0	1	103.6
德国	25.9	21.2	0	1	92.3	65.7	36	1	121.6
英国	25.9	21.2	3	2	92.3	65.7	24	4	119.1
阿塞拜疆	25.9	21.2	32	41	92.3	65.7	34	35	173.6
亚美尼亚	25.9	21.2	41	2	92.3	65.7	39	2	144.6
格鲁吉亚	25.9	21.2	15	24	92.3	65.7	48	48	170.1

资料来源：世界银行《2017营商环境报告》，报告中并没有土库曼斯坦相关数据。

7.1.3 地理异质性的时间距离处理方法

鉴于绝对距离没有考虑空间地理的异质性问题，本研究尝试以加权平均时间距离来测定真实世界的空间距离。按照上节的方法，我们根据国家的距离和采用的主要交通运输方式，以长荣海运时间为主要依据，进行时间距离测算。由于不同的货物有不同的运输要求，所以需要根据中国与贸易伙伴进出口贸易中不同类别货物所占比重，确定不同交通方式的权重。

为了确定每个国家的贸易伙伴和出口产品，本研究从联合国商品贸易统计数据库（UN Comtrade）中采集了最近五年分货物类别的贸易流量数据，并根据各类货物占比情况，确定对应运输方式的权重。通过表7-3可以发现，随着时间变化，交通运输效率提高较为明显。

表7-3　2016年中国与"丝绸之路经济带"沿线国家跨境运输所需时间

国家	该国首都与北京的距离/km	运输时间/天			
		2016年	2010年	2005年	2000年
哈萨克斯坦	3655.66	5	6	8	8
吉尔吉斯斯坦	3471.80	5	6	7	8
塔吉克斯坦	4052.92	6	7	8	9
土库曼斯坦	4939.99	7	8	10	11
乌兹别克斯坦	3943.62	5	7	8	9
俄罗斯	5795.05	39	43	47	50
乌克兰	6460.80	32	38	43	48
印度	3785.01	20	24	27	30
巴基斯坦	3882.88	17	20	23	26
土耳其	6841.79	29	35	39	44
伊朗	5609.04	21	25	28	32
沙特	6605.19	24	29	32	36
埃及	7551.42	24	29	32	36
利比亚	8743.51	37	44	49	56
阿尔及利亚	9117.68	39	47	52	59
法国	8225.23	34	41	45	51
意大利	8134.70	33	40	44	50
德国	7363.33	30	36	40	45
英国	8151.35	32	38	43	48
阿塞拜疆	5520.21	30	36	40	45
亚美尼亚	5947.15	30	36	40	45
格鲁吉亚	5852.92	32	38	43	48

注：中国与中亚五国之间使用铁路运输，运输速度按30 km/h计算；与其他国家之间使用海上集装箱运输，海运时间来自长荣海运。

7.2 中国与"丝绸之路经济带"沿线国家贸易潜力研究

7.2.1 模型构建与数据来源

以随机前沿方法分析生产函数中的技术效率是由梅森和范登布勒克 (Meeusen&Van den Broeck，1977)，贝泰斯和科拉 (Battese&Corra，1977) 以及艾格纳、洛弗尔和施密特 (Aigner，Lovell，Schmidt，1977) 等人提出的。该方法将传统随机扰动项中的因素分解为两个相互独立的部分：随机误差项 v，代表生产过程中所面临的随机冲击；非负的技术无效率项 u，代表不可观测的非效率因素，估计 u 就能观测生产效率的情况。贸易量可以看作经济规模、距离等变量的函数，这与生产函数相似，因此随机前沿方法也可以用于贸易效率和贸易潜力的测度。

我们对贸易潜力测度模型做以下设定：

$$\ln X_{ijt} = \beta_0 + \beta_1 \ln PGDP_{it} + \beta_2 \ln PGDP_{jt} + \beta_3 \ln POP_{it} + \beta_4 \ln POP_{jt} +$$
$$\beta_5 \ln DIS_{ij} + \beta_6 BOR_{ij} + \beta_7 LAG_{ij} + V_{ijt} - U_{ijt} \qquad (7-11)$$
$$v_{it} \sim N[0, \sigma_v^2],$$
$$U_{ijt} \sim N[\mu_{ijt}, \sigma_{ijt}^2], \mu_{ijt} = \mu_0 + z_{ijt}\delta, \sigma_{ijt}^2 = \exp(\sigma_0 + z_{ijt}\gamma)$$
$$(7-12)$$
$$z_{ijt} = (FTA_{ijt}, EI_{jt}, PI_{jt}, LI_{jt}) \qquad (7-13)$$
$$TE_{ijt} = E[\exp(-U_{ijt}) | \varepsilon_{ijt}], \varepsilon_{ijt} = V_{ijt} - U_{ijt},$$
$$TP_{ijt} = (1 - TE_{ijt}) \times 100\% \qquad (7-14)$$

其中，式 (7-11) 为随机前沿引力方程；式 (7-12) 表明了贸易非效率项和扰动项的分布特征，μ_0 和 σ_0 是常数项；式 (7-13) 列出了影响非效率项分布的制度质量外生变量，本研究主要从制度质量角度考察非效率项；式 (7-14) 为贸易效率 (TE) 和贸易潜力 (TP) 的计算公式，贸易潜力值 X^* 为 X 与 TE 之商。

本节从中国对"丝绸之路经济带"沿线国家的进出口两方面进行系统研究。

贸易非效率项模型假设为：

$$U_{ijt} = \alpha_0 + \alpha_1 FTA_{ijt} + \alpha_2 EI_{jt} + \alpha_3 PI_{jt} + \alpha_4 LI_{jt} + \varepsilon_{ijt} \quad (7-15)$$

对于非效率项的非自然影响因素的选取，本文基于数据可得性、经济相关性等方面的综合考虑，着重分析制度质量、贸易协定等因素。制度质量包括政治制度质量（PI）、经济制度质量（EI）和法律制度质量（LI）三部分以及三者汇总后的总体质量（TI）。其中，政治制度质量的子指标包括政府规模、腐败控制、政治民主度、政治稳定性、政府效能、监管质量和政府清廉度 7 个指标，其数据来自世界银行 WGI 数据库。经济制度质量的子指标包括商业自由度、贸易自由度、财政自由度、货币自由度、投资自由度和金融自由度 6 个指标，其数据来自美国传统基金会。法律制度质量包括产权保护度和法制完善度 2 个子指标，其数据分别来自世界银行 WGI 数据库和美国传统基金会。两个组织对 15 个子指标的赋值范围都是 [0，100]，分值越高代表制度质量越高。总体制度质量以政治制度、经济制度和法律制度三个指标的算术平均数表示。由于 WGI 从 1996 年开始才有相应数据，所以选择的面板数据年限为 2000—2018 年。FTA 为贸易协定变量，中国与贸易伙伴的自由贸易协定生效当年及以后年份 FTA ＝1，协定未生效的年份或未签订协定的年份 FTA ＝0。

因此，"一步法"的模型假设为：

$$\ln X_{ijt} = \beta_0 + \beta_1 \ln PGDP_{it} + \beta_2 \ln PGDP_{jt} + \beta_3 \ln POP_{it} + \beta_4 \ln POP_{jt} +$$

$$\beta_5 \ln DIS_{ij} + \beta_6 BOR_{ij} + \beta_7 LAG_{ij} + V_{ijt} - \begin{pmatrix} \alpha_0 + \alpha_1 FTA_{ijt} + \alpha_2 EI_{jt} + \\ \alpha_3 PI_{jt} + \alpha_4 LI_{jt} + \varepsilon_{ijt} \end{pmatrix}$$

$$(7-16)$$

本研究采用"一步法"进行随机前沿模型回归，直接获得 U 及其与非效率影响因素的关系，能有效克服"二步法"的缺陷。

中国对"丝绸之路经济带"沿线国家出口贸易额数据来自联合国商品贸易统计数据库，沿线各国国内生产总值数据来自世界银行数据库，国内生产总值都是采用 2010 年不变美元价格来计算的；地理距离采用上文地理异质性时间距离处理方法计算真实时间距离；"丝绸之路经济带"沿线国家人口规模数据指标均来自世界银行数据库；中国人均国内生产总值数据来自世界银行数据库。以上指标在计量分析中均取对数以克服异方差影响。虚拟变量边界的设置，如果领土与中国接壤则其值取 1，否则取值为 0；如果语言与中国官方语言相同则其值取 1，否则取值为 0。

7.2.2 出口潜力实证估计结果分析

1. 随机前沿引力模型假设的检验

一般认为随机前沿引力分析方法高度依赖模型的函数表达形式，因此要应用似然比检验模型的形式和适用性。本节设定四个检验：贸易非效率存在性检验，贸易非效率不变化的检验，是否引入边界变量的检验，是否引入语言变量的检验。

检验结果如表7-4所示。首先，结果论证了随机前沿引力模型的适用性；其次，发现"丝绸之路经济带"沿线国家出口效率在2000—2018年确实存在变化，因此确定使用时变的随机前沿引力模型；再次，在研究中加入边界变量是合适的；最后，在研究中引入语言变量是恰当的。

表7-4 随机前沿引力模型假设检验结果（2000—2018年）

原假设	约束模型 ln（H_0）	非约束模型 ln（H_1）	LR 统计量	1%的临界值	检验结论
不存在贸易非效率	−535.633	−396.270	278.72	8.273	拒绝
贸易非效率不变化	−396.270	−520.256	247.972	16.074	拒绝
不引入边界变量	−398.099	−520.256	244.314	8.273	拒绝
不引入语言变量	−397.420	−520.256	245.672	8.273	拒绝

注：上述数据由软件整理得出，$LR = 2 | \ln（H_0）- \ln（H_1）|$。

2. 随机前沿引力模型估计结果

在确定随机前沿引力模型的函数形式后，本节使用Frontier4.1软件对2000—2018年中国对"丝绸之路经济带"沿线国家的出口进行了模型估计。从表7-5可以得知，待估参数 η 非常显著，表明贸易非效率项随时间变化，也更加适用于本研究。参数 η 的系数为正，说明我国对沿线国家的出口贸易效率稳步提升。同时可以看出，出口国 $PGDP_{it}$ 是正弹性且弹性较大，并通过显著性检验。这说明中国本身经济发展水平越高，对出口贸易的正面促进作用越大，这与我国长期以来出口导向的策略有直接关系。进口国 $PGDP_{jt}$ 也具有非常显著的正估计弹性，但影响程度显著低于本国经济发展水平。这说明沿线国家的经济发展水平越好，对中国的商品需求越有吸引力，越能促进中国对其出口，是符合理论预期的。

中国的人口变量 POP_{it} 具有非常显著的正估计弹性，远远超过沿线国家人口对中国出口的影响，与理论预期有所差异。沿线国家的人口增长对中国出口起正向促进作用，符合预期，但影响程度明显小于国内因素。

距离因素 DIS_{ij} 依然对中国出口有较显著的负面影响。"丝绸之路经济带"沿线各国多为内陆国家，与中国的贸易多依靠铁路、公路运输，尽管基础设施建设和运输工具有较大进步，但贸易距离对中国出口贸易有显著负估计系数，与理论预期相同。

边界变量 BOR_{ij} 有较为显著的正估计系数，说明国与国的毗邻关系有助于两国贸易的增长，但由于交通行业的发展进步，这一变量的促进作用较小。变量 LAG 显示，共同语言因素与贸易负相关，但并未通过显著性检验。时变模型中，γ 达到0.466，并通过显著性检验，说明在时变情形下，没有实现的贸易潜力接近50%是由贸易非效率造成的。而时不变模型显示贸易非效率影响了65.6%的贸易潜力实现，这表明研究贸易非效率影响因素十分必要。

表7-5 随机前沿引力模型的估计结果

估计方法	时不变模型		时变模型	
变量	系数	t 值	系数	t 值
常数	-1634.00^{**}	-13.34	-1053.29^{***}	-5.38
$PGDP_{it}$	2.585	9.572	2.013^{***}	6.80
$PGDP_{jt}$	0.956^{***}	8.652	0.485^{***}	6.40
POP_{it}	79.44^{**}	13.58	51.63^{***}	5.49
POP_{jt}	0.774^{***}	6.937	0.592^{***}	9.10
DIS_{ij}	-1.51	-3.597	-0.756^{***}	-2.58
LAG_{ij}	-0.04^{***}	-0.207	-0.015	-0.09
BOR_{ij}	0.96^{***}	2.40	0.871^{***}	3.43
σ^2	0.947^{***}	3.357	0.447^{***}	6.03
γ	0.656^{***}	6.55	0.466^{***}	7.39
μ	1.43^{**}	3.06	0.913^{***}	4.24
η	—	—	0.0636^{***}	10.22
对数似然值	-367.183		-396.270	

续表7—5

估计方法	时不变模型	时变模型
LR 检验	336.9	278.72

注：＊、＊＊、＊＊＊分别表示在10％、5％、1％显著性水平上显著。

3. 贸易非效率项估计结果

本研究采用"一步法"并使用 Frontier4.1 软件进行估计，同时得到随机前沿函数和贸易非效率项极大似然估计结果。

既有文献侧重考察较为细微的人为因素，如贸易自由度、货币自由度、政府管制等因素。本研究尝试从包含这些因素的平均制度质量因素角度，即制度质量综合视角来考察贸易非效率项对出口的影响程度。结果如表7—6所示。

我们发现，随机前沿函数的各变量系数与上文影响系数较为吻合，"丝绸之路经济带"沿线国家经济发展水平、人口均对出口有正面影响，而本国人口规模对出口有较大正面影响，需要从历史和未来两个角度进行解读。共同语言因素则对出口起负面作用，并通过了显著性检验，与理论预期有所差异。这可能与"丝绸之路经济带"沿线国家的经济、社会、民族等各方面情况差别较大，且中国与沿线国家的贸易包容性较大有关，同时与中国的官方语言与其他沿线国家的官方语言相差较大有直接关系。

从贸易非效率项的角度来看，贸易协定安排、沿线国家经济制度质量、沿线国家政治制度质量以及沿线国家法律制度质量均对减少贸易壁垒、降低贸易非效率有正面影响。这表明制度质量越高，而且是全部制度质量的发展越充分，越能降低贸易阻力。其中，法律制度质量的显著性更高，而经济制度质量的促进作用更大。双边和多边的贸易协定则能更大限度地对贸易非效率项起到负向作用，表明当前中国在与沿线国家的贸易联系中要坚持 WTO 多边体制、双边的自贸协定、APEC 等双边多边贸易协定，特别是要坚持在 WTO 多边体制框架内进行国际经济交往，做国际经济秩序的坚定维护者。这些人为的贸易非效率影响到高达 96％ 的贸易潜力的实现。一步法得出的最终结果比二步法的函数的结果更加显著，系数更高。

表 7-6　两种函数估计结果对比

随机前沿函数			贸易非效率项函数		
变量	系数	t 值	变量	系数	t 值
常数	$-1790.0527***$	-634.8485	常数	$2.8593***$	2.8098
$PGDP_{it}$	$2.8981***$	43.9414	FTA_{ijt}	$-2.5197*$	-1.6849
$PGDP_{jt}$	$0.7031***$	17.5623	EI_{jt}	$-0.1512*$	-1.6687
POP_{it}	$86.5338***$	526.7190	PI_{jt}	$-0.0811*$	-1.7874
POP_{jt}	$0.8317***$	23.3646	LI_{jt}	$-0.0643***$	-2.2705
DIS_{ij}	-0.3537	-1.5493			
LAG_{ij}	$-0.3695**$	-2.8703			
BOR_{ij}	$1.0115***$	7.1814			
σ^2	$9.30**$	1.902	γ	$0.9603***$	44.84
对数似然值	-520.25		LR 检验	30.75	

注：*、＊＊、＊＊＊分别表示10%、5%、1%显著性水平上显著。

7.2.3　出口效率与贸易潜力可视化

1. 出口效率和潜力测度

通过式（7-14），我们可以得出中国对"丝绸之路经济带"沿线国家的出口效率、出口潜力、出口潜力值以及将来可拓展贸易量等数据，如表7-7所示。贸易潜力值为贸易值与贸易效率的比值，可拓展贸易量为贸易潜力与实际贸易量的差值。

表 7-7　2018 年中国对"丝绸之路经济带"沿线国家的出口效率与潜力

国家	出口效率（TE）	出口潜力（TP）	出口额/亿美元	贸易潜力值/亿美元	可拓展贸易量/亿美元
埃及	0.75	0.25	120.21	160.75	40.54
法国	0.69	0.31	311.93	451.48	139.55
德国	0.76	0.24	779.09	1022.99	243.90
印度	0.51	0.49	768.81	1518.30	749.50
伊朗	0.73	0.27	140.09	192.76	52.67
意大利	0.71	0.29	332.63	465.43	132.80

国家	出口效率（TE）	出口潜力（TP）	出口额/亿美元	贸易潜力值/亿美元	可拓展贸易量/亿美元
哈萨克斯坦	0.66	0.34	113.27	170.40	57.13
吉尔吉斯斯坦	0.81	0.19	55.47	68.39	12.92
巴基斯坦	0.59	0.41	169.67	288.74	119.07
俄罗斯	0.56	0.44	480.05	856.55	376.50
沙特	0.74	0.26	175.61	238.75	63.14
塔吉克斯坦	0.55	0.45	14.26	25.98	11.72
土耳其	0.64	0.36	178.64	278.49	100
土库曼斯坦	0.52	0.48	3.17	6.08	2.91
乌克兰	0.70	0.30	70.26	100.33	30.08
英国	0.80	0.20	569.88	715.14	145.26
乌兹别克斯坦	0.59	0.41	39.42	67.18	27.76
阿塞拜疆	0.40	0.60	5.16	12.93	7.77
亚美尼亚	0.21	0.79	2.13	10.20	8.07
格鲁吉亚	0.47	0.53	11.03	23.21	12.19
利比亚	0.61	0.39	1.43	2.36	0.93
阿尔及利亚	0.57	0.43	7.92	13.83	5.91

按照刁莉（2017）对贸易效率高低的界定，将出口效率介于0.4和0.6之间定义为中等水平，高于0.6定义为较高水平，低于0.4定义为较低水平。我们发现，2018年中国对埃及、法国、德国、伊朗、意大利、哈萨克斯坦、吉尔吉斯斯坦、沙特阿拉伯、土耳其、乌克兰、英国、利比亚有较高贸易效率，对印度、土库曼斯坦、巴基斯坦、塔吉克斯坦、乌兹别克斯坦、格鲁吉亚、阿尔及利亚、俄罗斯有中等贸易效率，对亚美尼亚、阿塞拜疆有较低贸易效率。因此，从区域来看，中国对环中亚区域的出口效率普遍较低；与欧亚区域特别是欧洲发达国家的自由贸易水平较高，贸易壁垒较少，呈现出较高的出口效率；与中亚以及经贸关系良好的伙伴间则呈现出较高的出口效率。

从贸易潜力值（见图7-1）来看，中国与德国、印度、俄罗斯、英国的贸易潜力值较大。而从可拓展贸易量（见图7-2）来看，印度高居榜首，达到749.5亿美元，德国达到243.9亿美元、俄罗斯达到376.5亿美元,其他诸如法国、英国、意大利、巴基斯坦、土耳其等国均达到或超过 100 亿美元。2018 年中国对"丝绸之路经济带"沿线国家的出口额约 4350 亿美元,但贸易潜力值约 6690 亿美元,可拓展贸易量约 2340 亿美元,潜力巨大。

从表 7-7 中我们也可以发现,贸易潜力主要是由贸易效率来决定,而一国贸易潜力值则同时取决于贸易国本身的贸易量和贸易效率。印度的贸易潜力值巨大是因为相对贸易效率低和实际贸易额高。未来中国在"一带一路"建设中难以回避与印度既竞争又合作的关系,从当前看两国之间的贸易壁垒较多,贸易阻力较大,贸易潜力巨大,值得高度关注。

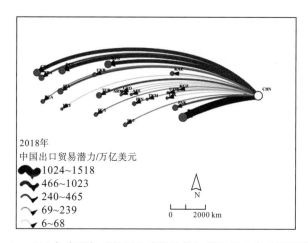

图 7-1 2018 年中国与"丝绸之路经济带"沿线国家出口贸易潜力值

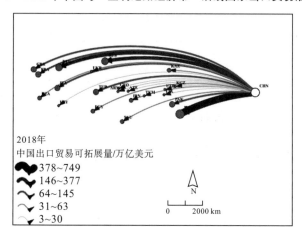

图 7-2 2018 年中国与"丝绸之路经济带"沿线国家出口贸易可拓展量

2. 出口效率动态变化

根据式（7-14）可以测算出，2000—2018 年中国对"丝绸之路经济带"沿线国家的出口效率平均值为 0.61，说明中国对该地区的出口贸易已经达到最优水平的 61%。考虑到时间变化，本研究测算了各个年份对"丝绸之路经济带"沿线国家的出口效率平均值。

如图 7-3 所示，出口效率的变化轨迹呈现出 2000—2014 年、2014—2018 年两个阶段相似的倒 V 形走势。前一个阶段，出口效率值先缓慢上升，2008 年后缓慢下降；后一个阶段，出口效率值先快速上升，2015 年后快速下降。两个最低点是 2001 年的 0.505 和 2014 年的 0.517，两个最高点是 2008 年的 0.715 和 2015 年的 0.695，可见 2008 年全球金融危机客观上中断了中国出口效率的连续上涨，也在意料之中。2018 年的出口效率值只有 0.568，这意味着此时中国对"丝绸之路经济带"沿线国家的出口贸易仅为最优水平的 56.8%，未达到近 20 年的平均水平，说明中国出口贸易面临壁垒较多，这与中美经贸摩擦引发的全球贸易局势紧张有直接关系。

图 7-3 2000—2018 年中国出口效率平均值

7.2.4 进口潜力实证估计结果分析

1. 随机前沿引力模型假设的检验

随机前沿分析方法高度依赖模型的函数表达形式，故应用似然比对模型的形式和适用性进行检验。同样设定四个检验：贸易非效率存在性检验，贸易非效率不变化的检验，是否引入边界变量的检验，是否引入语言变量的检验。检验结果如表7-8所示。首先，检验结果论证了随机前沿引力模型的适用性；其次，发现中国对"丝绸之路经济带"沿线国家的进口效率在2000—2018年确实存在变化，因此确定使用时变的随机前沿引力模型；再次，在研究中引入边界变量是合适的；最后，在研究中引入语言变量是恰当的。

表7-8　随机前沿引力模型假设检验结果（2000—2018年）

原假设	约束模型	非约束模型	LR 统计量	1%的临界值	检验结论
不存在贸易非效率	−595.25	−575.611	39.29	8.273	拒绝
贸易非效率不变化	−575.611	−562.45	26.32	16.074	拒绝
不引入边界变量	−576.73	−562.45	26.56	10.50	拒绝
不引入语言变量	−577.99	−562.45	31.08	10.50	拒绝

注：上述数据由软件整理得出，$LR=2\,|\ln(H_0)-\ln(H_1)|$。

2. 随机前沿引力模型估计结果

在确定随机前沿引力模型的函数形式后，对2000—2018年我国对"丝绸之路经济带"沿线国家进口贸易进行了模型估计。从表7-9可以得知，待估参数η在1%水平下非常显著，说明贸易非效率项随时间变化。参数η的系数为正，说明我国对沿线国家的进口贸易效率稳步提升。分别对时变、时不变模型进行估计，我们发现模型中的经典变量均符合预期，国内外人均GDP都有显著的正弹性，说明贸易国经济发展水平越高越能促进中国进口，且中国国内的因素更为重要。

中国人口变量POP_{it}具有正估计弹性且通过显著性检验，其影响远远超过沿线国家人口对中国进口的影响，同时中国的进口增长与本国市场规模不断扩大有直接关系。沿线国家的人口增长对中国进口起促进作用，但影响力明显小于中国国内因素。距离因素DIS_{ij}依然对中国进口有负面影响，并通过显著性检验，表明中国与沿线国家进口贸易受地理空间影响较大，仍需要大幅度提高贸易便利化水平。

边界变量BOR_{ij}有正估计系数，这说明国与国的毗邻关系有助于两国贸易的增长，与理论预期相符。但时变模型中，该系数未通过显著性检验，这说明边界对于中国的进口贸易而言意义不大。变量LAG显示，共同语言因素与中国的进口贸易呈负相关，但未通过显著性检验。γ达到

0.06，且未通过显著性检验，需要在"一步法"随机前沿引力模型中继续判定。

表 7-9　随机前沿引力模型的估计结果

估计方法	时不变模型		时变模型	
变量	系数	t 值	系数	t 值
常数	-1194.21^{***}	-1190.75	-782.15^{***}	-3.31
$PGDP_{it}$	1.79^{***}	15.27	1.69^{***}	3.43
$PGDP_{jt}$	1.26^{***}	11.18	1.39^{***}	12.37
POP_{it}	57.48^{***}	227.41	38.00^{***}	3.35
POP_{jt}	1.08^{***}	9.24	1.09^{***}	10.33
DIS_{ij}	-0.84	-1.40	-1.37^{**}	-2.22
LAG_{ij}	-0.42	-1.23	-0.39	-1.05
BOR_{ij}	1.38^{***}	3.40	0.68	1.71
σ^2	1.64^{***}	7.66	1.38^{***}	12.12
γ	0.18^{*}	1.85	0.06	1.28
μ	1.07	1.70	0.58^{**}	2.67
η	—	—	0.07^{***}	5.42
对数似然值	-581.11		-575.61	
LR 检验	28.29		39.29	

注：$*$、$**$、$***$ 分别表示在 10%、5%、1% 显著性水平上显著。

3. 贸易非效率项估计结果

本研究采用"一步法"并使用 Frontier4.1 软件进行估计，同时得到随机前沿函数和贸易非效率项极大似然估计结果，如表 7-10 所示。

我们发现，"一步法"得出的随机前沿函数的各变量系数与上文时变、时不变模型显示系数较为吻合，其中沿线国家人均 GDP、人口增长对中国的进口贸易有正向影响，而双边距离对贸易有阻碍作用。进口国市场规模对进口贸易有显著正弹性，且系数达到 57.54，表明中国人口规模每增长 1%，进口贸易规模增长 57.54%。γ 达到 0.96，并通过显著性检验，说明没有实现的贸易潜力的 96% 是因为贸易非效率造成的，研究非效率影响因素具有重要价值。

从贸易非效率项的角度来看，贸易协定安排，沿线国家政治、法律制度质量对中国进口贸易效率提高有正面影响，但贸易协定和法律制度质量并未通过显著性检验，因此与出口贸易相比，贸易协定的作用大幅度削弱了。而沿线国家经济制度质量越高，越会增加贸易壁垒，产生了贸易非效率，这与理论预期不符。这可能与沿线国家经济制度质量普遍不高有关，因此可能存在一个对贸易效率有促进作用的"门槛"。针对沿线国家的经济制度质量对中国进口贸易的影响的研究，有待进一步深入。

表 7-10　两种函数估计结果对比

随机前沿函数			贸易非效率项函数		
变量	系数	t 值	变量	系数	t 值
常数	-1193.19***	-1155.78	常数	-4.36*	-1.58
$PGDP_{it}$	1.87***	17.32	FTA_{ijt}	-0.61	-0.70
$PGDP_{jt}$	1.21***	17.18	EI_{jt}	0.08**	2.13
POP_{it}	57.54***	396.02	PI_{jt}	-0.36***	-3.26
POP_{jt}	1.13***	20.41	LI_{jt}	-0.01	-0.54
DIS_{ij}	-1.10**	-3.14			
LAG_{ij}	-0.91***	-5.01			
BOR_{ij}	1.06***	4.85			
σ^2	13.61***	3.64	γ	0.95***	57.44
对数似然值	-562.45		LR 检验	65.61	

注：＊、＊＊、＊＊＊分别表示在10％、5％、1％显著性水平上显著。

7.2.5　进口效率与贸易潜力可视化

1. 进口效率和潜力测度

通过式（7-14），我们可以得出中国对"丝绸之路经济带"沿线国家的进口效率、进口潜力、进口潜力值以及将来可拓展贸易量等数据，如表7-11所示。

表 7-11 2018 年中国与"丝绸之路经济带"沿线国家进口贸易效率和潜力

国家	进口效率 （TE）	进口潜力 （TP）	进口额 /亿美元	贸易潜力值 /亿美元	可拓展贸易量 /亿美元
埃及	0.49	0.51	10.19	20.85	10.65
法国	0.56	0.44	246.18	438.75	192.57
德国	0.64	0.36	1105.02	1727.13	622.11
印度	0.47	0.53	163.76	345.78	182.02
伊朗	0.68	0.32	90.65	132.85	42.21
意大利	0.57	0.43	154.86	273.99	119.13
哈萨克斯坦	0.72	0.28	63.07	87.04	23.96
吉尔吉斯斯坦	0.58	0.42	0.61	1.05	0.44
巴基斯坦	0.54	0.46	18.18	33.66	15.48
俄罗斯	0.64	0.36	560.20	879.43	319.23
沙特	0.60	0.40	97.24	162.59	65.34
土耳其	0.39	0.61	29.15	74.35	45.20
乌克兰	0.67	0.33	22.00	32.65	10.65
英国	0.67	0.33	277.01	414.56	137.55
阿塞拜疆	0.38	0.62	1.14	3.00	1.87
亚美尼亚	0.44	0.56	1.07	2.42	1.35
格鲁吉亚	0.42	0.58	1.98	4.76	2.78
阿尔及利亚	0.50	0.50	6.92	13.89	6.97
乌兹别克斯坦	0.49	0.51	277.01	564.86	287.85

从 2018 年的数据来看，中国对德国、伊朗、哈萨克斯坦、俄罗斯、乌克兰、英国、沙特等国有较高进口效率，说明中国与这些国家的进口贸易阻力较小，这与长期的友好经贸往来有直接关系。进口效率较低的国家是土耳其、阿塞拜疆，这两个国家相对来说与中国的贸易结构有较大相似性，存在较多的直接贸易竞争，因此贸易摩擦较多。中国对其他国家的进口贸易效率均处于中等水平。

从进口潜力值来看，进口潜力值较大的国家是德国、俄罗斯、英国、法国、印度、意大利等国，其中德国的进口潜力值达到 1727.13 亿美元，俄罗斯达到 879.43 亿美元。进口潜力值较小的国家是吉尔吉斯斯坦、阿塞拜疆、格鲁吉亚、亚美尼亚等国，都在 10 亿美元以下。

从可拓展贸易量角度来看，值得大力提升贸易潜力的国家是俄罗斯、德国、法国、英国和印度，其中德国的可拓展贸易量达到 622.11 亿美元。

从地理可视化角度，我们也可以清晰地看到贸易潜力值和可拓展贸易量靠前的重点国家，如图 7—4 和 7—5 所示。

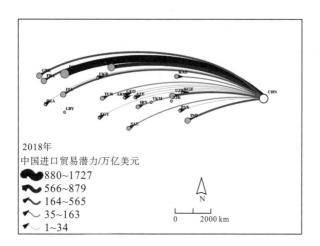

图 7—4 2018 年中国与"丝绸之路经济带"沿线国家的进口贸易潜力值

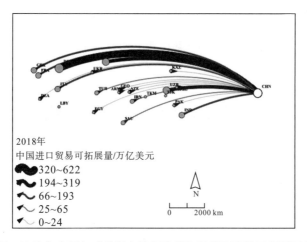

图 7—5 2018 年中国与"丝绸之路经济带"沿线国家进口贸易可拓展量

2. 进口效率动态变化

根据式（7—14）可以测算出，2000—2018 年中国对"丝绸之路经济带"沿线国家的进口效率平均值为 0.55，说明中国对该地区的进口贸易已经达到最优水平的 55％。考虑到时间变化，本研究测算了各个年份对"丝绸之路经济带"沿线国家的进口效率平均值。

如图 7－6 所示，2001 年进口效率值仅为 0.41，但随着中国加入 WTO，开启对外开放的新格局，进口效率持续向好。但自 2002 年以来，中国进口效率一直在 0.5～0.6 之间震荡。2018 年中国进口效率值为 0.578，处在一个较高水平，这与中国自金融危机以来重视国内市场开发和降低进口壁垒是分不开的。

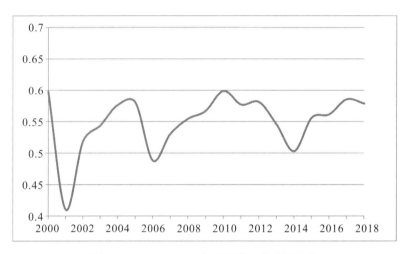

图 7－6　2000—2018 年中国进口效率平均值

7.3　中国与"丝绸之路经济带"沿线国家工业品贸易潜力研究

7.3.1　工业品出口贸易潜力研究

1. 假设检验结果

对于随机前沿引力模型的函数形式，同样设定四个检验：贸易非效率存在性检验，贸易非效率不变化的检验，是否引入边界变量的检验，是否引入语言变量的检验。检验结果如表 7－12 所示。四个假设的检验结论都是拒绝原假设。

表 7−12　随机前沿引力模型假设检验结果（2000—2018 年）

原假设	约束模型	非约束模型	LR 统计量	1%的临界值	检验结论
不存在贸易非效率	−541.023	−373.51	335.026	8.273	拒绝
贸易非效率不变化	−373.51	−522.22	297.42	14.32	拒绝
不引入边界变量	−391.31	−522.22	261.82	10.50	拒绝
不引入语言变量	−380.382	−522.22	283.676	10.50	拒绝

2. 随机前沿引力模型估计结果

采用时变、时不变模型分别进行估计，结果如表 7−13 所示。η 显著为正，说明贸易非效率项随时间变化，中国对沿线国家的出口效率稳步提升。以时不变模型做稳健性检验，我们发现经典变量的估计结果基本符合预期，并与时变模型的系数估计结果基本一致，说明出口国、进口国的人均 GDP 和人口增长均与工业品出口贸易具有显著正相关关系，且中国自身因素的影响远大于伙伴国的影响。距离因素与工业品出口贸易显著负相关，共同语言因素则并非主要因素，而两国接壤有助于工业品出口贸易的发生。

表 7−13　随机前沿引力模型估计结果对比

估计方法	时不变模型		时变模型	
变量	系数	t 值	系数	t 值
常数	−1892.65***	−1179.60	−1234.18***	−11.75
$PGDP_{it}$	3.09***	44.82	2.68***	13.18
$PGDP_{jt}$	0.95***	8.34	0.53***	10.14
POP_{it}	91.84***	454.10	60.00***	11.81
POP_{jt}	0.79***	5.99	0.70***	15.13
DIS_{ij}	−1.28***	−3.67	−0.12	−0.41
LAG_{ij}	−0.04	−0.17	0.00	0.03
BOR_{ij}	0.99**	2.65	1.05***	5.34
σ^2	0.91**	2.76	0.37***	8.51
γ	0.61***	4.36	0.18*	2.07
μ	1.49**	2.53	0.51***	5.52

估计方法	时不变模型		时变模型	
η	—	—	0.10^{***}	11.41
对数似然值	-415.56		-373.51	
LR 检验	250.91		334.6	

注：＊、＊＊、＊＊＊分别表示在10％、5％、1％显著性水平上显著。

接着，本研究采用"一步法"并使用Frontier4.1软件进行估计，同时得到随机前沿函数和贸易非效率项极大似然估计结果，如表7-14所示。

出口国$PGDP_{it}$是正弹性，且通过1％显著性水平检验。类似总出口贸易的随机前沿估计结果，本国的人均GDP对出口贸易具有较大促进作用。而中国改革开放40多年来的出口导向战略的发展首先是制造业出口导向。进口国$PGDP_{jt}$具有非常显著的正估计弹性，这说明沿线国家的经济发展水平越好，对中国的制造业产品需求越大，越能促进中国对其出口，是符合理论预期的。但本国的经济发展水平对贸易的促进作用远大于伙伴国作用。

中国人口变量POP_{it}具有非常显著的正估计弹性，符合理论预期。沿线国家的人口增长对中国工业品出口起促进作用，但影响力明显小于中国国内因素。

距离因素DIS_{ij}依然对中国工业品出口有较显著的负面影响，符合经典引力模型的预期。

边界变量BOR_{ij}有显著的正估计系数，说明国与国的毗邻关系有利于两国贸易的增长，这与理论预期一致。变量LAG显示，共同语言因素与贸易显著负相关，与理论预期有所差异，这表明共同语言因素在"丝绸之路经济带"沿线国家的工业品贸易中起负向阻碍作用，这可能与"丝绸之路经济带"的经济宽容度有关。换言之，使用不同语言非但没有阻碍贸易往来，这种差异反而有助于贸易发展。γ达到0.967，说明没有实现的贸易潜力有96.7％是由贸易非效率造成的，这表明研究贸易非效率影响因素十分必要。

3. 贸易非效率项估计结果

本研究尝试从贸易协定、制度质量综合视角来考察贸易非效率项对工业品出口的影响程度。由表 7-14 可知，贸易协定安排、经济制度质量、法律制度质量、政治制度质量均对贸易效率有正面贡献，其中双边、多边的贸易协定对破解贸易非效率具有较大贡献，而且系数较大。各进口国的制度质量越好，越能促进中国贸易效率的改进，其中法律制度质量的显著性最强，而经济制度质量促进贸易的作用更大。

表 7-14　两种函数估计结果对比

随机前沿函数			贸易非效率项函数		
变量	系数	t 值	变量	系数	t 值
常数	-1890.1025^{***}	-660.3441	常数	2.4353^{***}	2.3981
$PGDP_{it}$	3.0722^{***}	41.2611	FTA_{ijt}	-2.8092^{**}	-2.0495
$PGDP_{jt}$	0.6968^{***}	16.1388	EI_{jt}	-0.1626^{**}	-1.9063
POP_{it}	91.3939^{***}	528.2582	PI_{jt}	-0.0727^{**}	-1.9408
POP_{jt}	0.8391^{***}	23.0008	LI_{jt}	-0.0722^{***}	-2.2788
DIS_{ij}	-0.4571^{**}	-1.9911			
LAG_{ij}	-0.3755^{***}	-2.7673			
BOR_{ij}	0.8914^{***}	6.2003			
σ^2	10.59^{**}	2.15	γ	0.967^{***}	56.81
对数似然值	-524.188		LR 检验	33.67	

注：此处 *、＊＊、＊＊＊分别表示在 10％、5％、1％显著性水平上显著。

4. 出口潜力

如表 7-15 所示，从出口效率来看，中国对法国、德国、印度、伊朗、吉尔吉斯斯坦、俄罗斯、塔吉克斯坦、土耳其、英国、利比亚、阿尔及利亚等国的出口效率较高，对乌克兰的出口效率较低，对其他国家的出口效率为中等水平。

从贸易潜力值来看，印度的潜力值在 1000 亿美元之上，俄罗斯、德国、意大利、法国、英国、埃及、伊朗、巴基斯坦、沙特等国的贸易潜力值均在 100 亿美元以上，土库曼斯坦、亚美尼亚、阿塞拜疆的贸易潜力值则在 10 亿美元以下。

从可拓展贸易量来看，印度大幅领先，为 400 亿美元左右；德国、意大利、巴基斯坦、俄罗斯、埃及、沙特都是可拓展贸易量在 100 亿美元之上的重点工业品贸易伙伴。

表 7—15　工业品出口效率和潜力

国家	出口效率（TE）	出口潜力（TP）	出口额/亿美元	贸易潜力值/亿美元	可拓展贸易量/亿美元
埃及	0.50	0.50	104.23	209.40	105.16
法国	0.72	0.28	253.20	351.00	97.80
德国	0.70	0.30	650.09	934.99	284.90
印度	0.63	0.37	680.58	1079.17	398.59
伊朗	0.81	0.19	123.81	153.07	29.26
意大利	0.59	0.41	275.98	470.23	194.25
哈萨克斯坦	0.54	0.46	85.27	156.96	71.68
吉尔吉斯斯坦	0.73	0.27	40.29	55.18	14.88
巴基斯坦	0.53	0.47	151.74	284.88	133.14
俄罗斯	0.64	0.36	398.80	628.02	229.22
沙特	0.53	0.47	141.04	267.87	126.83
塔吉克斯坦	0.67	0.33	11.50	17.18	5.68
土耳其	0.79	0.21	153.89	195.37	41.48
土库曼斯坦	0.57	0.43	2.95	5.17	2.22
乌克兰	0.39	0.61	58.17	150.43	92.25
英国	0.70	0.30	435.92	622.74	186.82
乌兹别克斯坦	0.45	0.55	36.57	80.77	44.20
阿塞拜疆	0.58	0.42	4.48	7.68	3.20
亚美尼亚	0.57	0.43	1.95	3.42	1.48
格鲁吉亚	0.50	0.50	9.42	18.93	9.51
利比亚	0.72	0.28	11.84	16.42	4.57
阿尔吉利亚	0.70	0.30	68.76	98.89	30.13

7.3.2　工业品进口贸易潜力研究

1. 假设检验结果

检验方法同前，结果如表7-16所示。

表7-16　随机前沿引力模型假设检验结果（2000—2018年）

原假设	约束模型	非约束模型	LR 统计量	1%的临界值	检验结论
不存在贸易非效率	−859.48	−769.983	179	10.50	拒绝
贸易非效率不变化	−769.983	−829.55	119.13	17.75	拒绝
不引入边界变量	−770.39	−829.55	118.32	10.50	拒绝
不引入语言变量	−771.16	−829.55	116.78	10.50	拒绝

2. 贸易潜力模型估计结果

在确定随机前沿引力模型的函数形式后，对2000—2018年中国对"丝绸之路经济带"沿线国家的工业品进口贸易进行了模型估计。从表7-17可以得知，待估参数 η 在5%水平上非常显著，说明贸易非效率项随时间变化。参数 η 的系数为正，说明中国对沿线国家的工业品进口效率不断上升。无论是时不变模型还是时变模型，对经典变量的估计都表现一致。其中出口国、进口国人均GDP均对工业品进口贸易有促进作用，且影响程度较为一致。本国的人口增长不利于工业品进口增长，与预期不同。这可能表明中国国内市场越大，越不需要依赖国际市场，这是大国规模经济的表现，也与中国具有联合国产业分类体系中所列全部工业门类有关。距离因素依然是影响工业品进口的阻碍因素，符合预期。共同语言因素对工业品进口有正向促进作用。共同边界因素与工业品进口负相关，但未通过显著性检验。在时变模型中，γ 高达0.91，表明贸易非效率项造成91%的贸易潜力无法实现，对于后续随机前沿引力模型的解释十分有必要。

表7-17　随机前沿引力模型的估计结果

估计方法	时不变模型		时变模型	
变量	系数	t 值	系数	t 值
常数	345.87 * * *	11.44	373.07 * * *	47.64

估计方法	时不变模型		时变模型	
$PGDP_{it}$	1.45***	10.71	1.20***	6.49
$PGDP_{jt}$	1.58***	12.05	1.54***	11.61
POP_{it}	−16.92***	−11.25	−17.69***	−35.15
POP_{jt}	1.30***	4.99	0.97***	4.92
DIS_{ij}	−1.98**	−2.69	−2.30**	−2.86
LAG_{ij}	0.66	1.33	0.86*	1.88
BOR_{ij}	0.34	0.54	−0.47	−0.89
σ^2	27.12**	2.41	21.14*	1.88
γ	0.93***	27.38	0.91***	16.60
μ	−10.02***	−3.62	−8.75*	−2.17
η	—	—	0.02**	2.37
对数似然值	−771.70		−769.98	
LR 检验	175.55		179.00	

注：*、**、***分别表示在10%、5%、1%显著性水平上显著。

通过"一步法"计算得出表7—18。可以发现，与上文相似，进口国 $PGDP_{it}$ 具有显著正估计弹性，出口国 $PGDP_{jt}$ 也具有非常显著的正估计弹性，这说明沿线各国的经济发展水平越高，越能促进该国出口工业品至中国，是符合理论预期的。

中国人口变量 POP_{it} 具有显著负估计系数，其影响远远超过沿线国家人口对中国工业品进口的影响。如上文解释，这可能与产业结构相关。距离因素 DIS_{ij} 对中国进口有显著负面影响，且系数较大，并通过显著性检验。

边界变量 BOR_{ij} 有正估计系数，但并未通过显著性检验。语言变量 LAG 显示，共同语言因素与贸易显著负相关，与预期不同。和总贸易潜力分析相似，"丝绸之路经济带"的经济包容性较大，而沿线各国官方语言多与中国不同。γ 达到 0.94，说明在时变情形下，没有实现的贸易潜力中有 94% 是由贸易非效率造成的，这表明研究工业品进口贸易非效率影响因素十分必要。

从贸易非效率项的角度来看，贸易协定安排、沿线国家法律制度质量及政治制度质量对中国工业品进口贸易效率提高有正面影响，而沿线国家经济制度质量提高能增加贸易壁垒，产生贸易非效率，且都通过了显著性检验。这说明出口国政治、法律制度的稳定能促进对中国的出口增长，而经济制度质量越高，对贸易非效率项越有正面促进作用。这颇令人费解的结论恰恰说明中国与沿线国家的贸易具有较大包容性。

表 7-18　两种函数估计结果对比

	随机前沿函数		贸易非效率项函数		
变量	系数	t 值	变量	系数	t 值
常数	378.7227***	379.0572	常数	−17.4708***	−3.7954
$PGDP_{it}$	1.3844***	8.6339	FTA_{ijt}	−4.3843**	−2.8555
$PGDP_{jt}$	1.8265***	18.5205	EI_{jt}	0.3156***	4.5101
POP_{it}	−17.5765***	−73.7421	PI_{jt}	−0.1924***	−4.8980
POP_{jt}	1.4734***	20.7064	LI_{jt}	−0.3395***	−5.6638
DIS_{ij}	−4.7695***	−8.2469			
LAG_{ij}	−0.7392**	−2.7491			
BOR_{ij}	0.2512	0.7754			
σ^2	28.65***	6.16	γ	0.940***	100.32
对数似然值	−829.647		LR 检验	59.67	

3. 进口效率

如表 7-19 所示，从中国对沿线国家工业品进口效率来看，中国对法国、德国、乌克兰、英国、沙特的进口效率较高，而对印度、土耳其、土库曼斯坦、阿塞拜疆、亚美尼亚、利比亚、阿尔及利亚等国的进口效率都较低，对其余国家的进口效率为中等水平。从贸易效率角度，我们发现与中国工业发展相似或发展水平更低的国家的进口效率较低，而与中国存在较大产业内和产品内贸易的工业发达国家有较高的贸易效率。

4. 进口潜力

由于联合国贸易和发展会议数据库缺失部分国家数据，表 7-19 中伊朗、土库曼斯坦、利比亚、阿尔及利亚等国贸易潜力数据空缺。从贸易潜力来看，德国是工业品进口潜力最大的国家，与预期设想高度一致，2018年的进口潜力值高达 1551 亿美元。法国、印度、意大利、沙特、英国等国的贸易潜力值均在 100 亿美元以上。从可拓展贸易量上看，德国超过 526 亿美元，依然高居榜首，而法国、印度的可拓展贸易量均超过 100 亿美元。

从提升贸易潜力的角度来看，印度等国值得高度关注，尤其是这些大国的贸易额还很大，因此贸易潜力值相对来说十分可观，应给予高度重视。

表 7-19　工业品进口效率和潜力

国家	进口效率（TE）	进口潜力（TP）	进口额/亿美元	贸易潜力值/亿美元	可拓展贸易量/亿美元
埃及	0.54	0.46	1.89	3.54	1.64
法国	0.61	0.39	200.27	327.43	127.16
德国	0.66	0.34	1025.24	1551.49	526.25
印度	0.37	0.63	86.06	233.19	147.13
伊朗	0.51	0.49	—	—	—
意大利	0.59	0.41	130.93	221.89	90.96
哈萨克斯坦	0.46	0.54	15.68	34.42	18.74
吉尔吉斯斯坦	0.53	0.47	0.10	0.19	0.09
巴基斯坦	0.55	0.45	12.24	22.38	10.14
俄罗斯	0.41	0.59	37.01	91.22	54.21
沙特	0.63	0.37	90.91	144.48	53.56
塔吉克斯坦	0.40	0.60	—	—	—
土耳其	0.45	0.55	6.48	14.51	8.03
土库曼斯坦	0.35	0.65	—	—	—
乌克兰	0.61	0.39	2.67	4.38	1.71
英国	0.65	0.35	136.64	211.67	75.04
乌兹别克斯坦	0.42	0.58	5.09	12.16	7.07
阿塞拜疆	0.30	0.70	0.34	1.14	0.80
亚美尼亚	0.36	0.64	0.11	0.32	0.20
格鲁吉亚	0.27	0.73	0.14	0.51	0.37
利比亚	0.27	0.73	—	—	—
阿尔吉利亚	0.15	0.85	—	—	—

7.4 中国与"丝绸之路经济带"沿线国家农产品贸易潜力研究

7.4.1 农产品出口贸易潜力研究

1. 假设检验结果

检验方法同前，结果如表 7-20 所示。四个假设的检验结论都是拒绝原假设。

表 7-20　随机前沿引力模型假设检验结果（2000—2018 年）

原假设	约束模型	非约束模型	LR 统计量	1%的临界值	检验结论
不存在贸易非效率	−563.728	−422.52	282.40	10.50	拒绝
贸易非效率不变化	−422.52	−522.50	199.96	12.48	拒绝
不引入边界变量	−424.416	−522.50	196.17	10.50	拒绝
不引入语言变量	−424.243	−522.50	196.52	10.50	拒绝

2. 随机前沿引力模型估计结果

本研究采用时不变模型和时变模型分别对中国对"丝绸之路经济带"沿线国家的农产品出口进行估计，发现自然因素变量在两个模型估计下基本一致，如表 7-21 所示。待估参数 η 非常显著，表明贸易非效率项随时间变化，符合预期假设。参数 η 的系数为正，说明中国对沿线国家的农产品出口效率在稳步上升，且时变模型更加适合农产品出口贸易潜力估计。各经典变量在两种模型下的估计结果基本符合经济学假设。人均 GDP、人口规模、两国接壤都对农产品出口贸易有正面促进作用。距离与农产品出口贸易显著负相关，但在时变模型中该变量并未通过显著性检验。另外，共同语言因素并未通过显著性检验。而 γ 说明贸易非效率因素是造成农产品出口贸易流量与出口潜力存在较大差距的主要因素。

表 7-21　随机前沿引力模型的估计结果

估计方法	时不变模型		时变模型	
变量	系数	t 值	系数	t 值
常数	-1110.7326***	-8.7135	-1364.2383***	-124.0136
$PGDP_{it}$	1.7432***	6.1397	2.4226***	30.2094
$PGDP_{jt}$	0.9236***	5.9834	0.7321***	11.9263
POP_{it}	53.8940***	8.8763	66.1869***	131.2387
POP_{jt}	0.7786***	6.9760	0.5118***	5.5408
DIS_{ij}	-1.1187*	-2.4680	-0.3542	-1.0654
LAG_{ij}	-0.2044	-0.9355	-0.2742	-1.4812
BOR_{ij}	1.0423**	2.5195	0.9393***	3.5656
σ^2	1.3011*	2.1454	5.5516**	2.7502
γ	0.7100***	5.3141	0.9331***	38.9462
μ	1.1312	1.4942	-4.5520***	-3.9162
η	—	—	0.0244***	3.7250
对数似然值	-426.897		-422.52	
LR 检验	273.6620		282.40	

注：＊、＊＊、＊＊＊分别表示在10％、5％、1％显著性水平上显著。

本研究采用"一步法"并使用 Frontier4.1 软件进行估计，同时得到随机前沿函数和贸易非效率项极大似然估计结果。从表 7-22 可以得知，出口国 $PGDP_{it}$ 是正弹性，且通过显著性检验，说明中国的经济发展水平越高，越有助于农产品的出口贸易。进口国 $PGDP_{jt}$ 也具有非常显著的正估计弹性，这说明沿线国家的经济发展水平越高，对中国的农产品需求越大，符合预期。但相比而言，中国的经济发展水平对农产品出口贸易的影响更大。

中国人口变量 POP_{it} 具有非常显著的正估计弹性，其影响远远超过沿线国家人口对中国出口的影响，符合理论预期。本地市场效应理论还告诉我们，在边际规模报酬递增和存在贸易成本的国家，国内市场较大的国家会成为净出口国。当然，也要考虑中国当前人口自然增长率下降，市场规模扩大对农产品出口增长的影响可能有限。因此在中国未来成为一个农产品消费大国后，此项系数可能会更大。沿线国家的人口增长对中国农产品出口起促进作用，符合理论预期，但影响力明显小于中国国内因素。距离因素 DIS_{ij} 依然对中国农产品出口有较显著的负面影响，但并未通过显著性检验。这可能表明，随着交通基础设施改善、互联网技术的进步，特别是跨境电商、数字贸易等贸易新业态的日新月异，距离因素的作用正在弱化。

边界变量 BOR_{ij} 有较为显著的正估计系数，这说明国与国的毗邻关系有利于两国贸易的增长，与理论预期一致。变量 LAG 显示，共同语言因素与农产品出口贸易显著负相关，与预期不一致。γ 在"一步法"估计中进一步达到 0.976，说明没有实现的贸易潜力中有 97.6% 是由贸易非效率造成的，这表明研究贸易非效率影响因素十分必要。

表 7−22　两种函数估计结果对比

	随机前沿函数			贸易非效率项函数	
变量	系数	t 值	变量	系数	t 值
常数	−1370.5468***	−440.9728	常数	−15.3817*	−2.1051
$PGDP_{it}$	2.2972***	33.7383	FTA_{ijt}	−16.6472**	−2.5588
$PGDP_{jt}$	0.6639***	15.2366	ZD_{jt}	0.0586**	2.2736
POP_{it}	65.9512***	368.2209			
POP_{jt}	0.8261***	23.0777			
DIS_{ij}	−0.2350	−1.0198			
LAG_{ij}	−0.5231***	−4.4444			
BOR_{ij}	1.1403***	8.4204			
σ^2	13.88**	2.52	γ	0.976***	90.16
对数似然值	−522.50		LR 检验	82.45	

注：*、**、*** 分别表示在 10%、5%、1% 显著性水平上显著。ZD_{jt} 为 EI、PI、LI 的平均数。

3. 贸易非效率项估计结果

本研究尝试从平均制度质量因素角度，即同时考虑政治制度质量、经济制度质量、法律制度质量等制度质量的综合视角来考察贸易非效率项对农产品出口的影响程度。研究表明，进口国的整体制度质量越高，越不利于贸易效率提高。这可能与沿线国家制度多样、制度质量普遍不高有关，且同时与我国具有较大贸易包容性有关。同时，农产品出口贸易非效率与贸易协定显著相关，包括 WTO 在内的多边、双边协定非常有利于农产品出口效率提高，其影响远大于在总出口贸易和工业品出口贸易中的影响。

4. 出口潜力

如表 7—23 所示，从出口效率来看，中国对埃及、德国、意大利、吉尔吉斯斯坦、俄罗斯、沙特、土耳其等国有较高的出口效率，对阿塞拜疆、亚美尼亚等国的出口效率较低，对其余国家的出口效率为中等水平。从出口潜力来看，出口潜力值最大的国家是俄罗斯，超过 30 亿美元；法国、德国、印度、意大利、英国的出口潜力值都超过 10 亿美元。从未来可拓展贸易量来看，该值最大的国家也是俄罗斯。

表 7—23　农产品出口贸易效率和潜力

国家	出口效率（TE）	出口潜力（TP）	出口额/亿美元	贸易潜力值/亿美元	可拓展贸易量/亿美元
埃及	0.76	0.24	2.96	3.89	0.92
法国	0.57	0.43	5.95	10.38	4.43
德国	0.78	0.22	20.57	26.42	5.86
印度	0.52	0.48	6.11	11.78	5.67
伊朗	0.56	0.44	3.13	5.59	2.46
意大利	0.74	0.26	9.92	13.37	3.45
哈萨克斯坦	0.52	0.48	3.11	6.02	2.91
吉尔吉斯斯坦	0.82	0.18	0.85	1.03	0.18
巴基斯坦	0.74	0.26	5.62	7.61	1.98
俄罗斯	0.65	0.35	20.31	31.14	10.84
沙特	0.68	0.32	2.93	4.33	1.40
塔吉克斯坦	0.43	0.57	0.13	0.31	0.18
土耳其	0.67	0.33	6.02	8.99	2.97
土库曼斯坦	0.43	0.57	0.09	0.21	0.12
乌克兰	0.73	0.27	1.85	2.55	0.70
英国	0.78	0.22	11.93	15.24	3.31
乌兹别克斯坦	0.68	0.32	0.72	1.06	0.34
阿塞拜疆	0.14	0.86	0.07	0.53	0.46
亚美尼亚	0.39	0.61	0.02	0.05	0.03

续表7-23

国家	出口效率（TE）	出口潜力（TP）	出口额/亿美元	贸易潜力值/亿美元	可拓展贸易量/亿美元
格鲁吉亚	0.65	0.35	0.29	0.45	0.16
利比亚	0.48	0.52	0.45	0.93	0.48
阿尔吉利亚	0.61	0.39	1.68	2.75	1.07

7.4.2 农产品进口贸易潜力研究

1. 假设检验结果

检验方法同前，结果如表7-24所示。

表7-24 随机前沿引力模型假设检验结果（2000—2018年）

原假设	约束模型	非约束模型	LR统计量	1%的临界值	检验结论
不存在贸易非效率	−327.10	267.82	10.50	−327.10	拒绝
贸易非效率不变化	−420.50	186.8	12.48	−420.50	拒绝
不引入边界变量	−420.50	194.62	10.50	−420.50	拒绝
不引入语言变量	−420.50	198.6	10.50	−420.50	拒绝

2. 贸易潜力模型估计结果

在确定随机前沿引力模型的函数形式后，对2000—2018年中国对沿线国家的农产品进口贸易进行了模型估计。从表7-25可以得知，待估参数 η 在1%水平上非常显著，说明贸易非效率项随时间变化。参数 η 的系数为正，说明中国对沿线国家的农产品进口贸易效率不断上升。无论是时不变模型还是时变模型，对经典变量的估计都表现一致。γ 高达0.92，表明贸易非效率项造成92%的贸易潜力无法实现。

经典自然因素变量中，出口国、进口国人均GDP均对农产品进口贸易有促进作用，且中国的经济发展水平越高越有利于从国外进口农产品。本国的人口增长有利于农产品进口增长，与预期相同。这与工业品进口贸易的结论完全相反，也体现了中国并非一个农产品大国而是一个制造业大国的事实。距离因素依然是影响进口贸易的阻碍因素，符合预期，但未通过显著性检验。共同语言因素对农产品进口有负面作用。而共同边界因素与农产品进口正相关。

表 7-25   随机前沿引力模型的估计结果

估计方法	时不变模型		时变模型	
变量	系数	t 值	系数	t 值
常数	-1679.5447^{***}	-42.3629	-1698.8855^{***}	-391.1166
$PGDP_{it}$	3.0897^{***}	39.5364	3.1967^{***}	42.4875
$PGDP_{jt}$	1.2911^{***}	6.1087	0.7078^{***}	12.1515
POP_{it}	81.0945^{***}	45.9997	82.3951^{***}	281.5995
POP_{jt}	0.5940^{**}	2.7530	0.3526^{***}	4.2520
DIS_{ij}	-0.1069	-0.2441	-0.0310	-0.0907
LAG_{ij}	-0.2426	-1.0198	-0.3473^{*}	-2.0322
BOR_{ij}	2.2208^{**}	2.8616	1.1972^{***}	4.1147
σ^2	1.4244^{**}	2.5318	4.3382^{***}	3.4458
γ	0.7593^{***}	7.9592	0.9248^{***}	35.6395
μ	2.0800^{**}	2.2621	-4.0059^{**}	-2.3537
η	—	—	0.0332^{***}	6.4617
对数似然值	-337.124		-327.10	
LR 检验	247.78		267.82	

注：＊、＊＊、＊＊＊分别表示在10％、5％、1％显著性水平上显著。

通过"一步法"计算得出表 7-26。可以发现，随机前沿函数的系数回归与时变模型基本一致。进口国中国的 $PGDP_{it}$ 具有显著正估计弹性，出口国 $PGDP_{jt}$ 也具有非常显著的正估计弹性，但进口国的弹性是出口国弹性的 4.7 倍。因此，农产品进口要更关注本国的经济发展建设。

中国人口变量 POP_{it} 具有显著正估计系数，其影响远远超过沿线国家人口对中国农产品进口的影响。对于弹性偏小的农产品来说，市场规模对农产品进口影响极大，在中国不仅要成为世界工厂也要成为世界市场这一背景下，农产品可以作为先发贸易品种重点培育。同时，距离因素 DIS_{ij} 对中国进口农产品有显著负面影响。

从贸易非效率项的角度来看，贸易协定安排，沿线国家法律制度质量、政治制度质量对中国农产品进口贸易效率提高有正面影响，而经济制度质量能提高贸易非效率，且都通过了显著性检验。这说明农产品进口对出口国政治、法律制度的稳定更为敏感，贸易协定对农产品进口的刺激远大于对工业品的刺激，从而说明农产品是一种对制度质量高度敏感的产品。而经济制度质量呈现出不同于其他制度质量的表现，说明中国的农产品进口具有较大的对沿线国家经济差异的包容性。

表 7－26 两种函数估计结果对比

随机前沿函数			贸易非效率项函数		
变量	系数	t 值	变量	系数	t 值
常数	-1699.3276^{***}	-455.6196	常数	-15.5566^{**}	-2.7364
$PGDP_{it}$	2.9491^{***}	38.6397	FTA_{ijt}	-12.4983^{*}	-2.0597
$PGDP_{jt}$	0.6274^{***}	14.9037	EI_{jt}	0.1774^{***}	5.0751
POP_{it}	81.6256^{***}	371.1927	PI_{jt}	-0.0622^{**}	-3.1560
POP_{jt}	0.6956^{***}	16.7564	LI_{jt}	-0.1001^{*}	-2.1845
DIS_{ij}	-1.0695^{***}	-3.3051			
LAG_{ij}	-0.4761^{***}	-3.9209			
BOR_{ij}	1.7209^{***}	8.7875			
σ^2	13.32^{*}	2.09	γ	0.98^{***}	91.01
对数似然值	-420.50		LR 检验	81.01	

注：此处 * 、＊＊、＊＊＊分别表示在 10%、5%、1%显著性水平上显著。

3. 进口效率

从农产品进口效率（见表 7－27）来看，中国对埃及、德国、意大利、吉尔吉斯斯坦、巴基斯坦、沙特、土耳其、乌克兰等国的进口效率较高，对阿塞拜疆、亚美尼亚等国的进口效率较低，对其余国家的进口效率为中等水平。从贸易效率角度，我们发现：与本国农产品互补性较大的国家的进口效率较高。

4. 进口潜力

表 7－27 中，伊朗、阿尔及利亚的进口潜力数据为 2017 年的数据，而利比亚、塔吉克斯坦、土库曼斯坦等国因缺失较多年份的贸易额，故未测算上述三国进口贸易潜力。从贸易潜力值的角度来看，俄罗斯、法国、印度、德国、乌克兰、英国均超过 10 亿美元，其中俄罗斯更是高达 130 亿美元。从可拓展贸易量来看，俄罗斯、法国、印度三国居于前三位，而伊朗、埃及、吉尔吉斯斯坦、沙特、土耳其、阿塞拜疆、亚美尼亚、阿尔

及利亚的可拓展贸易量都不足 1 亿美元。

表 7-27　农产品进口效率和潜力

国家	进口效率 （TE）	进口潜力 （TP）	进口额 /亿美元	贸易潜力值 /亿美元	可拓展贸易量 /亿美元
埃及	0.74	0.26	0.99	1.35	0.35
法国	0.53	0.47	30.87	57.76	26.89
德国	0.79	0.21	22.64	28.51	5.87
印度	0.54	0.46	18.12	33.62	15.50
伊朗	0.59	0.41	0.58	0.98	0.40
意大利	0.72	0.28	6.44	8.91	2.47
哈萨克斯坦	0.44	0.56	2.60	5.86	3.26
吉尔吉斯斯坦	0.78	0.22	0.17	0.22	0.05
巴基斯坦	0.71	0.29	3.24	4.57	1.32
俄罗斯	0.55	0.45	72.28	130.37	58.10
沙特	0.67	0.33	1.82	2.70	0.88
土耳其	0.67	0.33	1.88	2.81	0.93
乌克兰	0.72	0.28	12.48	17.40	4.92
英国	0.78	0.22	9.60	12.32	2.72
阿塞拜疆	0.12	0.88	0.01	0.08	0.07
亚美尼亚	0.30	0.70	0.01	0.03	0.02
格鲁吉亚	0.59	0.41	0.23	0.39	0.16
阿尔及利亚	0.53	0.47	0.02	0.04	0.02

7.5　中国与"丝绸之路经济带"沿线国家矿产品贸易潜力研究

7.5.1　矿产品出口贸易潜力研究

1. 假设检验结果

检验方法同前，结果如表 7-28 所示。四个假设的检验结论都是拒绝原假设。

表 7-28 随机前沿引力模型假设检验结果（2000—2018 年）

原假设	约束模型	非约束模型	LR 统计量	1%的临界值	检验结论
不存在贸易非效率	−835.58	−795.958	79.24	10.50	拒绝
贸易非效率不变化	−795.958	−812.25	32.58	16.07	拒绝
不引入边界变量	−797.094	−812.25	30.31	10.50	拒绝
不引入语言变量	−795.977	−812.25	32.55	10.50	拒绝

2. 随机前沿引力模型估计结果

如表 7-29 所示，采用时变模型对中国对"丝绸之路经济带"沿线国家的矿产品出口进行估计，发现待估参数 η 显著，表明贸易非效率项随时间变化，符合预期假设。参数 η 的系数为正，说明中国对沿线国家的矿产品出口效率在稳步上升，且时变模型更加适合矿产品出口贸易潜力估计。各经典变量的估计结果基本符合经济学假设。人均 GDP、人口规模都对贸易有促进作用。距离因素与矿产品出口贸易显著负相关，但在时变模型中该变量并未通过显著性检验。另外，共同语言、共同边界因素均对矿产品出口有促进作用，但均未通过显著性检验。γ 为 0.52，说明贸易非效率项造成 52.2%的贸易潜力无法实现，有待将非效率项以"一步法"进行前沿分析再考察。

表 7-29 随机前沿引力模型的估计结果

估计方法	时变模型	
变量	系数	t 值
常数	−1045.36**	−3.14
$PGDP_{it}$	1.94**	2.81
$PGDP_{jt}$	0.86***	4.10
POP_{it}	50.14**	3.15
POP_{jt}	1.56***	8.70
DIS_{ij}	−1.15	−1.09
LAG_{ij}	0.09	0.20

续表7-29

估计方法	时变模型	
BOR_{ij}	0.90	1.47
σ^2	4.85*	2.00
γ	0.52*	2.08
μ	0.59	0.34
η	0.0004*	0.03
对数似然值	−795.95	
LR 检验	79.24	

注：*、**、***分别表示在10%、5%、1%显著性水平上显著。

本研究采用"一步法"进行实证研究，同时得到随机前沿函数和贸易非效率项极大似然估计结果。从表7-30可以得知，出口国 $PGDP_{it}$、进口国 $PGDP_{jt}$ 同时具有非常显著的正估计弹性，这说明双边贸易国的经济发展水平越高，对中国的矿产品需求越大，符合预期。值得注意的是，矿产品出口贸易中，出口国和进口国经济发展水平的系数回归值相当，几乎同程度影响矿产品出口，这与农产品和工业品出口均有不同。

中国人口变量 POP_{it} 具有非常显著的正估计弹性，其影响远远超过沿线国家人口对中国出口的影响，符合理论预期。沿线国家的人口增长对中国矿产品出口起促进作用，符合预期，但影响力明显小于中国国内因素。距离因素 DIS_{ij} 依然对中国矿产品出口有较显著的负面影响，且通过显著性检验。这是因为矿产品体积大、重量大、储运条件变化多，对空间地理的物流要求更高。

γ 在"一步法"估计中进一步达到0.93，说明没有实现的贸易潜力有93%是由贸易非效率造成的，这表明研究贸易非效率影响因素十分必要。

表7-30　两种函数估计结果对比

随机前沿函数			贸易非效率项函数		
变量	系数	t 值	变量	系数	t 值
常数	−562.6120***	−563.2278	常数	6.5465***	3.6507
$PGDP_{it}$	1.0975***	7.9434	TAF_{ijt}	0.1305*	1.7504

随机前沿函数			贸易非效率项函数		
$PGDP_{jt}$	1.1345***	14.3907	EI_{jt}	-0.2291***	-3.2706
POP_{it}	27.5485***	151.0507	PI_{jt}	-0.1908*	-1.9690
POP_{jt}	1.5404***	21.3281	LI_{jt}	-0.1180**	-2.6674
DIS_{ij}	-3.1271***	-7.5316			
LAG_{ij}	-0.5044*	-1.8449			
BOR_{ij}	0.4557	1.6008			
σ^2	24.07***	2.74	γ	0.93***	36.08
对数似然值	-812.25		LR 检验	46.65	

注: *、**、*** 分别表示在10%、5%、1%显著性水平上显著。ZD_{jt} 为 EI、PI、LI 的平均数。

3. 贸易非效率项估计结果

如表 7-30 所示,进口国关税及进口税占税收的比例 TAF 对贸易非效率项有显著正面作用,说明 TAF 对贸易效率提升有负面作用,符合预期。而经济制度质量、政治制度质量和法律制度质量均对贸易效率提升有促进作用,表明进口国制度质量越高,越有利于中国矿产品出口,符合预期。三种制度质量中经济制度质量对矿产品进口贸易促进作用最大。

4. 出口潜力

如表 7-31 所示,从出口效率来看,中国对法国、伊朗、哈萨克斯坦等国有较高的出口效率,对印度、巴基斯坦、乌克兰、亚美尼亚、阿尔及利亚等国的出口效率较低,对其余国家的出口效率处于中等水平。矿产品出口潜力最大的国家是印度,潜力值达到 27.76 亿美元。法国、德国、巴基斯坦、俄罗斯、土耳其、阿尔及利亚、意大利、英国的潜力值都超过 1 亿美元。从可拓展贸易量来看,该值最大的国家也是印度,达到 17.8 亿元。

表 7-31 矿产品出口效率和潜力

国家	出口效率 （TE）	出口潜力 （TP）	出口额 /亿美元	贸易潜力值 /亿美元	可拓展贸易量 /亿美元
埃及	0.52	0.48	0.19	0.38	0.18

国家	出口效率（TE）	出口潜力（TP）	出口额/亿美元	贸易潜力值/亿美元	可拓展贸易量/亿美元
法国	0.62	0.38	1.81	2.93	1.12
德国	0.56	0.44	2.65	4.70	2.06
印度	0.36	0.64	9.96	27.76	17.80
伊朗	0.62	0.38	1.50	2.42	0.92
意大利	0.56	0.44	1.07	1.92	0.85
哈萨克斯坦	0.60	0.40	0.37	0.62	0.25
吉尔吉斯斯坦	0.45	0.55	0.01	0.01	0.01
巴基斯坦	0.36	0.64	1.22	3.37	2.15
俄罗斯	0.49	0.51	3.75	7.71	3.96
沙特	0.43	0.57	0.86	2.00	1.14
塔吉克斯坦	0.53	0.47	0.00	0.01	0.00
土耳其	0.56	0.44	2.00	3.57	1.57
土库曼斯坦	0.50	0.50	0.02	0.04	0.02
乌克兰	0.34	0.66	0.00	0.01	0.01
英国	0.65	0.35	8.24	12.75	4.51
乌兹别克斯坦	0.42	0.58	0.03	0.08	0.05
阿塞拜疆	0.49	0.51	0.22	0.46	0.23
亚美尼亚	0.15	0.85	0.00	0.00	0.00
格鲁吉亚	0.41	0.59	0.00	0.00	0.00
利比亚	0.44	0.56	0.00	0.01	0.00
阿尔吉利亚	0.34	0.66	0.80	2.33	1.53

7.5.2 矿产品进口贸易潜力研究

1. 假设检验结果

检验方法同前，结果如表7-32所示。

表 7－32 随机前沿引力模型假设检验结果（2000—2018 年）

原假设	约束模型	非约束模型	LR 统计量	1%的临界值	检验结论
不存在贸易非效率	－748.25	－641.169	214.15	10.50	拒绝
贸易非效率不变化	－641.169	－676.88	71.42	16.07	拒绝
不引入边界变量	－644.21	－676.88	65.34	10.50	拒绝
不引入语言变量	－642.066	－676.88	69.63	10.50	拒绝

2. 贸易潜力模型估计结果

在确定随机前沿引力模型的函数形式后，对 2000—2018 年中国对沿线国家的矿产品进口贸易进行了模型估计。从表 7－33 可以得知，参数 η 的系数显著为正，说明中国对沿线国家的进口贸易效率不断上升。γ 高达 0.816，表明贸易非效率项造成 81.6％的贸易潜力无法实现。

经典自然因素变量中，出口国、进口国人均 GDP 均对矿产品进口贸易有促进作用，且中国的经济发展水平越高越有利于从国外进口矿产品。本国的人口规模越大越有利于矿产品进口增长，且系数非常大，反映出随着人口增长中国对国际矿产品的需求显著增强。这可能与中国在现代化过程中对以矿产品为主要品种的大宗商品的需求迅速增大有关，与预期相同。距离因素依然是进口贸易的阻碍因素，符合预期，但未通过显著性检验。共同语言因素与共同边界因素均对矿产品进口有促进作用，但前者未通过显著性检验，后者在 10％水平上通过显著性检验。

表 7－33 随机前沿引力模型的估计结果

估计方法	时变模型	
变量	系数	t 值
常数	－2112.3518***	－4.7498
$PGDP_{it}$	2.9095**	2.9862
$PGDP_{jt}$	1.2219**	3.1639
POP_{it}	101.5313***	4.7739
POP_{jt}	0.6806***	1.3342
DIS_{ij}	－0.0239	－0.0188
LAG_{ij}	0.9912	1.3509

续表7－33

估计方法	时变模型	
BOR_{ij}	2.8347*	2.0285
σ^2	18.0075	1.5093
γ	0.8163***	6.6889
μ	2.9803	0.9861
η	0.0153*	1.7905
对数似然值	－641.169	
LR 检验	214.15	

注：*、**、***分别表示在10%、5%、1%显著性水平上显著。

通过"一步法"计算得出表7－34。可以发现，随机前沿函数的系数回归与时变模型基本一致。贸易双方的经济发展水平、市场规模等因素都能显著促进矿产品进口，特别是本国的人口规模扩大对进口矿产品具有决定性意义。但"一步法"分析得出距离这一经典变量在矿产品进口贸易中起到促进作用，这与经济学解释不符。可观察到，在"丝绸之路经济带"中，印度、俄罗斯和英国是较大且稳定的矿产品提供国。比起其他产品的贸易，矿产品的独特性较为突出，自然禀赋是主要影响因素，因此中国对矿产品的进口基本上是定向的、低弹性的。这可能是距离因素对矿产品进口贸易起促进作用的主要原因。

"一步法"得出 γ 高达 0.999，表明非效率项导致 99.9% 的进口贸易潜力无法实现。从贸易非效率项的角度来看，提高关税水平对提高中国矿产品进口效率有显著阻碍作用，沿线国家政治制度质量提升对矿产品进口效率提高有正面影响且通过显著性检验。而经济制度和法律制度质量均未通过显著性检验，表明它们不是影响矿产品进口效率的主要因素。

表 7－34　两种函数估计结果对比

随机前沿函数			贸易非效率项函数		
变量	系数	t 值	变量	系数	t 值
常数	－2347.07***	－2352.91	常数	9.86***	6.76
$PGDP_{it}$	3.51***	122.15	TAF_{ijt}	0.24***	4.88

随机前沿函数			贸易非效率项函数		
$PGDP_{jt}$	0.10*	2.17	EI_{jt}	−0.08	−1.62
POP_{it}	113.25***	919.41	PI_{jt}	−0.14***	−3.76
POP_{jt}	0.18**	2.61	LI_{jt}	0.02	1.45
DIS_{ij}	1.60***	7.85			
LAG_{ij}	0.42	1.62			
BOR_{ij}	2.86***	13.67			
σ^2	16.08***	35.74	γ	0.999***	835303.42
对数似然值	−676.88		LR 检验	142.72	

注：*、＊＊、＊＊＊分别表示在10％、5％、1％显著性水平上显著。

3. 进口效率

从表7−35来看，我国对沿线各国的矿产品进口效率普遍偏低。进口效率较高的国家仅有俄罗斯、伊朗，在0.4以上；德国、哈萨克斯坦的进口效率达到0.2，其余国家的进口效率均在0.1以下。这可能是因为沿线的多数国家并非传统资源类大国，与中国的矿产品进口贸易关联不大，因此进口效率普遍较低。

4. 进口潜力

从贸易潜力的角度来看，印度、俄罗斯、埃及、德国、吉尔吉斯斯坦、英国的潜力值均超过100亿美元，其中印度的潜力值更是超过3000亿美元，俄罗斯则超过850亿美元。印度的超高潜力值主要是因为贸易效率较低，而俄罗斯的潜力值高是因为其与中国有较大的矿产品贸易量。从可拓展贸易量来看，印度、俄罗斯、吉尔吉斯斯坦、英国、埃及居于前五位，可拓展贸易量都超过100亿美元。需说明的是，伊朗、巴基斯坦由于缺失2018年的贸易额，故用2017年的进口量替代。

表 7−35　矿产品进口效率和潜力

国家	进口效率 （TE）	进口潜力 （TP）	进口额 /亿美元	贸易潜力 /亿美元	可拓展贸易量 /亿美元
埃及	0.06	0.94	7.30	112.95	105.65

国家	进口效率（TE）	进口潜力（TP）	进口额/亿美元	贸易潜力/亿美元	可拓展贸易量/亿美元
法国	0.06	0.94	0.94	16.47	15.53
德国	0.20	0.80	2.52	12.70	10.18
印度	0.01	0.99	31.22	3013.31	2982.09
伊朗	0.45	0.55	19.97	44.18	24.22
意大利	0.02	0.98	0.17	7.40	7.22
哈萨克斯坦	0.37	0.63	19.50	52.68	33.18
吉尔吉斯斯坦	0.00	1.00	0.13	235.79	235.66
巴基斯坦	0.00	1.00	0.04	58.72	58.68
俄罗斯	0.48	0.52	412.26	857.26	445.00
沙特	0.02	0.98	0.00	0.02	0.02
土耳其	0.00	1.00	0.01	2.97	2.96
乌克兰	0.01	0.99	0.01	1.63	1.62
英国	0.25	0.75	49.37	197.04	147.67
阿塞拜疆	0.23	0.77	0.77	3.30	2.53
阿尔及利亚	0.30	0.70	0.00	0.00	0.00

8 结论与建议

8.1 结论

本研究选取"丝绸之路经济带"沿线 25 个重要国家作为节点，追踪国与国之间的贸易流向，并选取 2000—2018 年各国的贸易数据，采用最新的 UN Comtrade SITC 编码为国家间双边贸易赋权，构建了"丝绸之路经济带"贸易网络。在此基础上，首先利用社会网络及复杂网络方法分析贸易网络的演化规律和特征，并按照整体贸易、农产品、工业品、矿产品分类，全面理解商品网络的特征。其次，根据贸易竞争指数和贸易互补指数，在整体贸易网络基础上进一步分析各类商品贸易的竞争互补网络，进行密度、中心性及块模型分析。再次，使用 QAP 回归方法，对贸易网络影响因素进行分析。之所以选用 QAP 方法，是因为其能对关系数据进行检验。被解释变量是"丝绸之路经济带"贸易网络，解释变量选择了国家间的经济、地理、制度、文化等变量所构成的差值矩阵。最后，基于中国在"丝绸之路经济带"贸易网络中的特征，对中国与"丝绸之路经济带"沿线国家分区域、分品种贸易格局进行研究，并对产品比较优势演化进行了刻画。

在贸易网络分析基础上，本研究使用"一步法"细致分析了中国与"丝绸之路经济带"沿线国家的贸易效率、贸易潜力、贸易非效率、贸易影响因素等，并应用拓扑网络可视化工具对分类产品进行贸易潜力 GIS 可视化分析，接着以农产品、工业品、矿产品的贸易为例，从制度质量为主要非贸易人为影响因素的视角出发，应用随机前沿引力模型系统研究了贸易潜力影响因素。上述研究的主要结论如下：

第一，"丝绸之路经济带"贸易网络近 20 年来联系日趋紧密，贸易密度整体呈上升趋势，中国在网络中的点入度、点出度均快速攀升。全部门和工业品贸易组团呈集中化趋势，而农产品和矿产品贸易组团具有分散化特征。其中，"中－俄－欧"组团分化、重组和"印度"组团的扩张是集中化演进的两个特征，多极化与碎片化是分散化的两个特征。中、德、法、意、英、俄、土、印 8 国对"丝绸之路经济带"沿线贸易总额的贡献最大，占"丝绸之路经济带"沿线全部门贸易的 90% 以上。中国的贸易大国地位崛起是"丝绸之路经济带"贸易网络几十年演化中最大的惊喜。

第二，农产品、矿产品和工业品贸易网络特征各有不同。农产品贸易网络密度持续上升趋势较矿产品、工业品更为稳定。在工业品贸易网络中，中、德两国是工业品出口核心节点，法、意两国是工业品进口、出口均较强的次级核心节点，而英国和俄罗斯则是工业品进口核心节点。在农产品贸易网络中，法、德两国是农产品出口核心节点，俄、意两国正向农产品出口次级核心节点转变，中、英两国是农产品进口次级核心节点。在矿产品贸易网络中，俄罗斯是矿产品出口核心节点，意、法、英、德 4 国是传统的矿产品进口节点，中国是新兴的矿产品进口节点。

第三，"丝绸之路经济带"沿线国家之间的贸易关系日趋增强，整体贸易互补竞争网络密度以及三大产品的互补竞争网络密度波动较大，但总体呈上升趋势，并且贸易互补大于贸易竞争。在竞争互补模型中，2016年，"丝绸之路经济带"沿线国家中有超过 1/4 的国家之间存在较强的贸易竞争，近 1/5 的国家之间存在激烈的贸易竞争；有近一半的国家之间存在较强的贸易互补关系，近 1/4 的国家之间的贸易互补关系相当密切。对比竞争与互补关系，"丝绸之路经济带"沿线国家的贸易互补大于贸易竞争，存在进一步拓展经贸合作的巨大空间。

第四，三大产品贸易网络均在一定程度上受到各国经济发展水平、国家间地理距离、是否使用同种语言、是否陆上相邻、制度质量以及是否属于同一贸易协定六个变量的影响。具体而言，有权 QAP 回归显示，工业品贸易在联系的建立上与是否陆上相邻、是否加入 WTO 正相关，与GDP 差值、是否使用共同语言负相关，其他变量的影响不显著。而矿产品贸易网络中，除是否陆上相邻与国家间地理距离的影响显著且为正相关外，其他变量的影响均不显著。而在农产品贸易网络中，GDP 差值变量、制度差值变量的影响并不显著，而是否加入 WTO、是否使用相同语言、是否陆上相邻均通过了既定水平的显著性检验，且与理论预期一致。

第五，时变随机前沿引力模型显示，中国与"丝绸之路经济带"沿线国家的进出口贸易效率随时间变化呈上升趋势，贸易非效率因素是导致贸易潜力无法实现的主要因素。从全部门出口贸易方面来看，贸易效率较高的国家是埃及、法国、伊朗、意大利、哈萨克斯坦、吉尔吉斯斯坦，贸易潜力最大的国家是印度，其次是俄罗斯。进口方面，贸易效率较高的是德国、伊朗、哈萨克斯坦、俄罗斯、乌克兰、英国、沙特，贸易潜力最大的是德国，其次是俄罗斯。值得注意的是，印度无论进口还是出口，与中国的贸易效率均较低，存在较大贸易阻力。

8.2 政策建议

本研究发现，从农产品、矿产品以及工业品贸易网络的密度、中心性以及内部联系等方面来看，中国的贸易核心地位都在逐步加强。从贸易竞争与互补关系来看，贸易竞争没有过多影响"丝绸之路经济带"沿线国家贸易互补。相较而言，中国内部因素的影响较大，是贸易潜力的主要影响因素，即贸易潜力的大小在很大程度上是由中国的经济规模、市场规模因素及制度因素决定的。为了保持中国良好的发展势头并巩固中国在"丝绸之路经济带"商品贸易体系中的市场，本研究从国家以及地区层面提出如下政策建议。

8.2.1 国家层面

1. 加强政策沟通

通过对"丝绸之路经济带"贸易网络影响因素的研究，我们发现加入WTO 及加入区域自由贸易协定促进了相关双边贸易的发展，由此可见，加入区域贸易协定对促进双边贸易有一定影响。双边乃至多边贸易协定能够达成的重要条件就是各国要达成一致的贸易政策，所以，政策沟通为贸易畅通的重要保证。"丝绸之路经济带"沿线国家中，发展中国家占比较大，存在较多贸易问题：经济发展水平较低，没有健全的外贸政策，缺乏对外贸易经验等。这些问题的存在使得国家间的贸易难以大规模开展，所以就沿线各国来说，要想完善贸易体系、实现贸易平衡，各国政府就应该积极配合，做出更为现实的决策，如联合各国建立双边贸易政策沟通机制，同时达成有利于投资便利化的相关贸易协定。对此，中国也应采取相关措施来促进各国政策沟通。第一，在多边或区域层面开展削减贸易壁垒的谈判，可以先选取贸易壁垒较高的经济体进行谈判，使对方降低对境内经济的管制，放宽市场准入条件，加强与其他国家的合作。第二，建立更加完善和全面的经贸合作和贸易协定，扩大对外经贸合作，有效减少贸易摩擦，降低关税壁垒，并通过与沿线国家有效的双边协议实现国家之间的相互贸易。例如，提高农产品的通关效率，在时间和成本等方面实现有效的节省，并简化贸易流程。第三，继续加大商贸、物流、金融、投资等领域的制度和政策的自由度，支持工业品、农产品和矿产品等全产业链安全的贸易融资和优化行业生态系统。

"丝绸之路经济带"沿线国家较多，在政治、经济、文化等方面各有特点，使得建立双边或多边的政策沟通尤为艰难。因此，在推进和实现政策沟通的过程中，针对"丝绸之路经济带"沿线国家的多样性，可以采取重点突破的方式。简单来说，就是先设定判断标准（这里我们选取影响力、基础条件的成熟性和已有的合作基础这几个因素），然后根据贸易网络进行筛选。最终，我们将政策沟通的重点对象锁定在中俄两国。

在"丝绸之路经济带"沿线国家中，中俄两国极为重要，且相互间的认同度高，主要体现在中俄早已建立全面战略协作伙伴关系，这为实现中俄政策沟通奠定了坚实的基础。中俄两国间的政策沟通的顺利进行，可以为全面实现政策沟通探索具体实现方法。根据中俄经济合作经验，提出以下推进政策沟通的建议：第一，继续推进高层间交往，为政策沟通提供坚实高层合作根基。中俄两国高层已形成密切交往，具体表现在双方高层高频率会晤，已经形成定期会晤机制，这为两国政策协调提供了便利。第二，加强政府部门同地方政府间的合作，建立多样化的有效沟通平台。中俄两国间的交流沟通平台早已建立，且呈现多样化的特点，例如定期举办博览会、"旅游年"等活动，并通过这些平台很好地融入政策沟通内容，以便于双方达成共识。除此之外，还应为双方政策沟通提供一定理论基础，例如设立中俄经济论坛等。第三，积极落实中俄双方战略规划的对接工作，从而让战略规划产生的效益逐渐显现出来。例如，中国的东北老工业基地全面振兴战略和俄罗斯的开发远东战略，在众多方面是能实现对接和共赢的，但当前没有具体的政策。因此，要加强中俄两国政策沟通，可以以此为突破口。

除俄罗斯外，中国同样应以中亚大国标准来看待乌兹别克斯坦，尊重乌兹别克斯坦在安全方面的多极平衡选择。同时，对于其对双方合作表现出的暂时性的犹豫，中国应持积极的态度，以加大贸易、加强高层交往等方式，一方面逐渐消除乌兹别克斯坦的精英阶层对中国的顾虑，另一方面让乌兹别克斯坦认识到在其实现大国抱负方面，中国可以提供更多力量，且起到的作用可以与俄罗斯等同甚至会更大。

在"丝绸之路经济带"沿线国家中，塔吉克斯坦和吉尔吉斯斯坦相对贫困，中国既要关注这两国与俄罗斯逐渐紧密的关系，又要积极向俄罗斯学习部分外交方法，如某些单边赠予与豁免债务策略，通过现实的经济利益使其与中国合作的积极性逐渐提升。

在中亚国家中，土库曼斯坦是与中国合作意愿最强的国家，中国在其重大项目上的投资力度应逐渐加强，同时应加强巩固两国战略伙伴关系。

当前共建"一带一路"倡议的推进集中体现在"一带一路"国际合作高峰论坛上，2019 年 4 月第二届高峰论坛有 38 个国家元首和政府首脑出席，6000 多位外宾参会，形成 6 大类 283 项建设性成果。国际合作论坛对经贸政策沟通具有重要意义。

2. 缔结"丝绸之路经济带"自由贸易协定

在政策沟通的基础上，区域贸易协定也对双边贸易有一定的促进作用。为了顺应"丝绸之路经济带"的发展趋势，缔结"丝绸之路经济带"自由贸易协定是必然选择。

建设"丝绸之路经济带"是一个复杂而持久的过程，因为其涵盖的国家众多且人口数量庞大。目前，中国想主导缔结"丝绸之路经济带"自由贸易协定存在基础薄弱等问题，即使是对于本书研究的 25 个国家，短时间内也难以实现共同参与"丝绸之路经济带"自由贸易协定，要使沿线所有国家一起参与就更是难上加难了。因而，在缔结"丝绸之路经济带"自由贸易协定的过程中，应先确立长远的发展目标，一步一个脚印，做到循序渐进、从难到易，从双边发展慢慢过渡到多边发展。更重要的是，可以通过内外联动的方式来加强各国的关系，为形成制度化模式奠定稳固的基础。换个角度看，从时序角度来说，应以贸易便利化为切入口，选择WTO 作为支撑点，积极推进"丝绸之路经济带"沿线各国签订详细双边海关合作协议等举措。除此之外，应有选择性地和参与"丝绸之路经济带"自由贸易协定的国家进行谈判，按"点—线—面—片"的逻辑逐渐扩大合作区域。与此同时，中国自贸区建设也应协同发展，以内外联动的方式逐渐稳固相互之间的合作基础。

（1）借助《贸易便利化协议》，使各国贸易更加便利。

本着"先易后难，循序渐进"的指导思想，应将加快推进贸易便利化作为建设"丝绸之路经济带"的重要任务（刘华芹，2014）。"丝绸之路经济带"沿线的诸多国家，在货品通关、检验检疫和税费缴纳等方面有着很多冲突的地方，例如报关、查验和缴费存在重复性等，而这种情况又会导致"丝绸之路经济带"沿线国家在贸易往来中出现运输效率低下以及成本增加等问题。此时，应继续降低贸易成本，加强贸易往来，实现各国利益最大化。为此，可以采取诸如简化海关手续、统一检验检疫标准、减免过境税费和增强法律透明度等措施。另外，各国间应采取多样化的安排来提升区域内贸易便利性，加强各国政治互信、务实合作。针对这个方向的建议，WTO《贸易便利化协议》具有很大的参考价值。第一，各国应借助已有的WTO多边机制来提升"丝绸之路经济带"沿线国家中WTO成员的贸易往来便利性。在本研究探讨的23个国家中，WTO成员占比较大，有19个之多，一旦《贸易便利化协议》成功落实，那么协议中诸如货物快速通关、清关以及海关合作等条款将给区域内的WTO成员提供贸易便利化的法律基础。除此之外，协议中对于不同发展程度的国家有着差异化的条款，具备一定的灵活性，使得该协议的可操作性大大提升。第二，《贸易便利化协议》不仅能让19个WTO成员提升贸易往来便利性，也为其他国家提升贸易便利化水平提供了机会。除中立国土库曼斯坦以及已入世成员外，沿线其他国家正在为加入WTO进行谈判。依靠WTO《贸易便利化协议》提升这些国家的贸易便利性也存在一定的正当性和必要性。第三，在WTO成员与非成员间进行协调，也可依据《贸易便利化协议》提升贸易便利化。

总之，为了提升沿线各国的贸易便利化水平，中国应积极建议沿线各国双边或多边合作的相关内容借鉴WTO《贸易便利化协议》，推进各国采取的贸易便利化举措实现协调统一，并以此为基础，不断拓宽合作范围。与此同时，沿线各国的关税壁垒问题也值得关注。本书所研究的国家中WTO成员占了很大一部分，这些成员已经做出了削减关税的承诺。如果想继续削减关税，可以从两个方向推进：一是继续开展WTO多边贸易谈判，二是推进各国间谈判缔结自由贸易协定及建设自贸区。目前，自由贸易协定都以实现本区域内零关税作为基本目标，因此，第二个方向已成为加快关税削减的关键力量。在关税对贸易的限制作用不断降低的情况下，非关税壁垒已成为对外贸易谈判的关注重点，其中也包含与贸易便利化相关的举措。

（2）推动双边自由贸易协定缔结和相关自贸区建设。

目前，双边自由贸易协定是"丝绸之路经济带"贸易制度化最基础的内容。要推进"丝绸之路经济带"相应的贸易法律制度建立，就要以双边促成多国间自由贸易协定并建设自贸区。

首先，应当选择试点国家进行优先突破。作为"古丝绸之路"的重要成员的中亚各国是优先选择的对象，有很多优势：其自然资源丰富且占出口的主要地位，但经济发展相对落后，发展水平较低。在中亚五国中，乌兹别克斯坦的天然气储量以及哈萨克斯坦的石油、煤炭储量都位居世界前列。由此可见，中国积极提议并推进缔结中－哈自由贸易协定和中－乌自由贸易协定，有利于丰富中国的石油进口来源。考虑到中亚各国的经济情况，还应当兼顾其政策需求，使哈萨克斯坦和乌兹别克斯坦等中亚国家与中国互惠互利，帮助其实现经济增长。像以上这一类的双边自由贸易协定要以"由低到高"为发展路径，不仅要实现贸易便利化，还要以优惠贸易往来为主要内容。

其次，还可以考虑增加自由贸易协定的缔结对象，如俄罗斯和印度。作为三个体量大、交往密切的经济体，截至目前，中、俄、印之间仍未缔结自由贸易协定。加强沿线大国间的政策和制度调配对于缔结"丝绸之路经济带"自由贸易协定是十分有必要的。在"丝绸之路经济带"沿线国家中，俄罗斯对独联体以及中亚各国的巨大影响力极大地限制了中国在这些区域施展影响力。以欧盟（EU）为例，其建立和发展证明了经济一体化具有高度的可行性，包括俄罗斯主导的独联体经济。为此，中国需加强与俄罗斯之间在政治、经济上的沟通合作，保持良好的伙伴关系，借此来加强中国与独联体国家和中亚国家的合作与施展影响力，而中－俄自由贸易协定和自贸区的建设和发展会有利于加强中俄贸易往来和政治互信，也将成为"丝绸之路经济带"自俄罗斯向西延伸的法律基础。而印度则是南亚具有重要影响力的国家，中－印自由贸易协定和自贸区建设不仅会为中印两国间的贸易合作提供有利条件，而且会为"丝绸之路经济带"向南亚的拓展提供制度保障。在双边合作中，若以"点""线""面"来表示，那么中亚、俄、印就为"点"，自由贸易协定就是串起点的"线"，区域内各个国家积极的互动就形成了"面"，这样将极大地调动各个国家参与自由贸易协定的积极性，深化各国在制度与经济上的合作。

我们常常提到的上合组织，涵盖了"丝绸之路经济带"最核心区域，主要包括中俄两国以及中亚四国（不含土库曼斯坦）。因此，应在现有的框架内进行贸易合作，让自由贸易协定成为推进"丝绸之路经济带"自由贸易协定建设的初期成果。

第一，上合组织在维护地区安全方面具有关键作用，应充分发挥其在这方面的作用，推进其为区域内经济合作提供安全保障。多年以来，上合组织内部成员在安全维护领域的合作有着明显的效果，为经济领域合作奠定了坚实的基础。第二，上合组织的宗旨虽然是维护区域和平与安全，但也不局限于此，其在开展经贸合作等经贸领域的前景也很广阔。实际上，早在 2003 年，上合组织各国就签署了《上海合作组织成员国多边经贸合作纲要》，并且经过相关合作项目的实施，其在地区贸易便利化等方面得到改善，其中，在交通基础设施和商业环境两个模块效果尤佳。由此可见，在经贸领域，要充分、合理利用既有机制来深化和拓宽地区合作范围。第三，还应继续推进上合组织在贸易领域的合作，为其提供制度化保障，以签订自由贸易协定、建设自贸区等方法推进贸易便利化水平的提升。

随着中国国力的提升，与周边各国的经济、政治交往日益密切，目前切实的中期目标是以缔结双边自由贸易协定为前提，拓宽上合组织自由贸易协定覆盖范围。虽然上合组织内部建立自由贸易协定的基本条件已经具备，但如果真的着手实施，还需要充分的前期准备。此外，可以为上合组织吸纳新成员以增大其影响力。可以优先考虑将上合组织观察员纳入组织中，使其影响范围扩大到西亚和南亚地区。应不断扩大组织内部成员间自由贸易协定的建立，实现"面"和"片"的范围扩大。以此为前提，崭新的"丝绸之路经济带"自由贸易协定将得以创建。在这个问题上，可以通过上合组织与区域内其他国家缔结双边或多边自由贸易协定，其中也包括一些区域性经济组织，如欧亚经济联盟，来推进建设地跨欧亚的"丝绸之路经济带"自由贸易协定。

（3）推进"丝绸之路经济带"自由贸易协定和"丝绸之路经济带"自贸区的建设。

上文中，无论是短期目标——建立双边自由贸易协定，还是中期目标——建设上合组织自由贸易协定，都是"丝绸之路经济带"沿线各国间合作经验的积累阶段。经过这些阶段，区域内的贸易便利性和自由化将明显改善。同时，借助地区间自贸区建设，将日益融合和增强区域内各国间的贸易往来和贸易互信，会为长期贸易制度化建设奠定稳固的基础。实现这一目标需要较长时间，大概为五到十年，而且在很大程度上会产生诸如"意大利面碗"以及"法律碎片化"等自由贸易协定现象，但这是建立

"丝绸之路经济带"的必经之路，在不断地试错和积累经验后，合作范围和领域将继续拓宽，最终把"细面条"变成"粗面条"，把"小拼图"做成"大拼图"。全方位推动缔结跨欧亚的"丝绸之路经济带"自由贸易协定，并且推进建设跨欧亚的"丝绸之路经济带"自贸区，对于实现"丝绸之路经济带"整体贸易融合来说十分关键。借鉴东亚经济融合的经验，这一阶段也会是"持久战"，至少需要十年到十五年时间。"丝绸之路经济带"自由贸易协定的范围可以由小到大，甚至可以延伸到本区域以外，这说明其在存在范围上应该是具有开放性的。"丝绸之路经济带"自由贸易协定的确切规则和制度设计不宜操之过急，应在借鉴前期经验及相关国际实践方法并进行深入研究后确定。

3. 制订贸易专项规划

建设"丝绸之路经济带"是一项系统而复杂的工程，无法一蹴而就，为此，必须做周密的打算和详细的安排。特别是在贸易制度方面，在涉及国内外诸多影响因素的情况下，必须通过制订专项规划予以相应的指导。2018年以来，多个部委出台了"一带一路"相关行动规划，例如中国气象局出台了《气象"一带一路"发展规划（2017—2025年）》，国家邮政局印发了《关于推进邮政业服务"一带一路"建设的指导意见》，海关总署发布了《推进"一带一路"沿线大通关合作行动计划（2018—2020年）》等，银保监会也与国家外汇管理局合作来规范保险机构内保外贷业务，使得保险资金切实服务"一带一路"。但是，落实到地方层面，大部分省份没有制订专门的计划与政策对接"一带一路"，比如，不少地区没有落实"十三五"规划纲要中提出的重点支持高端产品出口要求，依然主要进行初级加工等低端贸易，与规划目标有明显的差距，影响外贸结构的优化发展。因此，各省级政府应该尽快完善与建设"丝绸之路经济带"对接的相关政策和计划，明确未来外贸政策的着力点，既要满足贸易规划的要求，又要赋予政策一定的灵活性，紧密结合不同东道国的具体情况予以调适，从而有效引领对外贸易向前发展。

4. 加强金融合作

无论是"丝绸之路经济带"的基础设施建设，还是境内外自贸区的建设，都需要资金支持，所以金融合作十分重要。自2013年习近平主席提出"一带一路"倡议后，2014年12月29日丝路基金成立，资金规模为400亿美元，首期资本金100亿美元；2015年12月25日亚投行正式成立，也为"丝绸之路经济带"发展提供支持；2019 年 4 月，中国财政部发布《"一带一路"债务可持续性分析框架》，成立多边开发融资合作中心，中国出口信用保险公司在沿线国家累计实现保额 7704 亿元。

（1）加强境内外资本合作。

为了分散"丝绸之路经济带"建设的融资压力以及风险，适当引入外资是必要的手段。一是强化合作，特别是与"丝绸之路经济带"沿线国家的金融机构，在现有模式的基础上积极开发和拓展多边和双边金融合作机制，引进国家政府对"丝绸之路经济带"项目的相关资金，鼓励中国与沿线国家的开发性金融机构开展银团贷款、融资代理、共建投资平台等合作，进一步扩大国与国之间的金融开放程度。二是加强与国际金融机构的合作，充分发挥亚投行等国际开发性金融机构的作用。

（2）拓展公私合营机制。

为避免被投资国家对中国国有资金的担忧和滥用，应鼓励和支持私营资本参与融资。首先，要大力发展项目融资的 PPP 模式。应加快完善相关法律法规体系，加大企业参与跨境 PPP 项目的税收和金融支持力度。其次，加强私营金融机构在"丝绸之路经济带"金融合作框架中的作用。应鼓励国有金融机构以更加开放的态度建立与私营金融机构的合作关系，比如设立私募股权基金并给予私营商业银行一定的授信额度，以鼓励其向外贷款，以及为非国有金融机构提供担保以支持其对外投资。

（3）强化资本市场联通。

目前，"丝绸之路经济带"的投融资体系过度地依赖银行体系，为了防范化解重大的系统性风险，应当发挥资本市场的职能。一是要进一步扩大资本市场的开放度，鼓励别国来中国发行以人民币计价的债券。应尽快制定熊猫债市场的系统性法规和行政规章，建立一套具有公信力的债券评级体系。二是积极与沿线国家资本市场建立联通机制。目前，我们可以着重从四个方面入手：继续推进亚洲债券市场、大力发展丝路债券市场、建立联通沿线各国的大宗商品交易平台、促进资产证券化的发展。

（4）建设金融服务体系。

为缓解各类项目参与主体的信息不对称、部分区域以及行业融资难的问题，需要建立一套完善的金融服务体系。一是整合现有的金融资源，建立共享互利的融资信息平台，不断收集沿线国家的项目信息，并定期在平台上发布。二是设立专业的金融咨询服务平台，鼓励中资金融机构开展沿线项目的咨询服务，为沿线国家的机构和企业提供投融资顾问、风险管理等服务，帮助国内企业识别和管理沿线项目风险。同时，鼓励中国与沿线国家的金融机构互设分支，以便深入了解彼此的金融法规和投融资流程，并更好地为双方企业提供咨询服务。

8.2.2 地方层面

在地方层面，我们着重分析了陕西、甘肃、青海、宁夏、新疆等西北五省（自治区），重庆、四川、云南、广西等西南四省（直辖市、自治区）以及浙江省，并提出如下政策建议。

1. 西北地区

"丝绸之路经济带"对于西北地区来说意义重大，可以促进西北地区经济转型，缩小其与中东部地区的经济差距。从西北各省（自治区）发布的"十三五"规划纲要中可以看出，各省（自治区）根据自身的自然禀赋以及地理条件，都给出了自己在"丝绸之路经济带"中的战略定位，并提出了相应的战略目标。

从规划纲要中看，各省（自治区）都有关于"中心"或者"基地"的表述。甘肃和宁夏突出了对外合作的职能，提出了国内和国外目标的统一。而陕西、新疆和青海则强调积极参与"丝绸之路经济带"倡议，加强自身建设。西北五省（自治区）都将贸易物流基地、主要通道和交通枢纽作为需要共同发挥的职能。部分省（自治区）在功能上有了重叠和交叉，比如陕西和新疆都提出了要建设成为区域金融中心和科教中心的目标。

在空间布局上，西北五省（自治区）都把重点放在了城市群建设、交通互联互通以及节点城市上，充分利用节点城市的聚集和发散效用来推动经济增长。比如青海提出要打造并利用好西宁、海东和格尔木三个重要的节点城市；新疆提出要打造"一中心多节点"的交通枢纽结构，充分利用吐鲁番、哈密等交通节点；陕西提出了与成都、重庆的合作，突出了城市协同作用的重要性。西北各省（自治区）在区域协作方面有四种类型，其中有相互交叉。一是强调沿线各省（自治区）的协作，比如甘肃和陕西。二是强调整个西部地区的大协作，宁夏就提出了西部各省市要有政策协同，打造协同开放的经贸共同体。三是在已有的合作基础上向外拓展，陕西就提出了要与福建合作，并且要提升和巩固陕苏、陕津合作水平；青海提出要深化与支援省份的产业合作。四是进行大范围的合作，比如宁夏提出了要加强与中部地区以及珠三角、长三角的合作。

可以看出，西北五省（自治区）都从战略平台这一高度出发，提出了各类计划，旨在深化中国与各国之间的全方位多领域的合作。西北五省（自治区）都提出要搭建"丝绸之路经济带"论坛。同时，在履行好现有政策的基础上，大部分省（自治区）都有着自己的"自选动作"，如新疆、陕西、甘肃和宁夏就提出了要"借台唱戏"，积极申办各种"丝绸之路经济带"博览会。除此之外，也有"从零做起"的筹划，青海就提出要首次申办论坛和博览会，同时积极申办绿色经济发展论坛等。

综上所述，西北五省（自治区）都高度重视"丝绸之路经济带"的建设，积极谋划，努力把握这一重大的历史发展机遇。尽管西北五省（自治区）都做了详细的事前调研，但是经过分析，依然能发现一些不足之处。比如，都提出了建立"基地""中心"之类的较为宏大的战略目标，但是这些目标的设立都缺乏更科学的论证，而且各省（自治区）的目标之间存在着不少的冲突；所谓的"支点""黄金段"等口号，含义与描述模糊不清；陕西的"起点"说也没有太大意义，我国已经在《推动共建丝绸之路经济带和21世纪海上丝绸之路的愿景与行动》中将连云港市划为了起点。因此西北五省（自治区）战略地位与计划的描述必须详细而且有足够的科学依据，不然将变得难以实施。另外，各个省（自治区）制定计划的出发点都是自身的利益最大化，缺乏统筹协调，这将导致各自为政，力量分散。

2. 西南地区

重庆地处西南地区，是中西部地区唯一的直辖市，处于"丝绸之路经济带"与"长江经济带"交汇点的关键位置，重要性可见一斑，所以重庆具备了联动东西、带动南北的区位优势。重庆应充分利用其区位优势实现以下目标。

首先，将重庆打造成连接中欧"新丝绸之路"的示范城市。要想实现此目标，就要借助"渝新欧"国际铁路联运大通道的独特优势。第一，"渝新欧"的"五定班列"（即定起点、定终点、定路径、定时间、定价格）常态化运行模式体现了重庆在"丝绸之路经济带"的战略节点地位。重庆通过"渝新欧"国际铁路联运大通道可以实现跨国铁路物流的完美对接，具体表现为，既能够连接"丝绸之路经济带"上的6个国家，也能关联国内西部各省份。第二，重庆是深入连接"丝绸之路经济带"各国的战略重地。重庆要借助"渝新欧"国际铁路联运大通道，构建水、陆、空分工合理，实现无缝对接的"丝绸之路经济带"综合性交通网络体系，促进和拓宽重庆与沿线各国的交流合作，提升区域开放合作的层次。

其次，将重庆打造成"走出去"战略示范城市。重庆地处西南，与北京、上海相比，既不是中国的金融机构总部集中的金融中心，又不是要素市场集聚的金融中心。所以，重庆应借助自己的独特性打造出结算类金融中心。具体操作如下：重庆应凭借现有的加工贸易、电子商务结算中心优势，以自身雄厚强大的产业集群基础及实体经济为依托，积极展开市场化配置服务，包括产业投融资和资本等方面，积极发展离岸金融结算业务，优化离岸金融市场的税收管理模式。这不仅可以为内迁的外企提供运营基础和结算平台，同时还可以将更多的跨境结算引入重庆来，为重庆企业提供境外支付或融资服务，为实现重庆"走出去"奠定基础。

再次，将重庆打造成"两带"建设枢纽示范城市。这一目标的实现，无疑要以其位于"长江经济带"和"新丝绸之路"节点的区位优势为依托。这两条经济带不仅是我国对外发展的重中之重，还是我国新时期区域经济发展新战略要地。两大经济带建立合作，是通过开放的模式联动发展。这不仅是拓宽开放范围、缩小地区差距的要求，更是把"长江经济带"打造成为中国经济升级版支撑带的必要条件。由此可见，两大经济带建立合作关系是发展趋势。重庆凭借"一手牵两带"的特殊的区位优势以及枢纽地位，可以真正意义上实现两大经济带的联动发展，建设两大经济带良性交往和相互支撑的新格局。

最后，创造重庆新的产业竞争优势。这就需要发挥重庆自身的资源优势和比较优势。具体如下：重庆的产业结构体系十分完善，其在新能源、轻工、信息产业以及现代化农业等领域具有较强优势。这些优势让重庆与中亚地区产业可以优势互补，有助于在经济带沿线与产业功能互补的国家和地区形成产业集聚和集群。应发挥以政府主导的市场机制的作用，同时依托重庆优势产业，构建全方位、多样化以及多层次的开放合作模式，创造重庆新的产业竞争优势。

与此同时，要认清产业竞争本就是最基础也是最根本的竞争方式。因此，重庆应加快构建重庆现代产业集群进程，快速形成经济带产业高地，助力于打造 12 个千亿级产业集群，包括信息产业、交通通信设备、互联网与物联网、服务外包、纺织服装以及能源化工、金属材料等，打造 40 个百亿级产业集群，包括清洁能源发电、石墨烯、智能高新产业、数控机床、齿轮箱、环保装备、轨道交通等。坚持以创新推动发展，从而带动工业转型升级，提升重庆产业竞争能力。

四川是我国西部地区最重要的省份之一，经济与人口规模都十分庞大，其不仅处于华南连接华北与西南、西北，联络中亚、东南亚的关键节点位置，同时也是它们之间的重要通道与物流集散中心。四川得天独厚的区位优势要是能借力"新丝绸之路"，那么，其优势也能得到充分发挥。

四川文化、经济交流范围广，先后与216个国家和地区确立了经贸协定，也有约20个国家在成都建立了领事馆。四川同时也拥有得天独厚的产业优势，是我国重要的战略资源出产区、现代化的生产制造基地与国防科技研发中心。以上都可以说明四川在技术、资源、产业结构以及交通网络布局上的优势，与西部各省（自治区、直辖市）有很好的互补关系。更近一步来讲，四川与其他地区以及他国也有互补性，特别是在能源、农业、制造以及旅游文化等方面存在巨大的深入合作空间，这些都为实现四川与"丝绸之路经济带"沿线各国在各个方面实现"双赢"提供了机遇。

四川省发改委原主任唐利民就曾说过，"重振丝绸之路是四川转型升级的最好契机"，四川应借力"新丝绸之路"为其创造发展机遇。具体如下：第一，利用好四川的交通枢纽优势。着力巩固四川的国际大通道地位，重点放在区域性航空枢纽、铁路枢纽和公路枢纽建设实现国际化，形成以成都为中心、连接中西部、贯通国内外、公铁航联运互通的综合交通运输体系。第二，将开放试验区作为"先锋"，建设内陆开放高地。第三，集中精力于重大战略项目，加快产业转型升级。有效借助区域比较优势，积极发挥自主创新能力来延伸产业链以及调整产业结构和空间布局。第四，创建创新区域合作机制，为区域联动发展提高有效保障。加强长江经济带及"丝绸之路经济带"区域间的沟通，协同推进国家构建合理、协调的区域发展机制。

云南地处东亚、东南亚和南亚交汇处，与东南西北各个方向的城市和国家可以建立直接或间接的联系，具体情况如下：向东联接珠三角、长三角经济圈；向北可通向四川和中国内陆腹地；向西经过缅甸直达孟加拉国吉大港沟通印度洋，最终与中东、欧洲、非洲建立联系。

云南对自己的定位有两点，一是"一带一路"的战略支点，二是沟通南亚、东南亚国家的重要枢纽。"丝绸之路经济带"发展的重点包括沿边金改试验区项目，以此吸引东南亚及南亚国家的金融机构（银行、证券等），最终让这些金融机构入驻云南，实现真正意义上的提升跨境金融服务水平。

云南省发改委为了完成总体方案设计进行了10大课题研究，具体如下：借助昆明这个支撑点，向北经过成都、西安等城市与北方丝绸之路建立联系，向南则与万象、曼谷、新加坡建立联系，最后延伸至南太平洋地区，向东与泛珠三角太平洋等一些经济发达地区建立密切的联系，向西与孟中印缅经济走廊及印度洋沿岸国家建立联系，从而构建出云南"一纵一横"两大发展通道。

近几年，在产业建设方面，昆明针对新兴产业、关键产业、传统产业分别实现其规模化、高端化和品牌化，并将其作为产业建设方面的导向，陆续推进了一部分优势产业向高端环节延伸，重点培育和打造了一批大型集团、特色产业集群和新型工业化产业示范基地，集成了工业化与信息化，形成先进现代工业产业体系，具体表现为制造业与现代服务业互动并进。

广西地处西南、中南、南中国、东盟经济圈的交界处。其背面是西南地区，面向东南亚地区，毗邻香港、澳门特别行政区。它是中国唯一在海陆两方面与东盟连接的地区。其陆地边界线长 1020 千米、海岸线长 1629 千米，是中国西南和中南地区最便利便捷的出海和出境通道。

广西壮族自治区政府原副主席张晓钦认为，作为"海上丝绸之路"的战略支撑点，广西具有其独特的区位优势，在逐步推进中国－东盟自贸区转型升级、重振海上丝绸之路等战略中也将发挥巨大的作用。

截至 2019 年，广西已规划了 12 条国际公路通道，其中包括 4 条高速公路、1 条一级公路和 7 条二级公路。凭借这些国际公路通道，广西可以通往越南以及湄公河沿线等次区域国家。

近年来，广西全面贯彻落实北部湾、西江湾经济区共同驱动战略，构建了"海陆、江海、边海"联动发展的开放新格局。珠江－西江经济带在逐渐向国家层次战略上升，将广西作为战略支点作用发挥出来，推进桂粤、桂港、桂澳以及桂湘、桂黔、桂滇合作，实现中国东西部完美衔接。

截至 2019 年，广西高速公路营运里程为 6026 千米，铁路营运里程为 5206 千米，其中高铁里程为 1792 千米，全区综合交通网里程达到 12.56 万千米。内河港口吞吐能力达 1.5 亿吨，沿海港口吞吐能力将要达到 3.79 亿吨。民航旅客吞吐能力达 3000 万人次。

广西公共政策研究会会长陈道远表示，广西将借助北部湾经济区、珠江－西江经济带和"21 世纪海上丝绸之路"等一系列国家战略，在港口建设、公路建设、铁路建设、航空建设以及管道建设等方面加大纵深与密度，真正把广西建设成为中国—东盟重要交通运输中心和国际航运中心。

广西壮族自治区政协副主席磨长英提出如下建议：一是将广西打造成

21世纪海上丝绸之路新的支点、门户和枢纽。二是将广西作为人文合作的试点，加强与东盟的文化交流。三是将广西北部湾港作为港口合作试验区域，先巩固基础设施项目建设，以此拓展众多国际航班和航线（包括加密货运航线），加快开通海上邮轮，并保证相关安全保障问题。除此之外，还可以在广西北部湾试点向民营企业开通成品油气的进口政策，加强能源通道建设。

虽然西南各省（自治区、直辖市）都将"丝绸之路经济带"建设作为各地的关键发展战略机遇，以此来实现目标，但仍然存在一些普遍问题，比如缺乏与各省市的合作交流。

3．其他地区——以浙江省为例

当前，浙江省正在积极响应国家关于"丝绸之路经济带"的战略，具体体现在以下几方面：首先，在政策方面，不仅要积极推进中央的《"丝绸之路经济带"和21世纪海上丝绸之路建设战略规划》实施方案，还要响应浙江省内的相关政策和战略，包括《关于以"一带一路"建设为纲领构建全面开放新格局的意见》以及《浙江省打造"一带一路"枢纽行动计划》等战略。其次，打造新型贸易中心。与其他贸易中心不同的是，新型贸易中心是以数字贸易为标志。

在各个战略的有序推进下，浙江省贸易发展迅速，但依然存在不足之处，主要表现为以下几点：第一，省内高级国际化开放平台数量相对较少，同时对外贸易发展力度不够。出口商品中，高附加值产品、品牌产品占比低，服务贸易比重不高。第二，高质量的外资企业、价值链高端企业以及国际影响力大的跨国公司占比低。第三，对外开放领域有局限性，开放深度不够。第四，国际化进程有待进一步加快，包括城市、企业、人才以及产业平台等方面。为了促进浙江开放型经济发展以及在"丝绸之路经济带"贸易中进一步发展，本研究提出以下建议。

（1）加强具有浙江特色的自由贸易试验区建设。

2017年3月15日，国务院发布了《中国（浙江）自由贸易试验区总体方案》。而早在2016年8月底，党中央、国务院同意浙江设立自贸试验区，浙江在舟山实施建设范围119.95平方千米的自贸试验区，分别在舟山岛北部和南部片区以及舟山离岛片区等三个片区。自贸试验区的设立对于浙江来说是一个很好的机遇，将会对浙江省的经济社会发展产生持久性的影响，包括在产业转型升级、管理机制创新等方面带来实际性机遇。由此也说明，浙江自贸试验区将对我国海洋经济领域参与全球贸易竞争起到示范作用，也就是说浙江自贸试验区会成为浙江省对外开放发展的试点项目。与此同时，浙江省借助浙江自贸试验区能更有效地衔接长江经济带发展和"丝绸之路经济带"等重大倡议。

首先，加强信息化建设，以满足各行业多样化、个性化服务需求，推进浙江自贸试验区内部信息机制的创建，以及推进政府内部、政企、企业间的信息互动。具体包括三个方面：

第一，建立舟山市公共信息服务平台。主要以满足浙江自贸试验区数据交换为目标，建立相关基础设施和通信网络，制定通信协议的具体标准用于电子数据交换。与此同时，建立与相关行业或政府部门电子数据交换接口，包括铁路、公路、航空、保险、税务、海关、出入境检疫局等，最终实现数据信息的双向传送，实现数据信息的共享，为报备监管奠定基础。

第二，建立本市相关行业组织信息平台。以满足浙江自贸试验区内企业和政府部门的通信需求为目标。该平台应具有两大基础功能：一是有物流运输工具的跟踪及调度等功能，具体包括支持物流运输车载系统与物流企业运输调度中心的无线通信功能；二是具备实时监控管理功能，具体包括支持海关等部门无线通信调度。

第三，建立公共信用信息平台。该平台应由自贸试验区内的机构部门联合设立，包括海关、监管、政府和企业等机构，设立自贸试验区黑名单，对那些违反区内常用规范的企业和船舶公司，将其列入平台黑名单。在建设综合信息平台的基础上，建设对应的数据平台，这样有利于浙江自贸试验区在发展过程中实现管理、监管的合作共赢。在公共信用信息平台内，基于浙江自贸试验区基础设施、信息交互和相关战略合作，政府也应采取相关措施，推进与上海合作、与洋山港区物流合作，以及与宁波港实现区域一体化。

其次，优化创新管理机制。可以从政府、监管机构设置以及加强与上海自贸试验区的合作几个方面开展，具体如下：

第一，在政府管理方面，具体表现为政府在各方面进行宏观调控，简化、优化政府各项职能，积极推进自贸试验区内高效率运作。例如，浙江自贸试验区在投资方面实行负面清单管理模式，构建高效、严密的监管体系。同时区内管理部门采用备案制，坚持内、外资统一原则，不仅要对负面清单以外领域的外商投资项目核准，还要对负面清单以外领域的企业合同章程进行审批。浙江自贸试验区在外资企业登记方面，应简化外资登记流程，保证一个部门和窗口可以受理外资企业的登记与准入业务，不断提高外资在浙江自贸实验区注册效率。

第二，在监管机构设置方面，就区内的海关监管制度而言，可以借鉴上海对于自贸试验区采取的相关政策，包括其实行"境内关外"，简单来说就是"一线放开，二线管住"。那么，浙江自贸试验区的"一线"和"二线"是指区内哪些区域？具体来说就是：区域边界与境外的通道构成"一线"，自贸区与进入本国的通道构成"二线"。从浙江自贸试验区的功能定位来看，我们所说的"一线开放"，就是指大宗商品或其他贸易商品在进入自贸试验区时可以自由地开展贸易活动、出入境外，而且不需要相关的海关监管。而"二线管住"，就是指贸易商品借助相关商品报税和免税的政策，再经浙江自贸试验区进入我国国内。与此同时，浙江自贸试验区涵盖许多岛屿，区域较为分散。因此，这就需要一个监管机构对其（包括运费、政策、运输实时情况）进行统一的监管，不仅可以实现各区域信息共享，加强联络，降低各岛屿间的运营落差，还可以避免出现不规范行为。此时，不仅要针对浙江自贸试验区整个区域进行监管，还要加强岛屿间的监管，避免自贸试验区各个机构运行出现效率低下的情况。应构建相应行政监管制度，保证自贸试验区内机构和企业贸易有序进行以及同行之间的良性竞争。

最后，浙江自贸试验区要持续推进与上海自贸试验区建立密切的合作关系。上海自贸试验区与浙江自贸试验区是"邻居关系"，且都位于长江经济带和"丝绸之路经济带"关键交汇点，两者的发展是相互呼应的，所以，本研究认为两个自贸区可以通过合作实现双赢。

浙江自贸试验区要在许多领域（管理制度、优惠措施、政策法规等）形成完整的体系，就应积极借鉴上海自贸试验区的成功经验。除此之外，在金融和人才方面，浙江自贸试验区也能借助上海庞大的资源优势。浙江自贸试验区与上海自贸试验区应优势互补，上海自贸试验区主营集装箱贸易以及物流相关配套服务，那么浙江自贸试验区可以主营大宗商品、石油和铁砂矿等贸易运输服务。尤其是，浙江自贸试验区建设的大宗商品交易中心将海洋制造业、服务业聚集在一起，实现与上海相应业务对接，有助于实现上海构建新型海上产业体系的目标。除此之外，两个试验区还可以推进其他领域（海关、边检、海事等）合作。2020 年 3 月，国务院《关于支持中国（浙江）自由贸易试验区油气全产业链开放发展若干措施》的批复函正式发布（国函〔2020〕32 号）。

（2）基于"互联网＋"，发展跨境电子商务。

在促进"丝绸之路经济带"建设的过程中，浙江已成为中国最重要的贸易通道之一，与此同时，其跨国电子商务更大发展机遇也因此到来。由此可见，浙江省应借助互联网和电子商务平台来发展自己的外贸，具体如下：

首先，浙江省可以通过"互联网＋"，激励企业开展"贸易＋自营电商"的模式，着力优化对外贸易监管环境，以利于浙江省跨境电子商务。其次，浙江省应充分利用互联网等媒体，培养一批具有浙江特色、具有一定规模和影响力的跨国电子商务贸易企业。更重要的是，浙江省应逐步构建电子商务服务产业平台。此外，浙江省还应借助"互联网＋"以服务浙江外贸，跨境分销，结算方便等贸易活动，推进发展浙江服务性行业采用"互联网＋贸易"的模式。最后，浙江省要积极推进物流园区建设，尤其是使丝绸之路经济向西开放的建设，统一选择浙江省进出口商品贸易集散点，加快推进跨境物流园区的建设并促进浙江省贸易便利化。

（3）加大技术投入，调整贸易结构。

目前，浙江正处于"通道经济"的窘境之中，要想走出困境，投入"丝绸之路经济带"建设，积极推进浙江省进出口贸易结构转型升级势在必行。首先，应引导浙江的出口企业增加科技投入，激励企业创新，并改变他们的生产经营方式，调整产业结构，优化贸易商品结构。其次，应合理配置信贷资金的投入，重点加大对优势产品的资金支持，增强浙江出口商品的国际竞争力；重点扶持明星产品出口，培育浙江自己的产业链，加快从粗放型增长向效益型增长转变。最后，应加大对科技事业的投入，加强研发平台构建，如信息服务和电子商务建设，并提供资金补贴或优惠给那些积极参与技术创新的企业，加强技术创新对进出口贸易发展的支持。

（4）构建货物运输大通道，降低浙货物流成本。

在"丝绸之路经济带"建设中，浙江要将建设宁波—舟山港口经济圈、"义新欧"班列、跨境电子商务实验区作为发展的"新势力"，推进国际贸易中心建设进程，有效地将"引进来"与"走出去"结合，引领开放型经济发展新趋势。

一是加强口岸经济圈的核心区域建设，推进港口功能转型进程。在日益激烈的国内和国际港口的竞争中，宁波—舟山港口要推进港口的转型升级进程，由依托数量向依托量和质双向发展转变。转型的路径是发展增值服务，如内外贸、海事仲裁、海员培训、航运信息服务、登记交易等。应完善港口服务体系，实现交通运输港转型，向贸易物流港发展。

二是构建"丝绸之路经济带"枢纽港区。以"丝绸之路经济带"对枢纽港的相关要求为依据，有效开发海港资源，加强港航基础设施建设，将航运大通道做大做强。推进各项（包括岸线、航道、码头等）资源开发整合，拓宽进港航道，对岸线实现有偿、集约化利用。同时，港区经济区格局有待优化整合，应推进优化进程，构建阶梯状连接的堆场作业区、物流园区、贸易商务区等功能布局。除了以上内容，还要促进空港与海港双向发展。港口经济发展与空港有着紧密联系，但浙江在这方面还存在较多不足，如海港强空港弱，海空联动不够密切等。对此，浙江应着重加强宁波航空基础硬件设施建设，积极与港澳台地区建立密切的空港业务合作关系，加快开通至亚洲主要地区和欧美的国际航线。在空港的中转功能方面，应加大力度不断提升其水平，逐渐将宁波空港建成国内干线机场以及长三角地区航空物流枢纽港。

三是扩大港口经济圈的"支持链接"，增强对外辐射能力，引领国际港口联盟的形成，进一步提升宁波—舟山港的国际地位。在"21世纪海上丝绸之路"的大背景下，宁波已建立了一个国际港口联盟，构建了强有力的政治基础。这应该被视为依靠宁波—舟山港，以资本为纽带，创新港口合作机制的整合，形成港口的更广阔的国际联盟的机会。有必要加强与上海港口及省内各大港口联盟关系，如嘉兴、温州、台州等重要港口。与此同时，有必要将港口发展的优势延伸到海外地区，如东盟、西亚和南美，并参与国际港口、码头等海域开发和运输系统的建设。依托海铁联运，港口辐射内陆地区的能力将大大提高，因此海铁联运将成为浙江口岸经济向内陆地区延伸的决定性因素。有必要申报国家海铁联运体系的改革试点，构建海铁联运的综合试验区，形成宁波—舟山港集装箱海联运枢纽，拓宽宁波—舟山港在内陆无水港的覆盖范围，优化沿江无水港网络的布局，并在西部地区如新疆、内蒙古、甘肃、陕西、青海等地打造无水港。基于以上措施，可打通一条由宁波到中国西部乃至西亚地区的陆上走廊，最终使宁波—舟山港对内陆地区进行有效辐射。

除以上措施外，也有必要专注于金华、义乌，并建立"丝绸之路经济带"的战略支点。应加强义乌国际贸易综合改革，提升其建设水平，加强国际陆港口岸枢纽功能以及义乌航港、金华—义乌口岸和国际物流中心的建设。应建立一个开放的平台，如金义都市新区，加快推进金义综合保税区的建设，以及其招商进度，努力推动跨境电子商务海外仓库的试验点建设，致力于打造国际商贸中心和国际化港口城市。

四是扩大港口物流，促进港口渠道的建设，提高通关能力和跟上不断提高的国际标准。应改善通关环境，加快口岸电子信息平台的建设，大力推进信息系统的开发和应用，如网上报关、电子支付和加工贸易网络监督，实行"一单式"通关模式。同时，在口岸实行"一关三检"程序，简化业务联系的程序，并为边境贸易的发展提供保障和便利。应推动设立海关互认机制和检查的集成检疫，提高通关效率。应优化中国—欧洲列车的运输路线和组织流程，节省运输时间，提高效率。应加强与海外港口基础设施的整合，提高港口的综合能力，并建立一个综合交通运输体系的端口。

五是构建物流公共信息平台，推动互联网、大数据、人工智能和相关实体经济的深度融合。应大力推进云计算、物联网、大数据和"3S"地理信息技术在物流的互联网的应用，可在节点区域市场区对接，动态采集和收集跨省交换商品市场的数据，整合信息资源，建立公共信息服务平台，交换列车实时信息和货物跟踪信息，推进我国企业在电子商务、跨境电子商务、跨境支付、大数据信息服务等的平台的聚集，提升物流的现代化水平。

4. 各省（自治区、直辖市）联动合作

从已有规划来看，在参与"丝绸之路经济带"建设的发展途径上，各省（自治区、直辖市）之间具有很多相同点。从地方层面来看，这些相同点并不存在太大问题，但从国家层面看，一些问题就会凸显出来。这些问题主要体现在三方面：各地的发展战略缺乏协同、发展战略定位错位、发展战略路径缺乏差异化。为此，本研究提出如下对策建议：

（1）加强省际间参与"丝绸之路经济带"建设的发展战略协同。

"丝绸之路经济带"涵盖我国众多省区市，各省区市经济发展水平差距较大，资源优势多样化，产业结构重心不同，经济结构可以优势互补，这为各省区市之间战略协同发展提供了可能性。省际间参与"丝绸之路经济带"建设的发展战略协同主要体现在两方面：

一方面，在贸易格局平衡上，参与"丝绸之路经济带"建设使我国贸易格局发生转变，拓宽了各省区市的对外贸易渠道，而通过战略协同，可促使各省区市不再进行"跟风式"转向，而是基于自身区位和比较优势，在贸易上形成战略协同，平衡东、中、西部各省区市的贸易差距。

另一方面，在产业布局上，省际间参与"丝绸之路经济带"建设发展战略协同能拓宽省域范围的产业分工与合作，在省际间更大范围内进行资源配置，而这也是省际间战略协同的关键。目前，"丝绸之路经济带"沿线各省区市确立了基于本省区市范围的产业振兴计划，而各省区市也都面临两大重要课题，一个是产业链的重组分工，另一个是产业转型升级。各省区市要实现产业定位与转型升级，一方面需要明确产业定位，避免各省区市优势冲突；另一方面更需要通过省区市战略联动，实现完整的产业链再次分工，在更宽阔空间范围实现资源优化配置，促进国家整体产业竞争力的快速提升。

此外，在省际间参与"丝绸之路经济带"建设发展战略协同过程中，需要发挥好两大金融平台的作用，即丝路基金在互联互通建设方面的作用，以及亚洲基础设施投资银行在产业升级、结构优化等方面的作用。通过两大金融平台进一步强化"丝绸之路经济带"省际间战略协同，发挥其对内、对外的战略协同效应。

（2）促进省际间参与"丝绸之路经济带"建设发展战略与既有战略融合。

目前，许多国家层面的发展战略已经在"丝绸之路经济带"沿线省区市得到落实。例如，西部省区市有西部大开发战略、关中—天水经济区和广西北部湾经济区发展规划等，中部省区市有促进中部地区崛起战略、中原经济区规划和皖江城市带承接产业转移示范区规划等，东部省区市有浙江海洋经济发展示范区规划、山东半岛蓝色经济区和江苏沿海地区发展规划等。显而易见，上述国家战略局限于解决区域经济发展问题，偏向于区域性振兴战略，没有实现整体的战略融合。"丝绸之路经济带"建设涵盖范围广，不仅仅横跨东、中、西部，融合国内几十个省区市，更是横跨亚欧非，融合了东南亚经济带、南亚经济带、新亚欧大陆桥经济带和东北亚经济带，并向非洲、欧洲延伸，最终形成亚非欧三大洲海陆闭环经济圈。由此可见，"丝绸之路经济带"建设是对我国现有开放格局以及发展模式的重新调整和思考，是对省区市间协同合作的重新平衡，同时"丝绸之路经济带"建设属于我国改革发展与对外开放的升级版，具有时代性、开放性和全局性等特点。因此，沿线省区市应将既有国家区域战略积极融合到各自参与"丝绸之路经济带"建设的发展战略中，防止既有战略与其他发展战略的割裂与并行。沿线省区市不仅应考虑参与"丝绸之路经济带"建设发展战略本身，还应重点加强战略融合，做到对既有战略和相关战略内部整合与外部延伸的有机整合，形成国家区域战略与相关发展战略的合力。

（3）建立省际间参与"丝绸之路经济带"建设协调平台。

目前，各省区市均围绕自身情况制定参与"丝绸之路经济带"建设的发展战略，而省际间参与"丝绸之路经济带"建设协调平台建设滞后，导致各省区市缺乏必要的合作交流。应建立省际间参与"丝绸之路经济带"建设协调平台，一方面，在空间上将各省区市情况拓展到省际范围，保证各省区市参与"丝绸之路经济带"建设发展战略制定的科学性和有效性；另一方面，在时间上保证参与"丝绸之路经济带"建设发展战略的动态平衡，利用省际协调沟通机制，根据实际情况进行动态调整，保障各省区市战略的持续性。具体包括三方面内容：一是建立省部联席会议制度，加强省际间参与"丝绸之路经济带"建设并积极推动发展战略政策沟通，破除省区市间的政策协调壁垒，最大限度地发挥政策合力，同时保证省际间发展战略功能定位和发展路径保持个性发展，加强协调与管理各省区市同"丝绸之路经济带"沿线国家或地区之间国际班列和跨境物流等。二是建立省区市间经济协调平台，加强各省区市经济联动合作，做好产业链调整与分工，保证省际间的有序、良性竞争，形成产业发展合力。三是建立省区市间文化发展协调平台，改变各省区市参与"一带一路"建设文化营销过于单薄、缺乏省际间互补的现状，充分挖掘各自特色文化，形成省际文化发展合力。

8.3 研究展望

（1）对贸易网络的研究有待进一步完善。尽管本研究对中国与"丝绸之路经济带"沿线国家的贸易网络进行了网络特征和演化研究，并进行了拓扑结构的可视化研究，但对网络演化规律还可以进行更深入研究。同时，使用的方法是以社会网络方法为主，对于复杂网络方法的应用不够。

（2）本研究改进了随机前沿引力模型的应用，通过时间距离等方法考虑了空间异质性的情况，应用了"一步法"随机前沿方法测度中国与"丝绸之路经济带"沿线国家的贸易潜力，并进行了地理可视化处理，但未考虑产品本身的异质性。

（3）限于数据可得性和服务贸易潜力的模型，本研究主要考虑的是商品贸易网络，还未对服务贸易网络进行研究。

（4）从另一角度来看，本研究多关注贸易网络，很少关注"丝绸之路经济带"沿线国家间的投资网络格局。在未来可从多个角度对"丝绸之路经济带"展开研究，为中国企业走出去发展提供参考建议。

参考文献

[1] ACEMOGLU D, GUERRIERI V, 2008. Capital deepening and non-balanced economic growth [J]. Journal of political economy, 116 (3): 467−498.

[2] AFRIAT S N, 1972. Efficiency estimation of production function [J]. International economic review, 13 (3): 568−598.

[3] AGHION P, HOWITT P, 1992. A model of growth through creative destruction [J]. Econometrica, 60 (2): 323−351.

[4] AIGNER D J, CHU S F, 1968. On estimating the industry production function [J]. American economic review, 58 (4): 826−839.

[5] AIGNER D J, LOVELL C A K, SCHMIDT P, 1977. Formulation and estimation of stochastic frontier production function models [J]. Journal of econometrics, 6 (1): 21−37.

[6] AMITI M, FREUND C, 2016. The anatomy of China's export growth [J]. Social science electronic publishing, 199 (5): 1−29. DOI: 10.1596/1813−9450−4628.

[7] ANDERSON J E, 1979. A theoretical foundation for the gravity equation [J]. American economic review, 69 (1): 106−116.

[8] ANDERSON J E, WINCOOP E V, 2003. Gravity with gravitas: a solution to the border puzzle [J]. Social science electronic publishing, 93 (1): 170−192.

[9] ANDERSON J E, YOTOV Y V, 2008. The changing incidence of geography [J]. American economic review, 100 (5): 2157−2186.

[10] ANSELIN L, SYABRI I, KHO Y, 2006. GeoDa: an introduction to spatial data analysis [J]. Geographical analysis, 38 (1): 5−22.

[11] ARBIA G, 2001. The role of spatial effects in the empirical analysis

of regional concentration [J]. Journal of geographical systems, 3 (3): 271—281.

[12] ARKOLAKIS C, MUENDLER M A, 2007. The extensive margin of exporting goods: a firm-level analysis [C]. University of California: 4—33.

[13] ARMINGTON P S, 1969. A theory of demand for products distinguished by place of production [J]. IMF staff papers, 16 (1): 159—178.

[14] ARMSTRONG S, 2007. Measuring trade and trade potential: a survey [R]. Asia Pacific economic paper, No. 368.

[15] BALDWIN R E, NINO V D, 2006. Euros and zeros: the common currency effect on trade in new goods [R]. NEBR Working Paper, No. 21.

[16] BALDWIN R, HARRIGAN J, 2011. Zeros, quality, and space: trade theory and trade evidence [J]. American economic journal: microeconomics, 3 (2): 60—88.

[17] BALIAMOUNE-LUTZ M, NDIKUMANA L, 2007. The growth effects of openness to trade and the role of institutions: new evidence from African countries [J]. Mpra Paper, 86 (273): 178—184.

[18] BASKARAN T, BIOECHL F, BRUECK T, et al, 2011. The Heckscher-Ohlin model and the network structure of international trade [J]. International review of economics & finance, 20 (2): 135—145.

[19] BATTESE G E, COELLI T J, 1992. Frontier production functions, technical efficiency and panel data: with application to paddy farmers in India [J]. Journal of productivity analysis, 3 (1—2): 149—165.

[20] BATTESE G E, COELLI T J, 1995. A model for technical inefficiency effects in a stochastic frontier production function for panel data [J]. Empirical economics, 20 (2): 325—332.

[21] BATTESE G E, CORRA G S, 1977. Estimation of a production frontier model: with application to the pastoral zone of eastern Australia [J]. Australia journal of agricultural economics, 21 (3):

169-179.

[22] BERG S A, FORSUND F R, JANSEN E S, 1991. Technical efficiency of Norwegian banks: the non-parametric approach to efficiency measurement [J]. Journal of productivity analysis, 2 (2): 127-142.

[23] BERGSTRAND J H, 1989. The generalized gravity equation, monopolistic competition, and the factor-proportions theory in international trade [J]. The review of economics and statisticis, 71 (1): 143-153.

[24] BERGSTRAND J H, EGGER P, LARCH M, 2013. Gravity redux: estimation of gravity equation coefficients, elasticities of substitution and general equilibrium comparative statics under asymmetric bilateral trade cost [J]. Journal of international economics, 89 (1): 110-121.

[25] BERGSTRAND J H, 1985. The gravity equation in international trade: some microeconomic foundations and empirical evidence [J]. Review of economics and statistics, 67 (3): 474-481.

[26] BERNARD A B, REDDING S J, SCHOTT P K, 2007. Comparative advantage and heterogeneous firms [J]. Review of economic studies, 74 (1): 31-66.

[27] BERNARD A B, REDDING S J, SCHOTT P K, 2011. Multi-product firms and trade liberalization [J]. The quarterly journal of economics, 126 (3): 1271-1318.

[28] BERNARD A B, REDDING S J, SCHOTT P K, 2010. Multiple-product firms and product switching [J]. American economic review, 100 (1): 70-97.

[29] BHATTACHARYA K, MUKHERJEE G, MANNA S, 2007. The international trade network [M] //CHATTERJEE A, CHAKRABARTI B. Econophysics of markets and business networks. Milan: Springer-Verlag.

[30] BOUGHEAS S, 1999. Contagious bank runs [J]. International review of economics & finance, 8 (2): 131-146.

[31] BRODA C, WEINSTEIN D E, 2006. Globalization and the gains

from variety [J]. Quarterly journal of economics，121（2）：541—585.

[32] BROWN T A，2006. Confirmatory factor analysis for applied research [M]. New York：Guilford Press.

[33] CHANEY T，2008. Distorted gravity：the intensive and extensive margins of international trade [J]. American economic review，98 （4）：1707—1721.

[34] CHANEY T，2013. The Gravity equation in international trade：an explanation [R]. NBER working paper，No. 19285.

[35] CHARNES A，COOPER W W，RHODES E，1978. Measuring the efficiency of decision making units [J]. European journal of operational research，2（6）：429—444.

[36] CHEN M X，WILSON J S，OTSUKI T，2009. Standards and export decisions：firm-level evidence from developing countries [J]. The journal of international trade & economic development，17 （4）：501—523.

[37] CHENERY H，ROBINSON S，SYRQUIN M，1986. Industrialization and growth：a comparative study [M]. London：Oxford University Press.

[38] CHENERY H，SYRQUIN M，1975. Patterns of development：1950—1970 [M]. London：Oxford University Press.

[39] COELLI T J，RAO D S P，BATTESE G E，1998. An introduction to efficiency and productivity analysis [M]. Boston：Kluwer Academic Publishers.

[40] COSTINOT A，RODRIGUEZ-CLARE A，2013. Trade theory with numbers：quantifying the consequences of globalization [J]. Handbook of international economics，4：197—261.

[41] DEBAERE P，MOSTASHARI S，2010. Do tariffs matter for the extensive margin of international trade? an empirical analysis [J]. Journal of international economics，81（2）：163—169.

[42] DJANKOV S，FREUND C，PHAM C S，2010. Trading on time [J]. The review of economics and statistics，92（1）：166—173.

[43] DOYLE E，MARTINESZ-ZARZOSO I，2011. Productivity，trade，and institutional quality：a panel analysis [J]. Southern economic

journal，77（3）：726—752.

［44］ DRYSDALE P D，GARNAUT R，1982. Trade intensities and the analysis of bilateral trade flows in a many-country world：a survey ［J］. Hitotsubashi journal of economics，22（2）：62—84.

［45］ DUENAS M，FAGIOLO G，2013. Modeling the international-trade network：a gravity approach ［J］. Journal of economic interaction and coordination，8（1），155—178.

［46］ EATON J，ESLAVA M，KUGLER M，et al，2008. The margins of entry into export markets：evidence from Colombia ［C］// HELPMAN E，MARIN D，VERDIER T. The organization of firms in a global economy. Cambridge：Harvard University Press.

［47］ EATON J，KORTUM S，2002. Technology，geography，and trade ［J］. Econometrica，70（5）：1741—1779.

［48］ EGGER P，2002. An econometric view on the estimation of gravity models and the calculation of trade potentials ［J］. The world economy，25（2）：297—312.

［49］ EVENETT S J，VENABLES A J，2002. Export growth in developing countries：market entry and bilateral trade flows ［C］. Leverhulme Centre for Research on Globalisation & Economic Policy，University of Nottingham.

［50］ FAGIOLO G，2010. The international-trade network：gravity equations and topological properties ［J］. Journal of economic interaction and coordination，5（1）：1—25.

［51］ FAGIOLO G，MASTRORILLO M，2013. Migration and trade：a complex-network approach ［C］. International conference on signal-image technology & internet-based systems. DOI：10. 1109/SITIS. 2013. 90.

［52］ FAGIOLO G，SCHIAVO S，REYES J，2008. On the topological properties of the world trade web：a weighted network analysis ［J］. Physica A，387：3868—3873.

［53］ FAGIOLO G，SCHIAVO S，REYES J，2009. World-trade web：topological properties，dynamics，and evolution ［J］. Physical review E，79（3）：036115. DOI：10. 1103/PhysRevE. 79. 036115.

[54] FARRELL R, GROSSKOPF S, LOVELL C A K, 1985. The measurement of efficiency of production [M]. Boston: Kluwer-Nijhoff Publishing.

[55] FEENSTRA R C, 1994. New product varieties and the measurement of International Prices [J]. American economic review, 84 (1): 157－177.

[56] FELBERMAYR G J, KOHLER W, 2006. Exploring the intensive and extensive margins of world trade [J]. Review of world economics, 142 (4): 642－674.

[57] GARLASCHELLI D, LOFFREDO M I, 2005. Structure and evolution of the world trade network [J]. Physica A: statistical mechanics and its applications, 355 (1): 138－144.

[58] GENÇ M, LAW D, 2014. A gravity model of barriers to trade in New Zealand [R]. Newland Treasury Working Paper, 2: 1－49.

[59] GROOT H, LINDERS G J, RIETVELD P, et al, 2004. The institutional determinants of bilateral trade pattern [J]. Kyklos, Wiley Blackwell, 57 (1): 103－123.

[60] GROSSMAN G M, HELPMAN E, 1994. Interest groups and trade policy [J]. American economic review, 84 (4): 833－850.

[61] GRUBEL H G, LLOYD P J, 1975. Intra-industry trade: the theory and measurement of international trade in differentiated products [J]. Journal of international economics, 6 (339): 312－314.

[62] HAUSMANN R, KLINGER B, 2006. The evolution of comparative advantage: the impact of the structure of the product space [R]. CID working paper, No. 106: 2－32.

[63] HAUSMANN R, KLINGER B, 2007. The structure of the product space and the evolution of comparative advantage [R]. CID working paper, No. 146. 5－23.

[64] HE C F, WANG J, 2012. Regional and sectoral differences in the spatial restructuring of Chinese manufacturing industries during the post-WTO period [J]. GeoJournal, 77 (3): 361－381.

[65] HELPMAN E, MELITZ M J, RUBINSTEIN Y, 2008. Estimating trade flows: trading partners and trading volumes [J]. The quarterly journal of economics, 123 (2): 441－487.

[66] HIDALGO C A, HAUSMANN R, 2009. The building blocks of economic complexity [J]. National academy of sciences, 106 (26): 10570−10575.

[67] HIDALGO C A, KLINGER B, BARABÁSI A L, et al, 2007. The product space conditions the development of nations [J]. Science, 317: 482−487.

[68] HILLBERRY R H, MCDANIEL C A, 2002. A decomposition of north American trade growth since NAFTA [R]. US international trade commission working paper, No. 2002−12−A.

[69] HUMMELS D, KLENOW P L, 2005. The variety and quality of a nation's exports [J]. American economic review, 95 (2): 704 −723.

[70] JANKOWSKA A, NAGENGAST A, PEREA J R, et al, 2012. The product space and the middle-income trap: comparing Asian and Latin American experiences [R]. OECD Development Centre Working Papers, No. 311.

[71] JONDROW J, LOVELL C, MATEROV I S, et al, 1982. On the estimation of technical inefficiency in the stochastic frontier production function model [J]. Journal of econometrics, 19 (s2− 3): 233−238.

[72] KANG H, FRATIANNI M, 2006. International trade efficiency, the gravity equation, and the stochastic frontier [J]. Social science electronic publishing. DOI: 10. 2139/ssrn. 952848.

[73] KANG K, 2004. The path of the extensive margin (export variety): theory and evidence [R]. University of California, Davis Working Paper.

[74] KEHOE T J, RUHL K J, 2003. How important is the new goods margin in international trade? [J]. Social science electronic publishing, 121 (2): 358−392.

[75] KIM S, SHIN E, 2002. A longitudinal analysis of globalization and regionalization in international trade: a social network approach [J]. Social forces, 81 (2): 445−471.

[76] KLENOW P, RODRIQUEZ-CLARE A, 1997. Quantifying variety

gains from trade liberalization [R]. Working Paper, Graduate School of Business, University of Chicago.

[77] KOGLER D F, RIGBY D L, TUCKER I, 2013. Mapping knowledge space and technological relatedness in US cities [J]. European planning studies, 21 (9): 1374-1391.

[78] KRUGMAN P, 1991. Increasing returns and economic geography [J]. Journal of political economy, 99 (3): 483-499.

[79] LI X, CHEN G R, 2003. A Local world evolving network model [J]. Physica A, 328: 274-286.

[80] LIMAO N, VENABLES A J, 1999. Infrastructure, geographical disadvantage, and transport costs [R]. Policy Research Working Paper.

[81] LINEMAN H, 1966. An econometric study of international trade flows [M]. Amsterdam: North-Holland publishing company.

[82] MARTINEZ-ZARZOSO I, 2013. The log of gravity revisited [J]. Applied economics, 45 (3): 311-327.

[83] MCCALLUM J, 1995. National borders matter: Cananda-US regional trade patterns [J]. The American economic review, 85 (3): 615-623.

[84] MEEUSEN W J, BROECK V D, 1977. Efficiency estimation from Cobb-Douglas production functions with Composed Error [J]. International economic review, 18 (2): 435-444.

[85] MELITZ M, 2003. The impact of trade on Intra-Industry reallocations and aggregate industry productivity [J]. Econometrica, 71 (6): 1695-1725.

[86] MELITZ M, OTTAVIANO G, 2008. Market size, trade, and productivity [J]. The review of economic studies, 75 (1): 295-316.

[87] MEON P G, SEKKAT K, 2008. Institutional quality and trade: which institutions? which trade? [J]. Economic inquiry, 46 (2): 227-240.

[88] NOOY W D, 2011. Networks of action and events over time: a multilevel discrete-time event history model for longitudinal network data [J]. Social networks, 33 (1): 31-40.

[89] NOVY D, 2013. International trade without CES: estimating translog

gravity [J]. Journal of international economics, 89 (2): 271−282.

[90] PAILLACAR R, 2010. Economic geography and wages in brazil: evidence from micro-data [J]. Journal of development economics, 91 (1): 2−55.

[91] PEQUITO S, PRECIADO V M, BARABÁSI, et al, 2017. Trade-offs between driving nodes and time-to-control in complex networks [J]. Scientific Reports, 7: 39978.

[92] PICCIOLO F, RUZZENENTI F, BASOSI R, 2012. The role of distances in the world trade web [C]. Signal Image Technology and Internet Based Systems (SITIS), 2012 Eighth International Conference on 25 − 29 November, Naples. DOI: 10. 1109/SITIS. 2012. 118.

[93] POYHONEN P, 1963. A tentative model for the volume of trade between countries [R]. Weltwirtschaftliches Archive, 90: 93 −100.

[94] REDDING S, VENABLES A, 2004. Economic geography and international inequality [J]. Journal of international economics, 62 (1): 21−45.

[95] FRENCH S, 2009. Innovation in product space and trade [R]. University of Texas at Austin Working Papers.

[96] SERGE S, 2012. Putting industries into the Eaton-Kortum model [J]. The journal of international trade & economic development, 21 (6): 807−83.

[97] SERRANO M A, BOGUNA M, 2003. Topology of the world trade web [J]. Physical review E, 68 (2): 015101.

[98] SERRANO M A, BOGUNA M, VESPIGNANI A, 2007. Patterns of dominant flows in the world trade web [J]. Journal of economic interaction and coordination, 2: 111−124.

[99] SILVA J, TENREYRO S, 2011. Further simulation evidence on the performance of the Poisson pseudo-maximum likelihood estimator [J]. Economics letter, 112 (2): 220−222.

[100] SMITH D A, WHITE D R, 1992. Structure and dynamics of the global economy: network analysis of international trade 1965—

1980 [J]. Social forces，70（4）：857－893.

[101] SNYDER D，KICK E L，1979. Structural position in the world system and economic growth，1955—1970：a multiple-network analysis of transnational interactions [J]. American journal of sociology，84（5）：1096－1126.

[102] SOLOAGA I，WINTERS L A，1999. Regionalism in the nineties：what effect on trade? [J]. Cepr Discussion Papers，12（1）：1－29.

[103] SQUARTINI T，FAGIOLO G，GARLASCHELLI D，2011. Randomizing world trade. Ⅰ. A binary network analysis [J]. Physical Review E，84（4）：046117.

[104] SQUARTINI T，FAGIOLO G，GARLASCHELLI D，2011. Randomizing world trade. Ⅱ. A weighted network analysis [J]. Physical review E，84（4）：046118.

[105] TINBERGEN J，1962. An analysis of world trade flows [M] // TINBERGEN J. Shaping the world economy：suggestions for an international economic policy. New York：The Twentieth Century Fund.

[106] WHITE H C，BOORMAN S A，BREIGER R L，1976. Social structure from multiple networks：blockmodels of roles and positions [J]. American journal of sociology，81（4）：730－780.

[107] WU F，GUCLU H，2013. Global maize trade and food security：implications from a social network model [J]. Risk analysis，33（12）：2168－2178.

[108] 白永秀，王颂吉，2014. 丝绸之路经济带的纵深背景与地缘战略 [J]. 改革（3）：64－73.

[109] 白永秀，吴航，王泽润，2014. 丝绸之路经济带战略构想：依据、目标及实现步骤 [J]. 人文杂志（9）：25－31.

[110] 鲍晓华，朱达明，2014. 技术性贸易壁垒与出口的边际效应 [J]. 经济学（7）：1393－1414.

[111] 毕燕茹，师博，2010. 中国与中亚五国贸易潜力测算及分析——贸易互补性指数与引力模型研究 [J]. 亚太经济（3）：47－51.

[112] 曹小曙，李涛，杨文越，等，2015. 基于陆路交通的丝绸之路经济带可达性与城市空间联系 [J]. 地理科学进展（6）：657－664.

[113] 曾寅初，陈忠毅，2004.海峡两岸农产品贸易与直接投资关系分析 [J].管理世界（1）：96−106.

[114] 陈俭，布娲鹣·阿布拉，陈彤，2014.中国与中亚五国农产品贸易模式研究 [J].国际贸易问题（4）：78−89.

[115] 陈培阳，朱喜刚，2013.中国区域经济趋同：基于县级尺度的空间马尔可夫链分析 [J].地理科学，33（11）：1302−1308.

[116] 陈卫平，2002.农业国际竞争力：一个理论分析框架 [J].经济体制改革（4）：93−96.

[117] 陈艺文，李二玲，2019.“一带一路”国家粮食贸易网络空间格局及其演化机制 [J].地理科学进展（10）：1643−1654.

[118] 陈银飞，2011.2000—2009 年世界贸易格局的社会网络分析 [J].国际贸易问题（11）：31−42.

[119] 陈勇兵，陈宇媚，2011.贸易增长的二元边际：一个文献综述 [J].国际贸易问题（9）：160−168.

[120] 陈云，顾海英，2006.中国农产品贸易逆差：回落与挑战 [J].经济体制改革（5）：97−101.

[121] 成丽红，许和连，吴钢，2016.全球工程机械类产品贸易网络结构特征识别——基于复杂网络理论 [J].经济经纬，33（1）：54−59.

[122] 程国强，2004.中国农产品出口：增长、结构与贡献 [J].管理世界（11）：85−96.

[123] 戴卓，2012.国际贸易网络结构的决定因素及特征研究——以中国东盟自由贸易区为例 [J].国际贸易问题（12）：72−83.

[124] 刁莉，罗培，胡娟，2017.丝绸之路经济带贸易潜力及影响因素研究 [J].统计研究（11）：56−68.

[125] 丁世豪，布娲鹣·阿不拉，2015.丝绸之路经济带背景下中国与土耳其的农产品贸易优化之路 [J].对外经贸实务（1）：47−50.

[126] 董迪，安海忠，郝晓晴，等，2016.基于复杂网络的国际铜矿石贸易格局 [J].经济地理，36（10）：93−101.

[127] 董锁成，黄永斌，李泽红，等，2014.丝绸之路经济带经济发展格局与区域经济一体化模式 [J].资源科学，36（12）：2451−2458.

[128] 董银果，万广华，徐恩波，2005.SPS 措施及相关因素影响中国猪肉出口贸易的量化分析 [J].中国农村经济（10）：70−75.

[129] 董有德，赵星星，2014.内生自由贸易协定的贸易流量效应——基

于平均处理效应的非参估计 [J].世界经济研究（2）：35-40.

[130] 段春锦，范爱军，2014.CAFTA 边界地区的一体化效应——基于市场潜力变化的研究 [J].国际贸易问题（3）：104-122.

[131] 段文奇，刘宝全，季建华，2008.国际贸易网络拓扑结构的演化 [J].系统工程理论与实践，28（10）：71-75.

[132] 樊杰，陶岸君，吕晨，2010.中国经济与人口重心的耦合态势及其对区域发展的影响 [J].地理科学进展，29（1）：87-95.

[133] 樊秀峰，2015.流通视角：丝绸之路经济带建设国内段实施路径 [J].中国流通经济，29（4）：57-61.

[134] 范斐，刘承良，游小珺，等，2015.全球港口间集装箱运输贸易网络的时空分异 [J].经济地理，35（6）：109-115.

[135] 方堃，2001.中国外贸市场多元化状况的计量分析 [J].国际经贸探索（2）：22-25.

[136] 冯贞柏，李西林，刘合光，2007.中国-阿根廷农产品贸易现状及前景分析 [J].世界农业（1）：23-26.

[137] 冯宗宪，2014.中国向欧亚大陆延伸的战略动脉——丝绸之路经济带的区域、线路划分和功能详解 [J].人民论坛·学术前沿（4）：79-85.

[138] 公丕萍，宋周莺，刘卫东，2015.中国与一带一路沿线国家贸易的商品格局 [J].地理科学进展，34（5）：571-580.

[139] 龚新蜀，刘宁，2015.中俄农产品产业内贸易水平与结构分析——基于丝绸之路经济带战略背景 [J].亚太经济（2）：50-54.

[140] 龚新蜀，乔姗姗，胡志高，2016.丝绸之路经济带：贸易竞争性、互补性和贸易潜力——基于随机前沿引力模型 [J].经济问题探索（10）：145-154.

[141] 古龙高，1998.新亚欧大陆桥经济方略 [M].南京：东南大学出版社.

[142] 顾朝林，庞海峰，2008.基于重力模型的中国城市体系空间联系与层域划分 [J].地理研究，27（1）：1-12.

[143] 郭鹏，董锁成，李泽红，等，2014.丝绸之路经济带旅游业格局与国际旅游合作模式研究 [J].资源科学，36（12）：2459-2467.

[144] 韩永辉，罗晓斐，邹建华，2015.中国与西亚地区贸易合作的竞争性和互补性研究——以"一带一路"战略为背景 [J].世界经济研

究（3）：89−98.

[145] 郝景芳，马弘，2012.引力模型的新进展及对中国对外贸易的检验 [J].数量经济技术经济研究（10）：52−58.

[146] 郝晓晴，安海忠，陈玉蓉，等，2013.基于复杂网络的国际铁矿石贸易演变规律研究 [J].经济地理，33（01）：92−97.

[147] 何秀荣，WAHL T I，2002.中国农产品贸易：最近 20 年变化 [J].中国农村经济（6）：9−19.

[148] 何则，杨宇，刘毅，等，2019.世界能源贸易网络的演化特征与能源竞合关系 [J].地理科学进展，38（10）：1621−1632.

[149] 贺灿飞，董瑶，周沂，2016.中国对外贸易产品空间路径演化 [J].地理学报（6）：970−983.

[150] 贺书锋，平瑛，张伟华，2013.北极航道对中国贸易潜力的影响——基于随机前沿引力模型的实证研究 [J].国际贸易问题（8）：3−12.

[151] 洪俊杰，商辉，2019.国际贸易网络枢纽地位的决定机制研究，[J].国际贸易问题（10），1−16；

[152] 胡鞍钢，马伟，鄢一龙，2014."丝绸之路经济带"：战略内涵、定位和实现路径 [J].新疆师范大学学报：哲学社会科学版，35（2）：1−10.

[153] 黄季馄，ROZELLE S，解玉平，等，2002.从农产品价格保护程度和市场整合看入世对中国农业的影响 [J].管理世界（9）：84−94.

[154] 黄伟新，龚新蜀，2014.丝绸之路经济带国际物流绩效对中国机电产品出口影响的实证分析 [J].国际贸易问题（10）：56−66.

[155] 黄先海，陈晓华，刘慧，2010.产业出口复杂度的测度及其动态演进机理分析 [J].管理世界（3）：44−55.

[156] 贾丽红，2010.吉尔吉斯斯坦对中国的重要性及其当今局势对中国的影响 [J].新疆大学学报：哲学人文社会科学版（6）：92−96.

[157] 蒋小荣，杨永春，汪胜兰，2018.1985—2015 年全球贸易网络格局的时空演化及对中国地缘战略的启示 [J].地理研究（3）：495−511.

[158] 蒋小荣，杨永春，汪胜兰，2019.全球 227 个国家和地区贸易网络数据集（1985—2015）[J].全球变化数据学报：中英文（3）：227−233，337−343.

[159] 金淑婷，李博，杨永春，2015.地学视角下的中国县级行政区空间格局演变 [J].经济地理，35（1）：29－37.

[160] 靳诚，陆玉麒，2011.基于空间变差函数的长江三角洲经济发展差异演变研究 [J].地理科学，33（11）：1302－1308.

[161] 李崇光，于爱芝，2004.农产品比较优势与对外贸易结构整合研究 [M].北京：中国农业出版社.

[162] 李坤望，2008.改革开放三十年来中国对外贸易发展评述 [J].经济社会体制比较（4）：15－17.

[163] 李宁，2014.试析"丝绸之路经济带"的区域经济一体化 [J].西北民族大学学报：哲学社会科学版（3）：120－124.

[164] 李秀敏，李淑艳，2006.东北亚国家贸易引力模型实证检验及潜力分析 [J].东北亚论坛，15（2）：28－32.

[165] 李岳云，2007.入世5周年对我国农产品贸易回顾及国际竞争力变化的研究 [J].国际贸易问题（8）：67－72.

[166] 李振福，苗雨，陈晶，2017.北极航线经济圈贸易网络的结构洞分析 [J].华中师范大学学报：自然科学版，51（01）：100－107，114.

[167] 李忠民，刘育红，张强，2011."新丝绸之路"交通基础设施空间溢出与经济增长 [J].财经问题研究，37（4）：116－121.

[168] 梁育填，刘鲁论，柳林，等，2015.广东省与"一带一路"沿线国家（地区）出口贸易格局的时空变化 [J].热带地理（9）：664－670.

[169] 林佳显，2013.空间随机前沿模型及技术效率和生产率估计研究 [D].广州：华南理工大学.

[170] 刘宝全，段文奇，季建华，2007.权重国际贸易网络的结构分析 [J].上海交通大学学报（12）：1959－1963.

[171] 刘春香，朱丽媛，2015.我国棉花进口贸易潜力分析 [J].农业经济问题（5）：91－99

[172] 刘海云，聂飞，2015.金砖体系下中国双边出口效率及其影响因素分析——基于随机前沿引力模型的实证研究 [J].国际经贸探索（1）：16－28.

[173] 刘华芹，2015.丝绸之路经济带欧亚大陆新棋局 [M].北京：中国商务出版社.

[174] 刘建，2013.基于社会网络的国际原油贸易格局演化研究 [J].国际贸易问题 (12)：48−57.

[175] 刘靖，毛学峰，辛贤，2006.中国农产品出口地理结构的衡量与分析 [J].世界经济 (1)：40−49.

[176] 刘军，2004.社会网络分析导论 [M].北京：社会科学文献出版社.

[177] 刘军，2009.整体网分析讲义 [M].上海：格致出版社，上海人民出版社.

[178] 刘莉，王瑞，邓强，2013.金砖五国农矿产品出口增长方式比较分析——基于贸易边际的视角 [J].国际贸易问题 (9)：45−54.

[179] 刘卫东，2015."一带一路"战略的科学内涵与科学问题 [J].地理科学进展，34 (5)：538−544.

[180] 鲁晓东，连玉君，2011.要素禀赋、制度约束与中国省区出口潜力——基于异质性随机前沿出口模型的估计 [J].南方经济 (10)：3−12.

[181] 鲁晓东，赵奇伟，2010.中国的出口潜力及其影响因素——基于随机前沿引力模型的估计 [J].数量经济技术经济研究 (10)：21−35.

[182] 陆梦秋，陈娱，陆玉麒，2018."一带一路"倡议下中国陆海运输的空间竞合格局 [J].地理研究 (2)：404−418

[183] 陆文聪，梅燕，2007.中国—欧盟农产品贸易增长的成因：基于CMS模型的实证分析 [J].农业经济问题 (12)：15−19.

[184] 罗家德，2005.社会网分析讲义 [M].北京：社会科学文献出版社.

[185] 吕立才，黄祖辉，2006.外商直接投资与我国农产品和食品贸易关系的研究 [J].国际贸易问题 (1)：25−32.

[186] 马惠兰，李凤，叶雨晴，2014.中国新疆与上合组织国家农产品贸易潜力研究——基于贸易引力模型的实证分析 [J].农业技术经济 (6)：120−126.

[187] 马佳卉，贺灿飞，2019.中间产品贸易网络结构及其演化的影响因素探究：基于贸易成本视角 [J].地理科学进展，38 (10)：1607−1620.

[188] 马九杰，2001.粮食安全衡量及预警指标体系研究 [J].管理世界 (1)：154−161.

[189] 马莉莉，张亚斌，王瑞，2014.丝绸之路经济带：一个文献综述

[J].西安财经学院学报，27（4）：63－69.

[190] 马述忠，2008.对华农产品倾销与反倾销行为的产业损害分析［J］.农业经济问题（7）：87－92.

[191] 马述忠，任婉婉，吴国杰，2016.一国农产品贸易网络特征及其对全球价值链分工的影响——基于社会网络分析视角［J］.管理世界（3）：60－72.

[192] 马涛，刘仕国，2010.产品内分工下中国进口结构与增长的二元边际——基于引力模型的动态面板数据分析［J］.南开经济评论（4）：92－109.

[193] 马卫，曹小曙，黄晓燕，等，2018.丝绸之路沿线交通基础设施空间经济溢出效应测度［J］.经济地理（3）：21－29.

[194] 马远，徐俐俐，2016.丝绸之路经济带沿线国家石油贸易网络结构特征及影响因素［J］.国际贸易问题（11）：31－41.

[195] 马远，张嘉敏，2017.丝绸之路经济带沿线国家煤炭贸易的社会网络分析［J］.价格月刊（1）：66－71.

[196] 买买提热夏提·肉孜，布娲鹣·阿布拉，2013.中国与塔吉克斯坦农产品贸易现状分析［J］.边疆经济与文化（4）：27－30.

[197] 潘峰华，赖志勇，葛岳静，2013.社会网络分析方法在地缘政治领域的应用［J］.经济地理，33（7）：15－21.

[198] 潘峰华，赖志勇，葛岳静，2015.经贸视角下中国周边地缘环境分析——基于社会网络分析方法［J］.地理研究，34（4）：775－786.

[199] 潘竟虎，胡艳兴，董晓峰，2016.丝绸之路经济带经济差异时空格局演变特征［J］.经济地理（1）：10－17.

[200] 潘竟虎，石培基，2007.甘肃省区域经济增长俱乐部空间趋同分析［J］.西北师范大学学报：自然科学版，43（6）：84－89.

[201] 潘镇，2006.制度质量、制度距离与双边贸易［J］.中国工业经济（7）：45－52.

[202] 齐博，孙东升，2014.中国花卉苗木出口影响因素及贸易潜力分析［J］.中国软科学（6）：159－166.

[203] 齐胜达，雷军，段祖亮，等，2016.中国丝绸之路经济带区域物流空间差异及其演化研究［J］.干旱区地理，39（01）：207－215.

[204] 齐元静，杨宇，金凤君，2013.中国经济发展阶段及其时空格局演变特征［J］.地理学报，68（4）：517－531.

[205] 钱学锋，熊平，2010.中国出口增长的二元边际及其因素决定 [J].
经济研究（1）：65－79.

[206] 乔娟，2001.中国主要家畜肉类产品国际竞争力变动分析 [J].中国
农村经济（7）：37－43.

[207] 屈小博，霍学喜，2007.我国农产品出口结构与竞争力的实证分析
[J].国际贸易问题（3）：9－15.

[208] 任秀芳，张仲伍，史雅洁，等，2015.2001—2010 年"新丝绸之
路"经济带中国段城市经济时空演变 [J].中国沙漠，35（1）：
248－252.

[209] 盛斌，廖明中，2004.中国的贸易流量与出口潜力——引力模型的
研究 [J].世界经济（2）：3－12.

[210] 施炳展，李坤望，2009.中国出口贸易增长的可持续性研究——基
于贸易随机前沿模型的分析 [J].数量经济技术经济研究（6）：
64－74.

[211] 帅传敏，2009.基于引力模型的中美农业贸易潜力分析 [J].中国农
村经济（7）：48－58.

[212] 宋双双，2014.在"一带一路"战略下扩大对外农业合作 [J].国际
经济合作（9）：63－67.

[213] 宋玉华，刘春香，2004.我国农业产业内贸易的实证研究 [J].中国
农村经济（2）：36－38.

[214] 宋周莺，车姝韵，杨宇，2017."一带一路"贸易网络与全球贸易
网络的拓扑关系 [J].地理科学进展（11）：1340－1348.

[215] 宋周莺，车姝韵，张薇，2017.我国与"一带一路"沿线国家贸易
特征研究 [J].中国科学院院刊（4）：363－369.

[216] 孙林，2005.中国与东盟农产品贸易竞争关系——基于出口相似性
指数的实证分析 [J].国际贸易问题（11）：6.

[217] 孙林，蓝旻，钟钰，2015.贸易便利化对中国与东盟区域谷物可获
得性的影响：进口贸易流量视角的考察 [J].国际贸易问题（1）：
111－119.

[218] 孙林，赵慧娥，2004.中国和东盟农产品贸易波动的实证分析 [J].
中国农村经济（7）：46－52.

[219] 孙天阳，许和连，吴钢，2014.基于复杂网络的世界高端制造业贸
易格局分析 [J].世界经济与政治论坛（2）：19－43.

[220] 孙晓蕾，杨玉英，吴登生，2012.全球原油贸易网络拓扑结构与演化特征识别［J］.世界经济研究，（9）：11－17.

[221] 孙艺萌，2014.北极航线对我国对外贸易潜力的影响研究［D］.上海：上海海事大学.

[222] 孙致陆，李先德，2013.经济全球化背景下中国与印度农产品贸易发展研究——基于贸易互补性、竞争性和增长潜力的实证分析［J］.国际贸易问题（12）：68－78.

[223] 谭晶荣，鲍旺虎，王健，等，2012.贸易边际、出口产品升级及其相关研究进展述评——兼顾农产品贸易领域的研究［J］.浙江工业大学学报：社会科学版，11（1）：6－10.

[224] 谭晶荣，邓强，王瑞，2012.国际大宗商品期货价格与中国农产品批发市场价格关系研究［J］.财贸经济（6）：131－137.

[225] 谭林，武拉平，2009.中国大豆需求及供需平衡分析［J］.农业经济问题（11）：98－101.

[226] 谭秀杰，周茂荣，2015.21世纪"海上丝绸之路"贸易潜力及其影响因素——基于随机前沿引力模型的实证研究［J］.国际贸易问题（2）：3－12.

[227] 谭砚文，温思美，2005.入世前后我国棉花国际贸易影响因素的比较分析［J］.国际贸易问题（7）：24－29.

[228] 汤碧，2012.中国与金砖国家农产品贸易：比较优势与合作潜力［J］.农业经济问题（10）：67－76.

[229] 田维明，2007.中日韩农产品贸易现状和前景展望［J］.农业经济问题（5）：4－11

[230] 万金，祁春节，2012.产品空间结构与农产品比较优势动态——基于高维面板数据的分析与预测［J］.国际贸易问题（9）：28－41.

[231] 汪鸣，王彦庆，2013.丝绸之路经济带物流系统建设发展思路［J］.交通建设与管理（12）：20－23.

[232] 王德章，赵大伟，陈建梅，2006.产业竞争优势模型：基于黑龙江省绿色食品产业的实证研究［J］.中国工业经济（5）：32－39.

[233] 王海运，2014.丝绸之路经济带建设的大构想［J］.新疆师范大学学报：哲学社会科学版，35（6）：35－44.

[234] 王慧慧，杨依军，2014.新陆海"丝绸之路"助力中国周边繁荣［J］.中亚信息（1）：17－18.

［235］王姣娥，王涵，焦敬娟，2015."一带一路"与中国对外航空运输联系［J］.地理科学进展，34（5）：554-562.

［236］王静，张小雷，杜宏茹，2011.新疆县域经济空间格局演化特征［J］.地理科学进展，30（4）：470-478.

［237］王亮，吴浜源，2016.丝绸之路经济带的贸易潜力——基于"自然贸易伙伴"假说和随机前沿引力模型的分析［J］.经济学家（4）：33-41.

［238］王娜，陈兴鹏，张子龙，等，2015."丝绸之路经济带"贸易联系网络结构研究——基于省区尺度和国家尺度的社会网络分析［J］.西部论坛，28（3）：55-65.

［239］王瑞，王丽萍，2012.我国农产品贸易流量现状与影响因素：基于引力模型的实证研究［J］.国际贸易问题（4）：39-48.

［240］王瑞，王永龙，2017.中国与"丝绸之路经济带"沿线国家农产品进口贸易研究［J］.经济学家（4）：97-104.

［241］王瑞，温怀德，2016.中国对"丝绸之路经济带"沿线国家农产品出口潜力研究［J］.农业技术经济（10）：116-126.

［242］王阳，2012.浙江农产品出口增长的二元边际［D］.杭州：浙江工业大学.

［243］王振波，徐建刚，朱传耿，等，2010.中国县域可达性区域划分及其与人口分布的关系［J］.地理学报，65（4）：416-426.

［244］王争鸣，2014."丝绸之路经济带"铁路通道发展战略研究［J］.铁道工程学报（1）：24-31.

［245］王志刚，2006.市场、食品安全与中国农业发展［M］.北京：中国农业科学技术出版社.

［246］卫玲，戴江伟，2014.丝绸之路经济带：形成机理与战略构想［J］.西北大学学报：哲学社会科学版，44（4）：39-50.

［247］魏龙，潘安，2014.制度水平、出口潜力与稀土贸易摩擦——基于贸易引力模型的实证分析［J］.世界经济研究（10）：61-67.

［248］吾斯曼·吾木尔，布娟鹣·阿不拉，丁世豪，2015.中国与新丝绸之路经济带沿线国家农产品贸易研究：可行性与特征［J］.农业经济（3）：111-113.

［249］吴丹，2008.东亚双边进口贸易流量与潜力：基于贸易引力模型的实证研究［J］.国际贸易问题（5）：32-37.

[250] 吴殿廷，杨欢，耿建忠，等，2014.金砖五国农业合作潜力测度研究 [J].经济地理 (1)：121−127.

[251] 伍德里奇，2007.计量经济学导论 [M].北京：中国人民大学出版社.

[252] 伍业君，张其仔，徐娟，2012.产品空间与比较优势演化述评 [J].经济评论 (4)：145−152.

[253] 夏晓平，李秉龙，2009.我国羊肉产品国际竞争力之分析 [J].国际贸易问题 (8)：38−44.

[254] 肖建忠，彭莹，王小林，2013.天然气国际贸易网络演化及区域特征研究——基于社会网络分析方法 [J].中国石油大学学报：社会科学版，(3)：1−8.

[255] 肖荣营，2014.全球汽车贸易网络的拓扑结构和演化规律 [D].长沙：湖南大学.

[256] 谢孟军，2013.基于制度质量视角的我国出口贸易区位选择影响因素研究——扩展引力模型的面板数据实证检验 [J].国际贸易问题 (6)：3−15.

[257] 辛毅，李宁，2007.农产品国际竞争力"橄榄"模型分析——以中国渔业为例 [J].农业经济问题 (5)：12−17.

[258] 徐斌，2015.国际铁矿石贸易格局的社会网络分析 [J].经济地理，35 (10)：123−129.

[259] 徐俐俐，马远，2017."丝绸之路经济带"天然气贸易格局的复杂网络分析 [J].新疆农垦经济 (1)：36−43.

[260] 徐世腾，2014.基于贸易流量的引力模型：最新研究进展综述 [J].中南财经政法大学学报 (5)：103−110.

[261] 徐现祥，李郁，2012.中国省际贸易模式：基于铁路货运的研究 [J].世界经济 (9)：41−59.

[262] 徐正中，2012.国际贸易网络演化研究——以 19 个国家组成的局部网络为例 [D].大连：东北财经大学.

[263] 许斌，路江涌，2007.解析我国出口商品的复杂程度 [R].美国经济年会 Working Paper：32−42.

[264] 许和连，孙天阳，2015.TPP 背景下世界高端制造业贸易格局演化研究——基于复杂网络的社团分析 [J].国际贸易问题 (8)：3−13.

[265] 闫海龙，2015.中国与巴基斯坦贸易发展走向［J］.开放导报（6）：56－59.

[266] 杨青龙，刘培，2015.2003—2012年国际资源性商品贸易格局的社会网络分析——以煤炭、焦炭为例［J］.国际经贸探索，31（4）：16－29.

[267] 杨恕，王术森，2014.丝绸之路经济带：战略构想及其挑战［J］.兰州大学学报：社会科学版，42（1）：24－25.

[268] 姚蕾，田志宏，2007.WTO农业谈判国家利益集团形成影响因素的实证分析［J］.管理世界（5）：63－72.

[269] 姚星，梅鹤轩，蒲岳，2019.国际服务贸易网络的结构特征及演化研究——基于全球价值链视角［J］.国际贸易问题（4），109－124.

[270] 姚星，蒲岳，吴钢，等，2019.中国在"一带一路"沿线的产业融合程度及地位：行业比较、地区差异及关联因素［J］.经济研究（9）：172－186.

[271] 余淼杰，2008.发展中国家间的民主进步能促进其双边贸易吗——基于引力模型的一个实证研究［J］.经济学（7）：1167－1190.

[272] 余长林，2011.知识产权保护与我国的进口贸易增长：基于扩展贸易引力模型的经验分析［J］.管理世界（6）：11－23.

[273] 袁红林，辛娜，2019.中国高端制造业的全球贸易网络格局及其影响因素分析［J］.经济地理，39（6）：10.

[274] 袁其刚，王玥，李晓亮，等，2015.我国对金砖国家出口贸易潜力测算——基于引力模型的实证分析［J］.国际经济研究（2）：94－99.

[275] 张海森，谢杰，2008.中国—东欧农产品贸易：基于引力模型的实证研究［J］.中国农村经济（10）：12－20.

[276] 张海伟，2010.贸易引力模型的扩展及应用综述［J］.商业经济（2）：68－70.

[277] 张会清，2017.中国与"一带一路"沿线地区的贸易潜力研究［J］.国际贸易问题（11）：85－95.

[278] 张会清，唐海燕，2012.中国的出口潜力：总量测算、地区分布与前景展望——基于扩展引力模型的实证研究［J］.国际贸易问题（1）：12－25.

[279] 张庆萍，朱晶，2014.俄、乌、哈三国农业投资环境比较研究［J］.

国际经济合作，（1）：56－62.

[280] 张亚斌，刘俊，李城霖，2016.丝绸之路经济带贸易便利化测度及中国贸易潜力 [J].财经科学（5）：112－122.

[281] 张亚斌，马莉莉，2015.丝绸之路经济带：贸易关系、影响因素与发展潜力——基于 CMS 模型与拓展引力模型的实证分析 [J].国际经贸探索（12）：72－85.

[282] 张英，2012.基于引力模型的中俄双边贸易流量与潜力研究 [J].国际经贸探索，28（6）：25－35.

[283] 章家清，林莉，2015.CAFTA 框架下中国与东盟水产品贸易净效应及贸易潜力分析 [J].商业研究（1）：91－95.

[284] 赵国钦，万方，2016.世界贸易网络演化及其解释——基于网络分析方法 [J].宏观经济研究（4）：151－159.

[285] 赵景瑞，孙慧，2019.中国与"一带一路"沿线国家贸易关系演进研究 [J].国际经贸探索（11），36－48.

[286] 赵伟，2014.高级国际贸易学十讲 [M].北京：北京大学出版社.

[287] 赵永亮，2011.中国内外需求的市场潜力研究——基于工资方程的边界效应分析 [J].管理世界（1）：20－29.

[288] 赵永亮，阿彦，2011.我国贸易多样性的收益分析和影响因素——基于内延边际与外延边际的考察 [J].数量经济技术经济研究（7）：64－76.

[289] 赵永亮，才国伟，2009.市场潜力的边界效应与内外部市场一体化 [J].经济研究（7）：119－129.

[290] 赵雨霖，林光华，2008.中国与东盟 10 国双边农产品贸易流量与贸易潜力的分析——基于贸易引力模型的研究 [J].国际贸易问题（12）：23－27.

[291] 郑风田，赵阳，2003.我国农产品质量安全问题与对策 [J].中国软科学（2）：16－20.

[292] 郑军，张永庆，黄霞，2017.2000—2014 年海上丝绸之路贸易网络特征演化 [J].国际贸易问题（3）：154－16.

[293] 钟甫宁，羊文辉，2000.中国对欧盟主要农产品比较优势变动分析 [J].中国农村经济（2）：68－73.

[294] 周丹，陆万军，2015.中国与金砖国家间农产品贸易成本弹性测度与分析 [J].数量经济技术经济研究，32（1）：20－35

［295］周曙东，等，2006.中国—东盟自由贸易区的建立对区域农产品贸易的动态影响分析［J］.管理世界（10）：14－21.

［296］周益海，胡强，徐文海，席艳乐，2014.FTAs 对成员国贸易流量和贸易模式的影响［J］.宏观经济研究（9）：134－143.

［297］朱晶，陈晓艳，2006.中印农产品贸易互补性及贸易潜力分析［J］.国际贸易问题（1）：40－46.

［298］朱显平，邹向阳，2006.中国—中亚新丝绸之路经济发展带构想［J］.东北亚论坛（5）：3－6.

［299］朱新鑫，李豫新，2011.中国与中亚五国农产品贸易竞争性和互补性分析［J］.国际经贸探索（3）：17－22.

［300］朱钟棣，鲍晓华，2004.反倾销措施对产业的关联影响——反倾销税价格效应的投入产出分析［J］.经济研究（1）：83－92.

［301］邹嘉龄，刘春腊，尹国庆，等，2015.中国与"一带一路"沿线国家贸易格局及其经济贡献［J］.地理科学进展，34（5）：598－605.

［302］邹嘉龄，刘卫东，2016.2001—2013 年中国与"一带一路"沿线国家贸易网络分析［J］.地理科学，36（11）：1629－1636.